언제나 나를 지키는 법

언제나 나를 지키는 법

ⓒ 2025. 윤종훈 All rights reserved

1판 1쇄 발행 2025년 3월 20일

지은이 윤종훈
펴낸이 장성두
펴낸곳 주식회사 제이펍

출판신고 2009년 11월 10일 제406-2009-000087호
주소 경기도 파주시 회동길 159 3층 / **전화** 070-8201-9010 / **팩스** 02-6280-0405
홈페이지 www.jpub.kr / **투고** submit@jpub.kr / **독자문의** help@jpub.kr / **교재문의** textbook@jpub.kr

소통기획부 김정준, 이상복, 안수정, 박재인, 송영화, 김은미, 나준섭, 배인혜, 권유라
소통지원부 민지환, 이승환, 김정미, 서세원 / **디자인부** 이민숙, 최병찬

진행 및 교정·교열 배인혜 / **표지 및 내지 디자인** 스튜디오 글리 / **일러스트** 석영예
용지 타라유통 / **인쇄** 한길프린테크 / **제본** 일진제책사

ISBN 979-11-94587-01-9 (03360)
책값은 뒤표지에 있습니다.

※ 이 책은 저작권법에 따라 보호를 받는 저작물이므로 무단 전재와 무단 복제를 금지하며,
  이 책 내용의 전부 또는 일부를 이용하려면 반드시 저작권자와 제이펍의 서면 동의를 받아야 합니다.
※ 잘못된 책은 구입하신 서점에서 바꾸어 드립니다.

제이펍은 여러분의 아이디어와 원고를 기다리고 있습니다. 책으로 펴내고자 하는 아이디어나 원고가 있는 분께서는
책의 간단한 개요와 차례, 구성과 지은이/옮긴이 약력 등을 메일(submit@jpub.kr)로 보내 주세요.

일러두기

* 이 책은 출간일을 기준으로 작성했습니다. 이후 변경되는 판례와 법령은 개정판에 반영하겠습니다.

* 본문의 용어 표기와 띄어쓰기는 한글 맞춤법과 표준어 규정을 따르는 것을 원칙으로 하되, 판례 또는 법률용어로 굳어진 표현은 그대로 사용했습니다.

* 이 책에 인용한 판례는 원문의 취지를 최대한 훼손하지 않는 범위에서 문장과 표현을 읽기 쉽게 다듬었으며, 인용한 법령은 읽기 쉽도록 일부를 생략하기도 했습니다.

* 이 책에 실린 이야기는 공개된 판결문을 바탕으로 구성했습니다. 이야기로 꾸미는 과정에서 더하거나 빠진 내용이 있고, 비슷해 보이는 사건도 구체적인 상황과 내용에 따라 다르게 판단될 수 있습니다.

머리말

"너의 죄를 사하여 주겠노라. 돈만 낸다면."

성경이 곧 법이던 중세 유럽, 면죄부라는 이름의 기상천외한 개념이 발명됩니다. 성당을 지을 자금을 마련하거나 전쟁 비용을 충당하기 위해, 또 누군가의 욕심을 채우기 위해. 이 기괴한 발명품이 불티나게 팔렸던 이유는 간단합니다. 성경을 해석하는 권한을 성직자들이 독점하고 있었기 때문이에요. 라틴어로 쓰인 당시의 성경을 읽을 수 있는 사람은 거의 없었거든요.

"여러분이 바친 돈이 쨍그랑 소리를 내며 헌금함에 떨어지는 순간, 그때 비로소 죽은 자의 영혼이 연옥에서 천국으로 올라갑니다!"

성경을 무기로 신자들을 현혹했던 성직자들. 하지만 터무니없다 못해 우스꽝스럽기까지 한 이 말을 사람들은 철석같이 믿었습니다. 그 당시 사람들에게 신의 뜻이란 성경을 통해 읽는 것이 아니라 성직자의 입을 통해 듣는 것이었기 때문입니다.

우리가 법에 익숙해져야 하는 까닭이 저렇게 속아 넘어가는 일을 피하기 위해서라면 지나친 비약일까요? 출퇴근만으로도 진이 빠지고, 쏟아지는 업무로 바빠 죽겠는 직장인이 무슨 놈의 법까지 알아야 하냐고 생각할 수도 있습니다.

모든 게 낯설고 새롭기만 했던 사회 초년생 시절의 저도 그랬어요. 어제는 무슨 무슨 팀 회식. 오늘은 긴장되는 임원 보고. 내일은 중요한 거래처 미팅.

내가 시키는 대로만 하면 된다던 사람들의 억센 손에 이끌려 정신없이 이리저리 불려 다니다 보면 하루가, 또 일주일이 참 바쁘게 지나갔습니다.

중세 유럽의 성직자처럼 필요에 따라 교묘하게 말을 바꾸고 겁을 주는 사람들을 조금씩 알아보게 됐을 무렵, 문득 깨달았어요.

'이런 게 사회생활이구나.'

자기 말만 정답이라고 목청 높이는 사람들의 말에 휘둘리지 않는 것. 거래를 할 땐 어떤 걸 조심해야 하고, 해서는 안 될 말이 무엇인지 아는 것. 누군가와 갈등이 생기면 어떻게 해야 하고, 억울한 일을 겪더라도 당황하지 않는 것. 결국 사회생활이라는 건 내가 할 수 있는 일이 무엇이고,

내가 해야 하는 일이 무엇인지를 스스로 알아가는 과정이었습니다.

보일러 수리비를 덤터기 씌우려는 집주인에게 속아 넘어가지 않기 위해서.
목소리만 크면 다 되는 줄 아는 뻔뻔한 사람에게 당하지 않기 위해서.
퇴근 후 나의 일상에까지 간섭하려 드는 회사에 할 말은 하기 위해서.
나의 권리와 나의 의무를 누군가가 함부로 정하도록 내버려두지 마세요.
"가뜩이나 바빠 죽겠는데. 법까지 알아야 돼?"

의무는 아닙니다. 하지만 똑 부러지는 내가 될 수 있는 기회를 놓치지 마세요. 스스로를 지킬 수 있는 권리를 포기하지 마세요.

등장인물

도민호 대리

영업1팀 대리, 5년 차 직장인. 승진하며 담배는 끊었지만 커피는 늘었다. 자랑거리는 똑똑한 변호사 여동생.

김마리 사원

총무팀 신입사원이자 휴게실 간식 담당. 민호의 아재 입맛을 놀리면서도 꼬박꼬박 옛날 과자를 채워 준다.

이진국 과장

민호와 같은 영업1팀, 9년 차 영업맨. 말이 앞서기도 하지만 따뜻하고 좋은 선배. 국밥에 진심이다.

성현우 사원

영업1팀 막내. 기획팀 출신 중고 신입답게 뭐든 잘한다. 이전 직장 욕은 좀 하는 편.

문희만 부장	영업2팀 전(前) 팀장. 부진한 실적으로 팀원으로 강등됐다. 업무는 뒷전, 사내 소문에만 관심이 있다.
홍시백 대리	인사팀 아니랄까봐 인상이 참 좋다. 목소리는 더 좋아서 회의할 때 존재감이 엄청나다.
정태석 대리	민호의 동갑내기 입사 동기. 승진, 결혼, 출산. 뭐든지 민호보다 조금씩 빠르다. 출근도 빠르다.
차인남 대리	특유의 어두운 분위기가 디자인팀과 어울릴까 싶은데…. 일은 잘한다는 평.
신이나 사원	디자인팀의 비타민. 늘 웃는 얼굴로 밝게 인사해서 모두가 좋아한다.
한수진 사원	성현우의 입사 동기로 재무팀 4년 차. 키가 크고 다리가 길어서 멀리서도 눈에 띈다.
도민희	민호의 여동생. 직장생활을 하다 변호사가 됐다. 벌레만 보면 이성을 잃는다.
원창훈	민호의 고등학교 친구. 같은 반이었던 적은 없지만 체육복을 빌리면서 친해졌다.
서달재	평생 혼자 살면서 하고픈 일은 다 해보겠다던, 민호의 대학 동창. 지금은 유튜브를 하고 있다.

차례

머리말	5
등장인물	8
차례	10

1장 사람과 사람 사이의 법

Episode 1	업무 파일 삭제 후 퇴사, 통쾌한 복수라고? 직장 내 괴롭힘과 전자기록손괴죄	15
Episode 2	휴게실에 먹으라고 둔 거면 내 거 아냐? 휴게실 간식과 절도죄	27
Episode 3	인사팀 홍 대리는 왜 인왕산에 갔을까? 불륜남녀의 공동불법행위	37
Episode 4	회사에 비밀은 없다, 떡볶이가 있는 한 직장 내 성희롱과 남녀고용평등법	49
Episode 5	어차피 다 들리는데 녹음 좀 한 게 뭐가 문제냐고? 음성권 침해와 통신비밀보호법	61
Episode 6	내 메신저 대화를 훔쳐보고 있었다고? 죄형법정주의와 정보통신망법	73
Episode 7	충전도 안 하면서 충전구역에 차를 대? 얌체 주차와 재물손괴죄	85
Episode 8	회식 단골집이 갑자기 망한 이유 청소년 주류 판매와 영업정지	95

2장 똑 부러지는 직장인 되는 법

Episode 9	퇴사는 신속하게, 퇴사일은 신중하게 퇴사만큼 중요한 일, 퇴사일	109
Episode 10	사무실에 CCTV를 달았다고? 영상 속 내 모습과 개인정보보호법	121
Episode 11	갑자기 계열사로 보낸다고? 동의 없는 인사이동의 효력	133
Episode 12	낮에는 직장인 밤에는 유튜버, 회사가 알면 잘린다고? 회사의 허풍, 겸업금지	141
Episode 13	빈손으로 오긴 그래서 영업비밀 좀 들고 왔습니다 집단 퇴사와 영업비밀 유출	153
Episode 14	내가 너 못 자를 줄 알아? PIP와 저성과자 해고	167
Episode 15	정 대리는 오늘도 커피를 마신다 육아휴직과 불리한 처우	181
Episode 16	왜 7층 화장실만 깨끗할까? 노동조합, 딱 기본만 알기	191

3장 평온한 일상을 지키는 법

Episode 17	그렇게 급하면 어제 출발하지 그랬어 보복운전과 모욕죄	203
Episode 18	여기 내 자리라고, 넘어오지 말라고! 정당방위와 죗값	215
Episode 19	명품매장에 줄 서 있는 나를 찍겠다고? 국민의 알 권리? 개인의 초상권!	227
Episode 20	손님 아니면 가요, 여기 주차 못 해요 가게 앞 주차와 불법적치	237
Episode 21	금연 아파트에서 담배를 피워도 된다고? 노력과 의무 사이, 공동주택관리법	247
Episode 22	902호 청년은 어쩌다 스토커가 됐을까? 층간소음과 스토킹처벌법	261
Episode 23	진짜 간짜장은 소리부터 다르다 공사장 소음과 참을 한도	273
Episode 24	대중교통에서 성추행범을 봤다고? 공중밀집장소추행죄와 무죄추정의 원칙	283

4장 소중한 내 돈 지키는 법

Episode 25	누구나 그럴싸한 계획을 가지고 있다 헬스장 환불과 방문판매법	297
Episode 26	떼인 돈 받아 드립니다 내용증명과 지급명령	309
Episode 27	휴대폰 찾아준 날 범죄자 취급한다고? 유실물 반환과 보상금 받을 권리	321
Episode 28	무서워서 피하냐, 더러워서 피하지 전세사기와 부동산 등기부등본	329
Episode 29	합의금 안 주면 고소한다고? 퇴사한 전(前) 직장 리뷰와 비방할 목적	343
Episode 30	이겨라, 시작한 전쟁이라면 경찰의 전화와 고소장 열람	357
Episode 31	시키는 대로 돈만 받은 넌 정말 몰랐다고? 보이스피싱과 미필적 고의	369
Episode 32	지난번엔 내가 냈잖아, 이번엔 네가 내야지 수리비 분쟁 막는 임대차표준계약서	381

맺음말	388
정확한 법률 상식을 알 수 있는 곳	390
참고문헌	392
찾아보기	396

Episode 1

업무 파일 삭제 후 퇴사, 통쾌한 복수라고?
직장 내 괴롭힘과 전자기록손괴죄

3줄 요약

- 직장 내 지위를 이용해 업무상 적정 범위를 넘어 고통을 준다? 직장 내 괴롭힘이다.
- 업무를 통해 만든 작업물은 원칙적으로 회사의 자산이다.
- 복수한답시고 함부로 업무 자료를 삭제하지 말자. 복구 비용을 물어줘야 할 수도 있다.

"도민호 대리, 어느 팀에서 일하고 싶어?"

그럴 일은 없겠지만, 혹시라도 사장님이 물으신다면 저는 고민도 하지 않고 '디자인팀'이라고 대답할 겁니다. 모르긴 몰라도 우리 회사 사람들 중 최소한 절반은 같은 마음일 거예요. 디자인팀의 장점은 두 가지. 첫 번째는 소규모라는 점입니다. 팀장, 대리, 사원. 회사가 커지면서 급하게 신설된 팀답게 인원이 고작 3명뿐인데 의외로 이들의 궁합이 좋았습니다. 직위 차이도 뚜렷해서 업무 분장으로 다툴 일도 없고, 의사결정 한답시고 불필요한 회의로 낭비하는 시간도 적었죠. 온전히 일에만 집중할 수 있는 데다 분위기도 좋아서 눈에 띄는 큼직한 성과도 하나둘 순조롭게 내고 있거든요.

장점 두 번째는 신이나 사원의 존재입니다. 이나 씨는 성격도 참 밝고 미소도 예쁩니다. 눈만 스쳐도 사람 가리지 않고 환하게 웃으며 인사를 해줘요. 업무도 어찌나 주도적으로 하는지 작년 송년회 때는 누가 시킨 것도 아닌데 행사 포스터를 만들어서 회사 곳곳에 붙여 두더라니까요. 이번엔 또 어떤 핑계를 대고 회식을 빠질까 고민하던 사람들도 이나 씨가 실망할까 봐 빠짐없이 참석했던 기적의 송년회였습니다.

그런데… 디자인팀의 마스코트, 우리 회사의 자랑. 이나 씨가 변해버렸습니다. 싱그럽던 활기는 온데간데없고 더 이상 웃으며 인사를 건네지도 않습니다. 남의 뒷담화는 입에 담지도 않던 이나 씨답게 구체적인 이야기는 하지 않았지만 같은 팀 차인남 대리의 뜬금없는 고백 때문이라는 게 유력한 가설입니다. 처음 소문을 들었을 때는 얼마나 놀랐는지, 사무실이었는데도 저도 모르게 입 밖으로 큰 소리가 튀어나왔습니다.

"감히 이나 씨한테 고백을 했다고? 차인남이?"

회사 사람들 모두가 같은 생각인데 당사자인 이나 씨 마음은 어떻겠어요. 아무리 이나 씨가 좋아도 그렇지 대리쯤 된 사람이 같은 팀 후배 상대로 고백이 웬 말입니까. 게다가 둘은 어울리지도 않아요. 제가 다른 사람을 평가한다는 게 주제넘은 일이기는 한데, 말을 안 해서 그렇지 길 가는 사람 누구를 붙잡고 물어봐도 이나 씨가 아깝다고 말할 겁니다. 키도 크고 웃는 상인 이나 씨랑 다르게 차 대리는 그다지 호감이 가는 인상도 아니라서 둘이 나란히 서 있으면 도저히 연인으로는 안 보이거든요.

"차인남 봐봐. 사람이 이름대로 간다니까? 맨날 소개팅하면 뭐 해. 이름부터 차이고 시작하는 데 연애가 되겠어?"

회식 때 종종 우스갯소리로 나오던 말이 현실이 될 줄은 몰랐습니다. 백번 양보해서 고백한 건 뭐 그렇다고 쳐요. 그렇지만 이나 씨가 고백을 거절했다고 꽁해서는 대리가 사원한테 '아직 이 업무도 모르냐'고 무안을 주고, 늘 하던 대로 정리한 자료인데도 괜한 트집을 잡고, 일부러 이나 씨 것만 쏙 빼고 커피를 돌리는 건… 다른 팀인 제가 봐도 한심하기 짝이 없습니다. 몇몇 선배가 직장 내 괴롭힘으로 공론화해 보는 건 어떻겠냐고 조언해도 이나 씨는 "시간이 해결해 줄 거예요. 저는 괜찮아요."라고 말하며 억지로 씩씩한 척 웃어넘겼죠.

그러던 어느 날, 디자인팀장님의 비명이 파티션 너머로 들려왔습니다.
"어? 이거 뭐야? 왜 없어!"

목소리가 어찌나 심각한지, 디자인팀은 물론이고 근처에 있던 다른 팀 직원들까지 디자인팀장님의 책상으로 몰려갑니다. 팀장님은 모니터에서 눈을 떼지 못하고 있습니다.

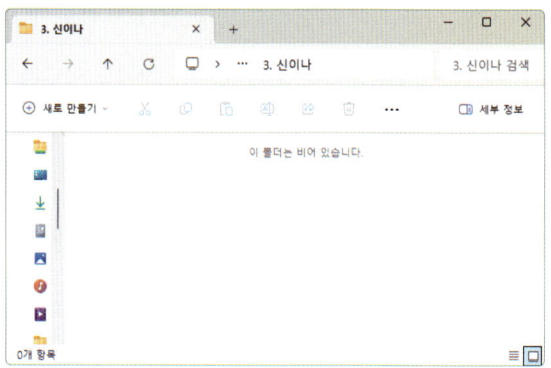

디자인팀 백업 폴더에 이나 씨가 관리해 오던 자료가 모두 삭제되어 있었습니다. 회의록부터 자잘한 샘플 이미지까지, 비중이 작은 자료라고는 해도 디자인팀 막내 이나 씨의 손을 거치지 않은 프로젝트는 거의 없으니까 삭제된 용량이 어마어마할 겁니다. 당황한 팀장님이 애걸하듯 말합니다.

"이나 씨, 자료 어디로 옮겼어?"
"따로 옮겨둔 거 없어요. 그리고 팀장님, 저 이번 주까지만 나올게요."
"그게 무슨 말이야? 퇴사한다고?"
"네, 저 이직해요."
"뭐라고? 그래, 그건 그건데. 자료는? 외장하드에 저장해 둔 거지?"

"아뇨, 다 지웠어요."

"왜, 대체 왜? 왜왜??"

"그거 다 제가 한 거잖아요."

그건 그거고, 이건 이거고

직장 동료의 호의를 이성적 호감으로 오해하는 사람들이 있습니다. 그럴 수 있어요. '공과 사를 구분하자', '회사에선 일만 하자'. 머리로는 알지만 사람 마음이란 게 늘 생각대로 움직이는 건 아니니까요.

안타까운 건 신이나 사원의 웃음이 호감이 아닌 호의라는 걸 깨닫고 난 뒤에도 차인남 대리가 감정적인 행동을 멈추지 못했다는 사실입니다. 소중히 키워온 마음을 거절당한 충격이 크기야 했겠죠. 하지만 그건 차인남 대리가 알아서 극복할 일이지, 아무리 그래도 이건 아니죠.

차인남 대리의 쪼잔한 복수는 자칫 직장 내 괴롭힘으로 번질 수 있는 위험한 행동입니다. 2019년 「근로기준법」에 새롭게 마련된 **직장 내 괴롭힘 금지** 조항은 2021년 사용자의 의무를 강화하고, 동시에 의무를 다하지 않은 사용자를 제재하는 내용을 추가했습니다. 말뿐인 조항이 되지 않도록 실효성을 키운 거죠.

사용자는 괴롭힘이 있었는지 객관적으로 조사하고 피해자 보호와 가해자 징계 등 필요한 조치를 해야 할 의무를 집니다. 위반 내용에 따라 결코 적지 않은 금액의 과태료를 물어야 할 수 있고 행여나 사용자가, 신고

한 근로자나 피해 근로자에게 해고와 같이 불리한 처우를 했다가는 형사처벌도 받을 수 있습니다.

직장에서 발생한 일이라고 인간사 모든 갈등이 직장 내 괴롭힘이 되지는 않겠죠? 그럼 정확히 어떤 게 직장 내 괴롭힘이냐, 기준은 크게 3가지입니다. ① **직장에서의 지위 또는 관계 등의 우위를 이용할 것**, ② **업무상 적정범위를 넘을 것**, ③ **신체적·정신적 고통**을 주거나 **근무환경을 악화시키는** 행위일 것.

구체적으로 보자면 나이·근속연수·직장 내 영향력 등 피해자가 저항하기 어려운 상황을 이용하여(요건 ①) 업무상 필요성이 없거나, 폭행·폭언 등 객관적으로 적정 선을 넘는 행위로(요건 ②) 피해자가 업무를 수행하고 능력을 발휘하는 데 무시할 수 없을 정도의 지장이 발생(요건 ③)했는지를 당사자의 관계, 행위 발생 장소 및 상황, 행위의 정도와 반복성을 따져 종합적으로 판단하겠다는 취지입니다.

이에 따르면 신이나 사원을 향해 계속되어 온 차인남 대리의 티 나는 심술도 직장 내 괴롭힘으로 인정될 가능성이 매우 높습니다. 실제로 고용노동부는 직장 내 괴롭힘의 대표적인 예시 중의 하나로 '집단 따돌림, 업무수행과정에서의 의도적 무시·배제 행위'를 들고 있거든요.

그거 네 것 아니야, 회사 거야.

하지만 그렇다고 신이나 사원의 복수를 마냥 통쾌하다거나 속 시원하다면서 웃어넘길 수는 없습니다. 까짓것 고백 한번 거절했다고 쪼잔하게 행동하는 선배나 한심한 선배로부터 나를 보호해 주지 못한 회사나, 둘 다 무척 실망스럽지만 그들의 잘못이 크다 한들, 분을 풀려고 회사와 다른 동료들에게 함부로 피해를 줘도 된다는 근거가 되지는 못하니까요. 차인남 대리의 비겁한 괴롭힘과 신이나 사원의 업무 자료 삭제 행위는 별개의 사건이고, 이 둘은 반드시 구분해서 판단해야 합니다. 호의와 호감을 구분하는 일이 중요한 것처럼 말이죠.

> **법률 한 토막**
>
> 「근로기준법」
> **제76조의2(직장 내 괴롭힘의 금지)** 사용자 또는 근로자는 직장에서의 지위 또는 관계 등의 우위를 이용하여 업무상 적정범위를 넘어 다른 근로자에게 신체적·정신적 고통을 주거나 근무환경을 악화시키는 행위를 하여서는 아니 된다.
>
> **제76조의3(직장 내 괴롭힘 발생 시 조치)** ⑥ 사용자는 직장 내 괴롭힘 발생 사실을 신고한 근로자 및 피해근로자등에게 해고나 그 밖의 불리한 처우를 하여서는 아니 된다.

신이나 사원의 답답한 마음도 이해는 갑니다. 막내라고 팀 행사·본부 행사 다 챙겨야지, 상사 비위 맞춰야지, 안 좋은 일이 있더라도 티 내지 말고 회사에선 웃고 다녀야지. 일만 해도 충분히 힘든데 주변 사람들 눈치까지 봐야 하는 회사 생활이 쉬울 리가 없죠. 게다가 직속 상사라는 인간은 자기 멋대로 고백하질 않나, 그걸 거절했다고 대놓고 따돌리질 않나… 쌓인 게 얼마나 많았겠어요. 신이나 사원처럼 극단적인 사례는 아니라도 업무 파일을 몰래 삭제하고 퇴사했다는 사실을 자랑처럼 늘어놓는 사람들이 종종 보입니다. 어떤 사람은 간절히 기다렸던 퇴사를 기념하는 유쾌한 방식의 복수라고 포장할지도 모르지만 아뇨, 그건 그냥 자기 생각일 뿐입니다. 절대로 그러면 안 돼요. 수위에 따라 빼도 박도 못할 명백한 범죄가 될 수도 있기 때문입니다.

업무 파일 삭제가 죄가 되는 가장 큰 이유는 **회사 업무를 통해 생산한 작업물**은 원칙적으로 회사가 소유하는 **회사의 자산**이기 때문입니다. 상사의 지시를 받아 업무 시간에 회사 컴퓨터로 작성한 자료. 비록 내가 한 일이기는 해도 회사의 필요에 따라 만들어지고 회사에 의해 관리되는 자료라는 점까지 고려하면 단순히 내가 담당자니까 내 것이라고 주장하는 게 무리라는 걸 쉽게 알 수 있습니다.

대구지방법원은 회사를 상대로 한 소송을 준비하던 직원이 주간 업무 일지를 회사 밖으로 몰래 들고 나왔던 사건에서 **주간 업무 일지**는 단순히 직원들이 업무 필요에 의하여 개인적으로 작성하는 메모, 일지 등이 아니라 **회사 업무를 위하여 작성된 공적 문서**로, 상급자들의 결재를 받아야 하며 그 일지를 바탕으로 회의가 개최되거나 업무가 이루어진 점 등에 비추어 **회사 소유의 문서**로 보는 것이 타당하다고 판단했습니다. 또 결재권자들이 주간 업무 일지 결재를 마친 뒤 작성자에게 다시 돌려줬다고 하더라도, 이는 회사를 위해 보관하라는 뜻이지 그 소유권을 작성자에게 넘긴 것은 아니라고도 설명했어요.[1]

따라서 신이나 사원이 업무 파일을 몽땅 삭제한 행위는 죄가 될 가능성이 무척 높습니다. 신이나 사원이 저지른 첫 번째 범죄는 「형법」 제366조, **전자기록손괴죄**입니다. 이 죄는 타인의 문서 또는 전자기록 등을 손괴하는 등의 방법으로 그 효용을 해쳤을 때 성립합니다. 그간의 디자인팀 업무 파일을 모두 삭제해서 못 쓰게 만든 신이나 사원의 경우에 딱 들어맞죠?

실제로 비슷한 사건이 있었습니다. **결혼정보회사**에서 매니저로 일하던 피고인. 피고인은 회사를 그만두면서 회사 컴퓨터에 저장되어 있던 **경영성과 분석표, 만남확정표** 등 업무 관련 파일을 임의로 삭제했습니다. 대법원은 그 파일이 회사의 자산이라고 평가했습니다. '위 파일들은 **피고인이 작성한 것이라 하더라도** 회사가 기록으로서의 효용을 지배관리하고 있는 것이므로 피고인이 이를 임의로 삭제한 것은 전자기록손괴죄에 해당한다.[2]'라고요.

두 번째는 **업무방해죄**입니다. 법원은 업무방해죄가 성립하려면 업무방해의 결과가 실제로 발생해야만 하는 것은 아니고 업무가 방해될 위험을 초래하는 것만으로도 가능하다고 말합니다[3]. 법원의 기준을 이 사건에 적용하면 어떻게 될까요? 디자인팀이 피땀 흘려 함께 만들어 낸 업무용 자료의 대부분을 퇴사하는 직원이 함부로 삭제한다? 열이면 열, 백이면 백. 업무에 악영향을 미쳤다는 데 모두 동의할 겁니다.

게다가 팀의 업무자료를 정리해서 보관하는 것이 주요 업무였던 신이나 사원이라면 업무 파일을 삭제했을 때 디자인팀의 업무 진행에 큰 지장이 초래될 거라는 사실을 충분히 예상했을 거예요. 그러니까 회사에 피해를 입힐 생각은 없었다는 변명은 차마 꺼내지 못하겠죠.

실제로 매월 공용 폴더에 업무 자료를 백업하도록 한 회사의 방침에도 불구하고, 퇴사 전 3개월 동안 백업을 하지 않고 있다가 사용하던 노트북의 드라이브를 포맷한 후 인수인계도 없이 퇴사했던 사건에서 법원은 업무방해죄의 성립을 인정했습니다[4].

> **법률 한 토막**
>
> 「형법」
>
> 제314조(업무방해) ①제313조의 방법 또는 위력으로써 사람의 업무를 방해한 자는 5년 이하의 징역 또는 1천500만 원 이하의 벌금에 처한다.
>
> 제366조(재물손괴등) 타인의 재물, 문서 또는 전자기록등 특수매체기록을 손괴 또는 은닉 기타 방법으로 기 효용을 해한 자는 3년이하의 징역 또는 700만 원 이하의 벌금에 처한다.

그냥 가면 어떡해, 물어주고 가야지

누군가 온라인에 '바람난 전 연인에게 복수하는 최고의 방법이 무엇이냐'고 질문했습니다. 순식간에 수많은 댓글이 달렸어요. 회사 앞으로 찾아가라, 주변 사람들에게 퍼뜨려서 망신을 줘라. 기상천외한 아이디어들 가운데 가장 추천을 많이 받은 댓글은 '행복하게 잘 사는 게 최고의 복수'

라는 글이었습니다.

더럽고 치사한 회사와의 악연도 그렇습니다. 대부분의 경우에는 퇴사만으로 끝내는 게 가장 좋습니다. 신이나 사원처럼 업무 파일을 삭제해 회사에 손해를 입히기라도 했다간 더럽고 치사한 회사와 그 손해를 두고 지겨운 악연을 이어가야만 하기 때문입니다. 삭제한 파일의 재산 가치가 높고, 복구조차 하기 힘든 경우라면 그 배상액이 직원의 연봉을 훌쩍 넘어서기도 합니다.

싱크홀 피해를 예방하기 위해 낡은 하수관로 내부를 직접 조사하고, 이상이 있는 부분은 따로 촬영해 기록으로 남기는 일을 하는 회사에서 일해온 A. 어느 날 A는 회사로부터 갑작스러운 해고 통보를 받습니다. 화가 난 A는 약 5개월간의 업무량에 해당하는 파일 3,779개를 삭제했습니다. 분풀이의 대가는 가혹했습니다.

A는 업무방해죄로 유죄를 받은 것은 물론, 이와 별개로 회사에 4,000만 원이 넘는 금액을 배상해야만 했습니다. 법원이 **삭제된 파일과 동등한 수준의 자료를 만드는 데 들어간 복구비용 일체**를 A가 회사에 입힌 손해로 인정했기 때문입니다. A는 손해배상 금액이 지나치게 크다며 항소했지만 2심에서도 A의 주장은 받아들여지지 않았습니다[5].

아무리 회사가 밉고 싫더라도 업무 자료를 삭제하는 식으로 화풀이해서는 안 됩니다. 속 시원한 것도 잠깐, 결국 더 큰 손해를 입는 것은 퇴사자 본인이기 때문입니다. 진정한 복수는 지긋지긋한 회사를 떠나 뒤를 돌아보지 않고, 묵묵히 나를 돌보며 앞으로 나아가는 걸로 족합니다.

　새로운 환경에서 행복하고 즐거운 일들로 시간을 채우다 보면 어느새 내 주변의 풍경도 달라져 있을 거예요. 차인남 대리요? 장담하는데 그때는 이름도 기억 못 할 거예요. 그리고 세상 사람들은 바보가 아닙니다. 다 알아요, 누가 나쁜 사람이고 누가 잘못했는지.

법률 한 토막

「민법」
제750조(불법행위의 내용) 고의 또는 과실로 인한 위법행위로 <u>타인에게 손해를 가한 자는 그 손해를 배상할 책임</u>이 있다.

Episode 2

휴게실에 먹으라고 둔 거면 내 거 아냐?
휴게실 간식과 절도죄

📝 3줄 요약

- 먹으라고 둔 거면 내 거 아냐? 아니다. 마구잡이로 가져가면 죄가 될 수 있다.
- 횡령죄의 핵심은 ① 위탁관계와 ② 신뢰관계다.
- 주인이 깜빡 두고 간 물건을 함부로 갖지 말자. 점유이탈물횡령죄가 될 수 있다.

어머니께서는 늘 말씀하셨습니다. '사람이 인사만 잘해도 절반은 간다.'고요. 공놀이한답시고 자동차 유리를 깨 먹어도, 불장난한답시고 벽지를 태워 먹어도 차분히 수습부터 하고 화 한 번 안 냈던 우리 엄마. 그런 어머니께서도 제가 어른을 보고도 못 본 체하거나, 식당이든 어디서든 고마운 일에 인사를 거르면 엄하게 주의를 주셨어요. 덕분에 인사하는 습관만큼은 자연스레 몸에 뱄습니다. 처음엔 쭈뼛쭈뼛 어색하지만 막상 인사를 건네면 싫어하는 사람은 별로 없더라고요. 그렇게 인사를 주고받다가 어느새 친구가 되기도 하고요. 심지어 회사에서도.

총무팀 김마리 사원은 회사에 저처럼 편한 남자 직원이 없대요. 출입구로부터 가뜩이나 먼 총무팀, 총무팀에서도 제일 구석 자리인 자기한테까지 와서 살갑게 인사하는 사람이 없었다면서 그게 그렇게 고마웠다고 합니다.
처음 인사할 때는 몰랐는데, 알고 봤더니 휴게실 간식 담당이 마리 씨더라고요? 2주에 한 번씩 간식을 시킬 때마다 '후렌치파이는 딸기가 원조다, 아니다 그래도 사과 맛이 낫다'거나 '쿠크다스는 무조건 초록색이다, 아니다 빨간색이 근본이다' 같은 대단찮은 언쟁을 벌이면서 이제는 주문을 마치기 전에 저한테 더 필요한 건 없냐고 묻는 사이가 됐어요. 역시 엄마 말은 틀린 게 하나도 없습니다. 인사만 잘해도 밥이 나오고 떡이 나와요.
"마리 씨, 우리도 믹스 커피 말고 카누 좀 사주면 안 돼요? 살이 안 빠져요."
"도 대리 님 살 안 빠지는 게 커피 때문?? 카누 접수요."

당이 뚝 떨어지는 오후 3시. 평소라면 달달한 믹스 커피를 떠올렸을 시간. 마리 씨가 반가운 메신저를 보냅니다.

"대리 님, 카누 입고!"

"오예, 고마워요! 만들던 장표만 얼른 끝내고 갈게요."

후다닥 일을 마무리하고 휴게실로 뛰어갔는데, 이게 웬걸. 간절히 기다렸던 카누가 몇 개 안 남았습니다. 최소한 일주일은 버틸 줄 알았는데 일주일은 무슨, 잘해야 한 잔 정도 더 마시겠네요. 시무룩하게 나오는데 복도에서 마리 씨가 황급히 저를 불러 세웁니다.

"대리 님! 차인남, 차인남 대리요."

"디자인팀? 그 분이 왜요?"

"아니, 카누를 한 움큼 다 쥐어 가더라고요. 집에 싸가려나 봐요."

"와… 진짜요? 그새 다 떨어지긴 했더라."

"감사팀에 신고할까요? 자기 돈으로 사 먹지, 왜 그런데요?"

듣고 보니 뉴스를 봤던 기억이 납니다. 휴게실 간식을 몰래 가져다가 팔기까지 하는 사람이 있다는 기사였죠. 소소하지만 확실한 횡령이니 뭐니 해도 '별사람 다 있네' 하고 말았지, 그런 사람이 우리 회사에도 있을 줄은 몰랐습니다. 괜히 감사팀에 알려서 일을 키우고 싶지는 않은데… 디자인팀 차인남, 잘못한 거 맞죠? 횡령 맞는 거죠?

먹으라고 둔 거면 내 거 아냐?

정확히 말하자면 아닙니다. 어차피 회사에서 직원들 먹으라고 구비한 간식인데 집에 가져가는 게 뭐 어떠냐는 논리는 조금 거칠게 비유하자면, 각종 사무용품도 어차피 직원들 쓰라고 마련한 거니까 집에 가져가도 된다는 말처럼 들립니다. 아직 포장도 뜯지 않은 A4용지와 볼펜을 몰래 가져다가 판다? 누가 보더라도 납득이 안 되죠.

휴게실 간식도 마찬가지입니다. 나만이 아니라 회사 직원 모두를 위해 회삿돈으로 구입하고 구비한 **회사의 물품이고 재산**이기 때문에 함부로 가져가서는 안 됩니다. 업무상 필요를 전제로 마련했을 뿐 애초에 나에게 준 게 아니니까요.

"그깟 과자 몇 봉지 해봤자 얼마나 한다고. 경찰도 바쁜데 그런 거 잡으러 다니겠냐."

맞습니다. 휴게실에서 초코파이 몇 개 가져갔다고 회사가 경찰에 신고하거나 단번에 징계를 내리지는 않을 거예요. 하지만 원칙적으로 절도죄는 타인의 재물을 타인의 의사에 반하여 절취했을 때 성립하기 때문에 훔친 재물의 양이 적다고 죄가 안 되는 건 아닙니다. 바늘 도둑이든 소도둑이든 둘 다 도둑이에요. 직원이 회사 비품 좀 챙겨봐야 얼마나 챙긴다고 쩨쩨하게 그러냐는 분들도 계시겠지만 그런 말이 쏙 들어갈 만큼 간 큰 직원들이 많기도 하고요.

서울시 서초구의 한 명품 판매업체. 감시가 소홀한 틈을 타 창고에서 몰래 가방과 클러치, 지갑 등을 숨겨 나오는 방법으로 총 54회에 거쳐 무려 3억2천만 원에 달하는 명품 186개를 훔쳤다가 절도죄로 처벌받은 직원도 있습니다.[6]

자동차 부품 제조업체 A사. A사는 작업용 소모품인 목장갑을 월 1회 지급하되, 작업 내용에 따라 필요한 만큼 직원들이 자율적으로 수령하도록 했습니다. 직원 B는 매달 목장갑 2묶음을 받아 1묶음은 포장을 뜯지 않고 탈의실 사물함에 모아두었죠. B는 차곡차곡 모아둔 목장갑으로 가득 채운 라면 박스를 들고 퇴근했다가 절도 제보를 받은 A사로부터 30일간의 출근정지 징계를 받았습니다.

적게 보면 2만 원, 많이 쳐줘야 5만 원어치 목장갑 반출 사건! 그에 대한 징계가 과도한가를 두고 다퉜던 재판에서 B는 목장갑은 이미 본인에게 지급되어 더 이상 회사 재산이 아니고, 실제로 A사가 반출을 통제하지도 않았다고 주장했습니다.

하지만 법원은 직원 B의 주장을 인정하지 않았습니다. 수량과 시기 등 정해둔 기준에 따라 제공되는 근무복과 달리, 목장갑은 작업 중 발생할 수 있는 재해를 예방하기 위해 직원이 자율적으로 수량을 정해 챙기도록 했을 뿐 업무상 위험 방지와 무관하게 매월 목장갑 2묶음을 직원에게 지급하기로 한 건 아니라는 거였죠. 또 A사가 목장갑 반출을 적극적으로 통제하고 있지 않더라도 이는 A사의 규모가 크고 근로자 수가 많아 목장갑 반출을 단속하기 어려운 현실적인 이유 때문이지 A사가 목장갑 반출을 용인했다고 볼 수는 없다는 겁니다[7].

> **법률 한 토막**
>
> 「**형법**」
>
> **제329조(절도)** 타인의 재물을 절취한 자는 6년 이하의 징역 또는 1천만 원 이하의 벌금에 처한다.

차인남은 절도죄, 김마리는 횡령죄?

절대로 그럴 일은 없겠지만 만약 김마리 사원이 휴게실 간식과 비품을 잔뜩 훔쳤다면 그때는 절도죄가 아니라 업무상 횡령죄로 처벌받을 겁니다. 영화 때문일까요? 동그란 은테 안경과 하늘색 셔츠, 차콜그레이 색깔의 고급 정장을 빼입은 사람이 태연하게 사무실에 앉아 회삿돈을 빼돌리는 모습부터 떠오르는 횡령죄. 이 죄의 핵심은 ① 위탁관계와 ② 신뢰관계입니다.

> **법률 한 토막**
>
> 「형법」
>
> **제355조(횡령, 배임)** ① 타인의 재물을 보관하는 자가 그 재물을 횡령하거나 그 반환을 거부한 때에는 5년 이하의 징역 또는 1천500만 원 이하의 벌금에 처한다.
>
> **제356조(업무상의 횡령과 배임)** 업무상의 임무에 위배하여 제355조의 죄를 범한 자는 10년 이하의 징역 또는 3천만 원 이하의 벌금에 처한다.

　몇 번을 읽어도 이해가 안 되는 「형법」의 횡령죄 조문도 ① 위탁관계와 ② 신뢰관계를 중간에 넣어 읽으면 조금은 눈에 잘 들어옵니다. 「형법」 제355조를 다시 볼까요? 타인의 재물을 **(위탁받아)** 보관하는 자가 **(신뢰를 배반해)** 그 재물을 횡령하거나 그 반환을 거부한 때에는 5년 이하의 징역 또는 1천500만 원 이하의 벌금에 처한다.

　구체적인 사례로 보면 더 쉽습니다. 피고인인 마을 이장은 노인회 총무로부터 **경로당 화장실 개·보수 공사비 400만 원**을 받았습니다**(위탁관계)**. 이장은 수령한 공사비를 자기 명의의 계좌에 보관하다가 공사비 용도가 아닌 학교 급식비 및 국민건강보험료 등 **개인적인 용도로 사용**하여**(신뢰 배반)** 유죄 판결을 받았습니다. 쉽게 말해, 경로당 화장실을 잘 고쳐 달라는 업무를 맡아 마을 사람들로부터 공사비를 받아 보관하고 있던 이장이 그

믿음을 배반하고 자기 돈인 것처럼 함부로 사용한 죄를 저질렀다는 거죠.

이 사건에서 한 가지 더 기억할 것은 법원이 마을 이장을 단순 횡령죄가 아니라, 업무상 횡령죄로 처벌했다는 점입니다. 피고인인 이장이 마을 공동사업을 추진하고 공동기금을 관리해 오면서 횡령한 공사비는 **업무상 보관**하던 것이니까요[8].

5년 이하의 징역 또는 1천500만 원 이하의 벌금에 처하는 단순 횡령죄와 달리 업무상 횡령죄는 그보다 형량이 훨씬 셉니다. 10년 이하의 징역 또는 3천만 원 이하의 벌금! 업무상 횡령죄를 가중 처벌하는 까닭은 업무관계에 따른 횡령행위가 상대적으로 더 많은 사람에 대한 신뢰관계를 배반하기 쉽고, 피해의 범위와 사회에 미치는 악영향도 더 넓고 크기 때문일 겁니다.

점유이탈물횡령죄, 들어는 봤는데…

우리 「형법」에 횡령죄라는 이름을 가진 죄는 하나가 더 있습니다. 제360조 점유이탈물횡령죄입니다. 주인이 잃어버린 물건을 함부로 차지해 가졌을 때 성립하는 죄인데 말이 어려운 것 치고는 의외로 친숙하게 느껴지죠? 지금 이 순간에도 우리 주변에서 흔하게 발생하는 범죄이기 때문일 겁니다. 고가의 전자제품을 주웠다고 인터넷에 자랑하다가 '점유이탈물횡령죄! 경찰서에 갖다주지 않으면 신고하겠다.'는 댓글을 보고 황급히 글과 흔적을 지우는 사례를 보신 적이 있을 거예요.

횡령이라는 표현을 쓰기는 하지만, 점유이탈물횡령죄의 핵심은 위탁관계나 신뢰관계가 아닙니다. 그보다는 범죄의 대상, 즉 불법으로 취득한 대상이 타인의 점유를 이탈한 재물이라는 점이 가장 특징적입니다. 절도죄와 비교해 보면 바로 이해할 수 있어요. **타인이 점유하고 있는 재물**을 불법으로 빼앗았다면 **절도죄**가 성립하고, **이미 타인의 점유를 이탈한 재물**을 불법으로 취득했다면 **점유이탈물횡령죄**가 성립하는 거죠.

그럼 점유하고 있다는 건 무슨 말일까요? 반드시 내 손에 쥐고 있어야만 점유에 해당하는 건 아닐 텐데 말이죠. 우리 법원은 어떤 물건을 누군가가 점유하고 있는가를 판단할 때 ① 객관적인 관리 가능성과 ② 주관적인 지배 의사를 함께 살핍니다. 그렇게 판단해야 식당에서 음식과 함께 제공되는 예쁜 커틀러리나, 호텔에 묵는 동안 제공된 푹신한 침구를 손님이 일시적으로 사용한다고 하더라도 각각의 물건을 점유하는 것은 결국 주인이라는 합리적인 결과를 도출할 수 있습니다.

범죄의 대상인 재물이 점유이탈물인지 아닌지가 재판의 쟁점이 된 사례는 무척 많습니다. 점유를 이탈한 재물을 불법으로 취득하는 것보다 누군가가 점유하고 있는 물건을 빼앗는 절도 행위가 훨씬 더 엄하게 처벌받기 때문입니다.

법원은 주인이 물건을 잃어버렸다고 해서 모두 점유이탈물이라고 판단하지는 않는데요, 피해자가 휴대전화를 PC방에 두고 온 경우라도 PC방은 PC방 주인의 관리 아래 있으므로 잃어버린 휴대전화는 PC방 주인이 점유하고 있는 것으로 봅니다. 따라서 PC방에 왔다가, 다른 손님이 두고 간 휴대전화를 훔친 피고인에게 점유이탈물횡령죄가 아닌 절도죄를 선고했습니다[9].

대중교통이라면 어떨까요? 우리 법원은 고속버스나 지하철에서 승객이 깜빡하고 두고 내린 물건을 또 다른 승객이 가져갔던 사건에서, 대중교통 승무원이 유실물을 현실적으로 발견하지 못했다면 점유를 개시했다고 볼 수는 없다고 봤습니다. 따라서 그사이에 또 다른 승객이 이를 발견하고 가져갔다면 절도죄가 아니라 점유이탈물횡령죄라고 판단했고요[10].

법률 한 토막

「형법」

제360조(점유이탈물횡령) ① 유실물, 표류물 또는 타인의 점유를 이탈한 재물을 횡령한 자는 1년 이하의 징역이나 300만 원 이하의 벌금 또는 과료에 처한다.

Episode 3

인사팀 홍 대리는 왜 인왕산에 갔을까?
불륜남녀의 공동불법행위

✏️ **3줄 요약**

- 간통죄는 이미 2015년에 폐지됐다. 더 이상 형사처벌 대상은 아니다.
- 부정행위를 저지른 불륜남녀는 피해 배우자에게 공동불법행위에 따른 손해배상 책임을 진다.
- 상간 위자료는 최소한 3,010만 원으로 하자. 판결문에 불륜사실이 꼼꼼히 적힌다.

회사 정문. 이른 아침부터 위아래로 회색 아디다스 트레이닝복을 맞춰

입은 젊은 여성이 전단을 돌리고 있습니다.

'광고지 뿌릴 돈이 있으면 차라리 러닝머신이나 늘리지.'

보나 마나 낡고 낡은 회사 근처의 지하 헬스장 광고겠거니 짐작하고 피해 가려는데 기어이 제 앞을 막아섭니다. 월요일 아침부터 괜한 실랑이는 피하고 싶어서 마지못해 전단지를 받아 들었는데, 세상에! 안 받았으면 후회할 뻔했습니다. 불륜? 재무팀 한수진이랑 인사팀 홍시백이?

누가 인사팀 아니랄까 봐, 홍시백 대리는 인상도 참 좋았지만 목소리는 더 좋았습니다. 왜 그렇잖아요, 시끄러운 자리에선 오히려 낮은 목소리가 더 잘 들리는 거. 툭툭 던지는 한마디, 한마디에 대단한 내용이 담긴 것도 아닌데 왠지 있어 보이는 목소리 때문에라도 홍 대리가 하자는 대로 해야 할 것만 같았습니다. 덕분에 어떤 회의에서든 홍 대리의 존재감은 엄청났어요. 홍 대리가 있는 회의와 없는 회의는 완전히 다른 느낌이었죠. 그러고 보니 지난 주말의 기억이 얼핏 스칩니다.

"저희 사진 좀 찍어주시겠어요?"

일요일 오전 인왕산 정상석 앞. 회사 사람을 보게 될 거라곤 생각도 못했지만 목소리만 들어도 바로 알 수 있었습니다. 인사팀 홍 대리라는 걸요. 짝을 지어 기념 사진을 찍는 수많은 커플 가운데서도 홍 대리의 목소리는 여전히 존재감을 뽐냅니다. 부드러운 목소리에 반했는지, 부탁을 받은 사람도 기꺼이 휴대전화를 받아 드네요.

어라? 그런데 홍 대리의 허리를 감싼 손의 주인이 누군지 모르겠습니다. 결혼식 때 봤던 아내는 키가 훨씬 작았던 것 같은데? 다홍색, 주황색. 알록달록 한껏 멋을 내고 홍 대리와 다정하게 포즈를 취하는 늘씬한 여성. 산 정상에서 기념사진을 찍는 데도 선글라스와 마스크를 벗지 않는 게 아무래도 수상합니다. 밝게 웃으며 싹싹하게 인사하던 홍 대리의 아내는 아닌 것 같은데….

홍 대리의 아내는 인왕산 정상에서 카메라 앞에 서는 대신 바람난 남편의 회사 앞에서 전단을 나눠주고 있습니다. 감정 없는 기계처럼 전단지를 돌리던 그녀가 갑자기 들고 있던 전단을 누군가를 향해 집어 던집니다. 한수진입니다. 너무 이른 시간이라 아직 아무런 연락을 못 받았나 봅니다. 휘날리는 전단이 바닥에 떨어지기도 전에, 한수진은 머리채를 잡혔습니다.

욕설이 먼저인지, 비명이 먼저인지. 뭐가 앞이고 뒤인지 모를 정도의 아수라장. 뒷일은 여러분의 상상에 맡길게요. 아, 그래도 결과는 말씀드려야지. 회사 익명 게시판에 달린 댓글을 종합하면 승자는 아디다스 트레이닝복녀, 아내 쪽이었습니다. 무난한 8:2 판정승. 이 게시물이 3페이지쯤으로 밀려났을 무렵, 공지사항으로 재무팀 한수진에 대한 징계가 떴습니다. 1개월 동안의 정직과 재택근무에 이은 장기간의 대기발령. 불장난의 대가는 어마어마했죠.

홍 대리의 사정도 마찬가지. 징계위원회에서 징계 수위를 결정하기도 전에 홍 대리는 이혼을 당했습니다. 홍 대리의 아내요? 명예훼손과 폭행으로 벌금 300만 원을 물었답니다. 그래도 광고지를 돌린 걸 후회하진 않는대요. 300만 원으로 300억 원만큼 속이 후련해졌다면서, 결혼식 날 봤던 것처럼 다시 환하게 웃고 다닌다고 들었습니다.

그 소문을 듣고 한수진은 미뤄온 분노가 폭발했나 봐요. 엄청 비싼 변호사를 사서 홍 대리의 아내에게 소송을 걸었대요. 회사 앞에서 전단을 돌려 회사 사람들 모두가 내연관계를 알게 만들었으니 이로 인한 ① 정신적 피해와 ② 정신과 치료비, ③ 회사로부터 받은 징계로 인한 손해까지 몽땅 물어내라고 했답니다. 홍 대리의 아내가 이걸 다 물어줘야 할까요? 잘못은 한수진이 한 것 같은데?

경찰은 왜 한수진과 홍시백을 안 잡아갈까?

정확히 말하면 안 잡아가는 게 아니라 못 잡아가는 겁니다. 간통죄는 더 이상 죄가 아니기 때문이죠. 배우자가 있는데도 다른 이성과 부정한 행위를 한 사람을 처벌하기 위한 죄, 간통죄는 1953년에 처음으로 만들어졌습니다. **바람, 불륜, 외도, 간통.** 어떤 이름이든지 간에 가족공동체를 뒤흔드는 행위라면 기꺼이 **국가가 앞장서 싹부터 잘라 버리겠다**는 게 그 취지였어요.

그때만 해도 사람들은 간통죄가 부정행위를 효과적으로 억제하는 수단이자, 가정과 사회를 지탱하는 튼튼한 기둥이라고 믿었습니다. '개인의 사생활? 성적 자기결정권? 다 좋은 말이지. 그렇다고 일부일처제를 기본으로 하는 결혼 제도를 훼손하고, 가족공동체를 파괴하는 간통까지 이해해 줄 수는 없어!'라면서요.

하지만 시대가 변했습니다. 세상도, 사람도, 사람들이 생각하는 방식도 많이 달라졌어요. 시간이 지날수록 간통죄가 꼭 있어야만 하는지 의문을 제기하는 사람들도 늘어났죠. '다 큰 성인인데 마음이 변한 게 잘못이야?', '간통죄가 무서워서 억지로 사랑하는 척 연기하라는 거야?'와 같은 비판의 목소리가 점점 더 커졌습니다. 바람을 피운 배우자에 대한 도덕적 비난과는 별개로, 배우자의 불륜을 국가가 나서 형벌로 다스리는 것이 타당한가에 대한 지적은 꾸준히 계속되어 왔습니다.

세부적인 내용은 조금씩 달라도, 결국 간통죄 폐지를 주장하는 사람들의 공통적이고 핵심적인 근거는 간통죄가 헌법이 보장하는 개인의 자유를 지나치게 침해한다는 것이었죠. 1990년과 1993년, 2001년과 2008년. 헌법재판소의 심판으로부터 4번이나 살아남아 유지되어 왔던 간통죄는 2015년 마침내 위헌 결정을 받습니다. ① 결혼과 성, 개인의 성적 자기결정권에 관한 국민들의 의식이 바뀌었을 뿐만 아니라 ② **도덕에 맡겨야 할 내밀한 성생활의 영역**에 국가권력이 개입해서는 안 되고 ③ 부부관계와 가정의 유지는 당사자들의 애정에 맡겨야지 **형벌을 통해 강제할 수 없다는 것**

이 간통죄를 위헌으로 판단한 주된 근거였습니다[11]. 수많은 논란에도 불구하고 꿋꿋이 법전의 한구석을 지켜오던 간통죄가 이 결정과 동시에 폐지됐습니다. 「형법」이 제정된 이후 62년 만이었어요.

법률 한 토막

「구 형법」

제241조 (간통) ① 배우자 있는 자가 간통한 때에는 2년 이하의 징역에 처한다. 그와 상간한 자도 같다.

「헌법」

제10조 모든 국민은 인간으로서의 존엄과 가치를 가지며, 행복을 추구할 권리를 가진다. 국가는 개인이 가지는 불가침의 기본적 인권을 확인하고 이를 보장할 의무를 진다.

제17조 모든 국민은 사생활의 비밀과 자유를 침해받지 아니한다.

그래서? 잘못이 없다는 거야?

그렇지는 않습니다. 형사처벌 대상이 아니라는 것이 잘못과 책임이 전혀 없다는 뜻은 아니니까요. 죄 없는 배우자 눈에 눈물 나게 했으면 자기들 눈으로도 피눈물 흘려 봐야 한다는 게 아무래도 보통 사람들의 속마음일 텐데, 이 생각은 심지어 간통죄가 위헌이라고 결정했던 헌법재판소도 크게 다르지 않았습니다. '배우자의 간통행위는 재판상 **이혼사유**가 되고, 간통행위를 한 사람은 배우자에게 이에 따른 **재산상 및 정신적 손해를 배상**

할 의무를 진다. 또한, 법원이 자⠀의 양육에 관한 사항과 자에 대한 면접교섭권의 제한·배제 등을 결정할 때 **부정한 행위를 한 배우자**에게 일정한 **불이익을 줄 수 있다.**' 간통죄가 위헌임을 선언했던 결정문에서 더 이상 간통죄를 유지할 필요가 없다는 근거로서 제시된 내용이긴 하지만, 불륜남녀의 민사상 책임을 명확히 확인했다는 점만큼은 틀림없는 사실입니다.

바람을 피우는 사람이 어찌나 많은지. 또 다른 홍시백과 한수진 사건에서 법원은 ① 배우자가 있는데도 바람을 피운 사람(홍시백 대리), ② 배우자가 있는 사람과 바람을 피운 사람(한수진 사원)의 책임을 각각 구체적으로 밝힙니다. 대법원이 쓴 판결이유는 부부간의 의무를 정한 「민법」 제826조로 시작합니다. '부부는 동거하며 서로 부양하고 협조할 의무를 진다. 부부는 정신적·육체적·경제적으로 결합된 공동체로서 부부공동생활이 유지되도록 협력할 의무를 지는데, 이 의무에는 부정행위를 하지 말아야 할 성적 성실의무도 포함된다.'

이를 근거로 대법원은 홍시백과 한수진이 정확히 뭘 잘못했는지 설명합니다. **홍시백 대리처럼 부부로서의 의무를 다하지 않고** 바람을 피운 배우자는 피해 배우자가 입은 정신적 고통에 대해 불법행위에 의한 손해배상 의무를 지고, 배우자가 있는 사람과 불륜을 저지른 한수진 사원의 부정행위는 **홍대리 부부의 공동생활의 유지를 방해**하고 **피해 배우자의 배우자로서의 권리를 침해**하여 정신적 고통을 가한 불법행위에 해당한다면서요[12].

홍시백과 한수진, 한수진과 홍시백은 둘이 함께 부정한 관계를 맺음으로써 부부로서의 의무를 어기고, 배우자의 권리를 침해했습니다. 이렇게 둘 이상이 공동으로 불법행위를 저질러 누군가에게 피해를 준 경우를 「민법」은 **공동불법행위**라고 부릅니다. 둘 다 잘못한 거고, 둘 다 못된 거예요. 순진한 내 남편을 꼬셨다고 한수진 머리채만 잡을 일은 아니라는 거죠.

법률 한 토막

「민법」

제826조(부부간의 의무) ① 부부는 동거하며 서로 부양하고 협조하여야 한다. 그러나 정당한 이유로 일시적으로 동거하지 아니하는 경우에는 서로 인용하여야 한다.

제760조(공동불법행위자의 책임) ① 수인이 공동의 불법행위로 타인에게 손해를 가한 때에는 연대하여 그 손해를 배상할 책임이 있다.

3,000만 원? 조금만 더 써

그렇다면 홍 대리의 아내는 한수진과 홍시백, 이 괘씸한 불륜남녀에게 얼마만큼의 손해배상을 청구하는 게 좋을까요? 실제로 그만큼 받아내지는 못하더라도 **손해배상 청구금액**은 최소한 3,000만 원을 넘기는 게 좋습니다. 원고가 피고에게 청구한 금액, 즉 소송목적의 값이 3,000만 원 이하인 사건을 우리 법원은 **소액사건**으로 분류합니다. 법원은 좁고, 판사는 적고. 한 명의 판사가 제한된 시간 동안 수많은 사건을 다뤄야 하다 보니, 상대적으로 다툼의 규모가 작은 사건들은 조금 더 빠르고 신속하게 처리하기 위함이죠.

그러다 보니 소액사건의 경우 「소액사건심판규칙」에 따라 판결의 결론(주문)만 적고, 왜 그렇게 판단했는지를 알 수 있는 **판결이유**는 꼭 적지 않아도 됩니다. 만약, 홍 대리의 아내가 한수진을 상대로 손해배상금 2,000만 원만을 청구하는 소송을 제기했다면 이 사건은 소액사건으로 분류될 거고, 홍 대리의 아내가 이 소송에서 전부 승소하더라도 판결이유가 전혀 적혀 있지 않은 판결문을 받게 될 수도 있어요. 딱 아래와 같이요.

서울중앙지방법원 2020. 7. 10. 선고 2020가소123456 판결 [손해배상]

서 울 중 앙 지 방 법 원

사　　건	2020가소123456 손해배상
원　　고	A
피　　고	B
변론종결	2020. 6. 26.
판결선고	2020. 7. 10.

주 문

1. 피고는 원고에게 20,000,000원 및 이에 대하여 소장부본 송달일 다음날부터 다 갚는 날까지 연 12%의 비율로 계산한 돈을 지급하라.
2. 소송비용은 피고가 부담한다.
3. 제1항은 가집행할 수 있다.

청 구 취 지

주문과 같다.

판사   김심판

※ 소액사건의 판결서에는 소액사건심판법 제11조의2 제3항에 따라 이유를 기재하지 아니할 수 있습니다.

그런데 불륜 사건을 굳이 재판까지 하는 이유가 뭘까요? 나를 배신한 꼴 보기 싫은 배우자 얼굴 한 번 더 보려고? 아니겠죠. 어떻게든 10원 한 푼이라도 더 받아내려고? 그것도 아닐 겁니다. 변호사 비용에, 이래저래 법원을 왔다 갔다 하는 시간까지 생각하면 크게 남는 것도 없어요.

결국 불륜에 따른 손해배상을 청구하는 소송의 가장 큰 목적은, 판결 이유에 불륜남녀의 불륜사실을 구체적으로 적기 위함입니다. 법원의 판결문만큼 정확하고 강력한 증거가 어디 있겠어요? 외도로 인한 잘잘못을 따지는 소송전을 벌이기로 이왕 마음먹었다면 손해배상 금액은 3,000만 원을 초과하도록 정하는 게 좋습니다.

그럼 한수진의 소송은 어떨까요? 한수진은 홍 대리의 아내가 회사 앞에서 불륜사실을 알리는 전단을 돌렸기 때문에 입은 ① **정신적 피해**와 ② **정신과 치료비**, ③ 회사로부터 받은 **징계로 인한 급여 상실분**에 대한 손해를 홍 대리의 아내가 배상해야 한다는 취지의 소송을 제기했습니다. 법원은 한수진이 청구한 손해 중 일부만을 인정했어요.

우선, 아내의 행위로 한수진이 ①정신적 피해를 입었다는 점은 객관적으로 인정되니까 이에 대한 위자료 부분은 받아들였죠. 하지만 한수진이 구체적으로 어떤 진단을 받아 어떤 내용의 정신과 치료를 받았는지는 증명하지 못했기 때문에 한수진이 지출한 ②정신과 치료비는 손해로 인정하지 않았습니다.

이전부터 받아왔던 치료를 다시 시작한 건지, 홍 대리의 아내가 저지른 사건과 상관없는 다른 이유로 치료를 받고 영수증만 가져다 낸 건지 증거가 없는데 법원이 어떻게 알겠어요.

또, 회사로부터 받은 ③징계 때문에 한수진의 급여가 줄어 들었다고 하더라도 그것은 **아내가 전단을 돌렸기 때문이 아니라 한수진 스스로가 품위유지의무를 위반하며 불륜을 저질렀기 때문**에 발생한 일이라며 손해로 볼 수 없다고 판단했습니다[13]. 누굴 탓하겠어요. 자기 팔자, 자기가 꼰 거지.

법률 한 토막

「**민사소송법**」
제208조(판결서의 기재사항 등) ② 판결서의 이유에는 주문이 정당하다는 것을 인정할 수 있을 정도로 당사자의 주장, 그 밖의 공격·방어방법에 관한 판단을 표시한다.

「소액사건심판규칙」

제1조의2(소액사건의 범위) 법 제2조제1항에 따른 소액사건은 제소한 때의 <u>소송목적의 값이 3,000만 원을 초과하지 아니하는</u> 금전 기타 대체물이나 유가증권의 일정한 수량의 지급을 목적으로 하는 제1심의 민사사건으로 한다.

「소액사건심판법」

제11조의2(판결에 관한 특례) ③ <u>판결서</u>에는 「민사소송법」 제208조에도 불구하고 <u>이유를 적지 아니할 수 있다</u>.

Episode 4

회사에 비밀은 없다, 떡볶이가 있는 한
직장 내 성희롱과 남녀고용평등법

✒ 3줄 요약

- 어디서부터 어디까지가 직장 내 성희롱일까? 「남녀고용평등법」을 찾아보자.
- 업무 요청에 따라 보낸 하트 이미지를 빌미로 애정 표현 운운하면 직장 내 성희롱이 될 수 있다.
- 사용자는 직장 내 성희롱을 예방하고 방지할 책임이 있다.

백해무익. 담배를 설명하는 데 이 이상은 필요 없다는 사람들이 있습니다. 반대로 아침에 눈을 뜨자마자 담배부터 찾는 사람들도 있죠. 담배가 아니면 하루를 시작조차 할 수 없는 사람. 한때는 저도 그런 사람이었습니다. 사방이 조용한 이른 아침, 까치의 지저귐 사이로 타닥타닥. 한 모금 빨아들일 때마다 담배가 타들어 가는 소리가 참 좋았어요.

처음 담배를 피운 건 군대에서였습니다. 원칙만 내세우던 엄격한 상사도 담배만큼은 언제든 허락해 줬습니다. 땡볕에서 일하는 부하에게 찬물은 못 구해줘도 담배 피울 시간만큼은 넉넉하게 챙겨줬죠. 금연할 이유가 없었습니다. 담배를 피우면 늘 더 쉴 수 있었으니까요.

틈날 때마다 담배를 찾는 게 습관이 됐을 무렵 저는 전역을 했고, 그로부터도 꽤 오랜 시간이 흘렀습니다. 그 사이 담배의 해로움을 알리는 무서운 경고문이 담뱃갑에 붙었고 담뱃값도 많이 올랐습니다. 더는 담배를 피울 이유가 없었죠. 주변에서도 많이들 담배를 끊었는데, 대리가 되던 올해에야 금연을 시작한 저는 많이 늦은 편입니다.

가족들의 성화에도 꾸역꾸역 금연을 미뤄 올 수 있었던 마지막 핑계는 '담배를 피워야 회사 생활이 쉬워진다.'는 변명이었습니다. 담배를 피우며 흡연자들만의 비밀을 주고받다 보면 담배야말로 인간관계의 비결이자 회사 생활의 치트키라는 생각에 우쭐해지거든요. 그런데 금연을 하고서야 알았습니다. 그 비밀이란 게 담배 연기처럼 금방 날아가 버린다는 거.

"대리님, 오늘 떡볶이 회동 제안합니다."

총무팀 마리 씨가 메신저로 말을 겁니다. 분식집 딸 아니랄까 봐, 긴히 할 이야기가 있으면 꼭 떡볶이를 먹자고 합니다. 즉석 떡볶이는 맛 자체도 좋지만 직장 동료와 함께 먹기 정말 좋은 음식입니다. 조리 과정의 순간순간이 선택의 연속이거든요. 오리지널, 짜장, 로제, 마라. 베이스를 뭘로 가져갈지 정하는 건 시작일 뿐. 라면과 당면, 쫄면과 우동 사이에서 고민하다 간신히 면을 고르고 나면 이제는 튀김입니다. 김말이, 야끼만두, 못난이, 계란.

밥은 몇 개나 볶을지, 치즈는 넣을지 말지도 결정합니다. 선택에 따라 변화무쌍한 떡볶이의 맛, 나이가 들면 자기 얼굴에 책임을 져야 하는 것처럼 내가 만든 떡볶이도 모두 내 책임입니다. 맛있는 떡볶이를 만들려면 무엇보다 본인 스스로를 잘 알아야 해요. 무턱대고 욕심만 부려 이것저것 잔뜩 주문했다가는 국물 맛을 해치기 쉽고, 자신의 식탐을 과소평가했다간 동료의 김말이에 눈독을 들이게 되거든요. 누가 그랬더라? '결혼할 만한 사람인지 알아보려거든 즉석 떡볶이를 함께 먹어보라'는 말이 괜한 호들갑은 아닙니다.

"대리님, 신이나 사원 이야기 들으셨죠?"
"네, 퇴사했잖아요."
"그거 말고요."
"그거 말고 뭐가 더 있어요?"

뚱뚱한 쌀떡이 어느 세월에 다 익을까 싶지만, 시간을 두고 차분히 조리다 보면 결국 양념이 배어들기 마련입니다. 누군가의 속마음도 그렇습니다. 노골적으로 달려들기만 해서는 들을 수 없는 법. 짐짓 관심 없는 척 거리를 두고 기다려야 합니다. 쫄면이 냄비에 눌어붙듯, 떡에 양념이 배어들듯.

"자기가 나왔던 홍보 영상도 삭제하고, 업무든 뭐든 다시는 연락하지 말라고 했대요."

"그럴 만하죠. 이직도 한다고 했으니까. 그나저나 맘이 많이 상했나 보네요."

"차인남 대리가 얼마나 괴롭혔는지 회사에 대한 정이 다 떨어졌대요. 주말에 따로 만나서 밥 먹는데 이야기가 한도 끝도 없더라니까요?"

"얼마나 심했는데요?"

"디자인팀 잡일이란 잡일은 이나 씨가 다 했잖아요? 차인남이 보고 자료에 어울리는 하트 이미지 보내 달라고 해서 보내줬더니 '어머, 지금 저한테 하트를 날리신 겁니까, 촤하하.'라고 했다지 않나, 언제는 자기 차 타고 1박 2일로 자전거 여행을 가자면서 '방이 없으면 차에서 같이 자도 되고.' 어쩌고 했다는 거예요, 세상에."

파티션 너머에서 이런 일이 벌어지고 있었다니. 누가 봐도 직장 내 성희롱 아닌가요? 오늘 떡볶이 회동은 꽤 길어질 것 같습니다. 일단 야끼만두부터 추가하고, 밥을 볶는 건 잠시 미뤄야겠습니다.

「남녀고용평등법」과 직장 내 성희롱

'좋은 게 좋은 거다.' 영 틀린 말은 아니지만, 명백히 나쁜 걸 좋은 거라고 두루뭉술 넘겨서는 안 됩니다. 누구에게는 좋아도, 다른 누군가에겐 전혀 좋지 않은 일일 수도 있으니까요.

간혹 직장에서의 지위를 등에 업고 업무를 핑계로 못된 행동을 일삼는 사람들의 이야기를 듣습니다. 농담이랍시고 비난과 모욕, 심하게는 성희롱까지 저지르는 사람들이 있죠. 문제는 농담과 장난, 성희롱 사이의 경계가 애매한 경우가 많다는 겁니다. 직장 내 성희롱을 판단하는 기준이 중요한 까닭입니다.

「남녀고용평등법」은 **직장 내 성희롱**이 무엇인지 다음과 같이 정의합니다. '사업주·상급자 또는 근로자가 직장 내의 지위를 이용하거나 업무와 관련하여 다른 근로자에게 **성적 언동 등**으로 성적 굴욕감 또는 혐오감을 느끼게 하거나 성적 언동 또는 그 밖의 요구 등에 따르지 아니하였다는 이유로 **근로조건 및 고용에서 불이익을 주는 것**.'

많은 사람이 머리를 맞대고 공들여 만든 조항이지만, 그럼에도 여전히 약간의 궁금증이 남습니다. 성적인 언동이란 무엇이고, 근로조건 및 고용에서 불이익을 주는 것이란 게 뭘까요. 조문만 놓고 보면 대체 어디까지가 성적인 언동이고 어디서부터 근로조건 및 고용에서 불이익을 주는 것인지 아무래도 짐작하기 어렵죠.

이를 보충하기 위해 「남녀고용평등법 시행규칙」 별표 1에서는 성적인 언동과 고용상 불이익에 대한 구체적인 예를 들고 있습니다.

「남녀고용평등법 시행규칙」 별표 1		
성적인 언동의 예시	육체적 행위	• 입맞춤, 포옹 또는 뒤에서 껴안는 등의 신체적 접촉행위 • 가슴·엉덩이 등 특정 신체부위를 만지는 행위 • 안마나 애무를 강요하는 행위
	언어적 행위	• 음란한 농담을 하거나 음탕하고 상스러운 이야기를 하는 행위 • 외모에 대한 성적인 비유나 평가를 하는 행위 • 성적인 사실 관계를 묻거나 성적인 내용의 정보를 의도적으로 퍼뜨리는 행위 • 성적인 관계를 강요하거나 회유하는 행위 • 회식자리 등에서 무리하게 옆에 앉혀 술을 따르도록 강요하는 행위
	시각적 행위	• 음란한 사진·그림·낙서·출판물 등을 게시하거나 보여주는 행위 • 성과 관련된 자신의 특정 신체부위를 고의적으로 노출하거나 만지는 행위
	그 밖에 사회통념상 성적 굴욕감 또는 혐오감을 느끼게 하는 것으로 인정되는 언어나 행동	
고용에서 불이익을 주는 것의 예시	채용 탈락, 감봉, 승진 탈락, 전직, 정직, 휴직, 해고 등과 같이 채용 또는 근로 조건을 일방적으로 불리하게 하는 것	
비고	성희롱 여부를 판단하는 때에는 피해자의 주관적 사정을 고려하되, 사회통념상 합리적인 사람이 피해자의 입장이라면 문제가 되는 행동에 대하여 어떻게 판단하고 대응하였을 것인가를 함께 고려하여야 하며, 결과적으로 위협적·적대적인 고용 환경을 형성하여 업무 능률을 떨어뜨리게 되는지를 검토하여야 한다.	

이거나 그거나, 조문이나 별표나. 똑같은 말을 길게만 써놓은 거 아니냐고 생각하실 수도 있겠지만 법의 취지를 담아 정확한 기준과 구체적인 사례를 제시한다는 건 굉장히 어렵고 힘든 일입니다. 실제로 지극히 당연해 보이는 이 기준이 사람을 죽이기도, 살리기도 해요.

> **법률 한 토막**
>
> 「남녀고용평등법」
> **제2조(정의)** 이 법에서 사용하는 용어의 뜻은 다음과 같다.
> 2. "직장 내 성희롱"이란 사업주·상급자 또는 근로자가 직장 내의 지위를 이용하거나 업무와 관련하여 다른 근로자에게 성적 언동 등으로 성적 굴욕감 또는 혐오감을 느끼게 하거나 성적 언동 또는 그 밖의 요구 등에 따르지 아니하였다는 이유로 근로조건 및 고용에서 불이익을 주는 것을 말한다.

"어머, 하트를 날리신 겁니까."

차라리 지어낸 이야기라면 좋을텐데, 신이나 사원이 차인남 대리로부터 겪은 피해는 실제로 있었던 일입니다. 게임 회사 디자이너로 근무하던 A는 같은 회사에 개발 직군으로 입사한 B와 함께 일하는 사이였습니다. 프로젝트 단위로 진행되는 업무 특성상 협업해야 할 일이 많았죠.

A는 6월에 입사한 B가 불과 입사 2개월 차인 7월부터 자신을 성희롱해 왔다고 주장했습니다. 법원은 A가 주장한 7개의 행위 가운데 2개를 **근로자가 업무와 관련하여 다른 근로자에게 성적 언동 등으로 성적 굴욕감 또는 혐**

오감을 느끼게 한 행위, 즉 **직장 내 성희롱**에 해당한다고 판단했습니다[14]. 구체적인 내용은 다음과 같아요.

		직장 내 성희롱 판단 근거
1	행위	B가 A에게 퇴근 후 자신의 차로 이동하여 1박 2일 자전거 종주를 하자고 하며 "방이 없으면 차에서 함께 자도 되고…"라고 말한 행위
	판단	A에게 성적 모멸감, 불쾌감을 느끼게 하는 발언으로서 직장 내 성희롱에 해당한다.
2	행위	A가 B의 요청을 받아 업무상 하트 모양의 이미지 파일을 전송하자, B가 A에게 "어머, 하트를 날리신 겁니까"라는 메시지를 발송한 행위
	판단	A가 업무과정에서 B에게 하트 이미지(게임 아이템 아이콘)를 보내게 된 것임을 알면서 마치 이성적인 관계에서 애정표현의 의미로 보낸 것처럼 반응하여 A에게 불쾌감을 느끼게 한 발언으로서, 직장 내 성희롱에 해당한다.
3	행위	B가 자신의 자리에서 벌떡 일어나 업무 중인 A의 얼굴을 빤히 바라보는 행위
	판단	B는 위와 같은 행동을 한 사실이 없다고 주장하고 있고, A가 제출한 증거들만으로는 B가 위와 같은 행동을 하였음을 인정하기 부족하고 달리 이를 인정할 증거가 없다.
4	행위	개발자인 B가 디자이너인 A가 작업한 디자인을 임의로 변경한 행위
	판단	B의 행동이 업무관례상 다소 부적절해 보일 수는 있으나, B가 직장 내 성희롱과 관련하여 2차 가해행위를 한 것이라고 볼 수 없다.

A는 이 소송을 통해 B에게 총 3천7백만 원에 달하는 손해배상금을 청구했습니다. A가 입었다고 주장한 피해는 크게 3가지. ① A가 B와 분리되기 위해 무급으로 휴직했던 3개월 동안의 급여 약 2천5백만 원, ② 정신

과 치료비와 진단서 발급비 약 1백70만 원, ③ 정신적 고통에 따른 위자료 1천만 원입니다. 법원은 A의 주장을 일부만 받아들여 B에게 정신적 고통에 따른 위자료 5백만 원을 지급하라고 판결했습니다.

① 무급 휴직기간의 급여에 대해서는 A에게 재택근무가 가능했고, B가 감봉 1개월의 징계처분을 받는 등 회사의 공식적인 조치가 있었던 점 등을 고려하여 3개월 치 급여에 달하는 손해가 성희롱 행위 때문에 발생한 것이라고 보지 않았습니다.

② 정신과 치료비와 진단서 발급비도 마찬가지. 성희롱 행위와 치료비 지출 시점 사이에 상당한 시간적 간격이 있고, A가 오랜 기간 진료를 받은 데에는 B의 성희롱 행위 외에 장기간의 휴직에 따른 불안감이나 다른 직원들과의 소원한 관계 등 추가적인 요인이 개입되었을 가능성이 있다는 것이 주된 근거였어요.

법률 한 토막

「남녀고용평등법」
제12조(직장 내 성희롱의 금지) 사업주, 상급자 또는 근로자는 직장 내 성희롱을 하여서는 아니 된다.

회사는 책임이 없을까?

따지고 보면 직장 내 성희롱은 회사에서 발생한 문제잖아요. 그러면 회사는 책임이 없을까요? 잘못이 있다면 당연히 회사도 그에 따른 책임을 집니다. 사업주에게 성희롱 예방 교육을 실시할 의무까지 꼼꼼히 정해둔 「남녀고용평등법」은, 성희롱 발생 사실을 알게 되었거나 신고를 받은 사업주에게 지체 없이 사실확인 조사를 해야 할 의무를 부여합니다.

이 외에도 신고자나 피해근로자에게 불리한 처우를 하거나 피해근로자를 보호하기 위한 적절한 조치를 하지 않는다면 과태료를 물리고, 심한 경우 형사처벌을 하기도 해요.

또 우리 「민법」에는 사용자의 배상책임을 규정한 조항도 있습니다. 예를 들어 건설현장 근로자가 충분한 주의를 기울이지 않고 함부로 일하다가 지나가는 사람을 다치게 했다면, 근로자의 사용자인 회사가 배상책임을 져야 하죠. 직원이 **업무와 관련**해 누군가에게 손해를 가했다면 **직원을 고용하고 감독하는 회사도 그 손해를 배상**해야 한다는 취지입니다.

사용자 책임이 쟁점이 된 재판에서 사장님들이 가장 흔하게 내세우는 주장은 **직원의 가해행위와 업무 간의 관련성**이 없다는 거예요. 비록 직원이 나쁜 행동을 했더라도 회사 밖에서 개인 생활을 하다가 벌어진 일이라면 회사가 그런 문제까지 개입하고 책임질 이유는 없으니까요.

한 시내버스 회사에서 발생한 직장 내 성희롱 사건에서도 사장은 비슷한 취지로 항변했습니다. 회사에 고용된 총 140명의 버스기사 중 여성은 모두 7명. 피해자는 그 7명 가운데 한 명이었습니다. C를 비롯한 버스

기사 4명은 동료 버스기사들에게 피해자를 성적 대상으로 한 발언을 일삼았습니다.

피해자가 가해자 중 한 명과 잠자리를 가졌다는 C의 발언을 시작으로, 명백한 허위사실이 걷잡을 수 없이 퍼져 나갔죠. 이러한 대화는 회사 밖 술자리에서는 물론 회사 안 배차실 등에서도 계속됐습니다.

또 다른 문제는 대표이사의 대응이었습니다. 피해자의 성희롱 신고에도 불구하고 사실 조사와 근무장소 변경 등 필요한 조치를 취하지 않은 데다, 지방고용노동청으로부터 가해자에게 징계를 내리라는 시정지시를 받고서도 이를 따르지 않았습니다.

심지어 사후조치를 요청하는 피해자에게 "앞으로 과부는 버스 기사로 안 뽑겠다.", "영원히 여기는 이제는, 여자들은 절대 안 써!"라는 등의 막말을 쏟아냈어요.

재판 과정은 예상대로 흘러갔습니다. 대표이사는 가해자들의 성희롱 행위는 퇴근 후 술자리 장소에서 벌어져 업무관련성이 없으므로 사용자 책임을 질 수 없다는 주장을 펼쳤습니다. 그러나 1심과 2심, 3심 대법원까지. 모든 법원이 회사의 사용자 책임을 인정했습니다.

버스 운행 종료 후 회사 밖 술자리에서의 언행이라고 하더라도 피해자에게 적대적이고 위협적인 고용환경이 조성되었을 상황까지 헤아린 세심한 판결이었죠. 대법원의 판결문을 볼까요?

판결 한 토막

가해자의 발언은 대부분 피해자 앞에서 직접 행해진 것이 아니라 근로자 사이에 피해자를 대상으로 한 성적인 내용의 정보를 유포하는 간접적인 형태로 이루어졌지만, 위와 같이 유포된 성적인 정보의 구체적 내용, 유포 대상과 범위, 그 효과 등에 비추어 업무관련성을 인정할 수 있으므로, 「남녀고용평등법」 제12조에서 금지되는 직장 내 성희롱에 해당한다. 나아가 가해자의 발언은 직장 내 성희롱으로 인정되는 행위로서 사용자의 사업과 시간적, 장소적으로 근접하고 업무와 관련하여 이루어진 불법행위이고, 「남녀고용평등법」에 따라 회사에 이러한 가해행위(직장 내 성희롱)가 발생할 위험을 방지할 책임이 있다는 사정을 아울러 고려하면, 가해자의 발언으로 피해자가 입은 손해는 가해자가 회사의 사무집행에 관하여 피해자에게 가한 손해에 해당한다[15].

법률 한 토막

「민법」

제756조(사용자의 배상책임) ① 타인을 사용하여 어느 사무에 종사하게 한 자는 피용자가 그 사무집행에 관하여 제삼자에게 가한 손해를 배상할 책임이 있다. 그러나 사용자가 피용자의 선임 및 그 사무감독에 상당한 주의를 한 때 또는 상당한 주의를 하여도 손해가 있을 경우에는 그러하지 아니하다.

Episode 5

어차피 다 들리는데 녹음 좀 한 게 뭐가 문제냐고?

음성권 침해와 통신비밀보호법

📝 3줄 요약

- 공개되지 않은 타인 간의 대화를 녹음하는 건 불법이다. 내 귀에 들린다고 모두 공개된 대화는 아니다.

- "저를 지키고 싶은데 회사에 있는 내내 녹음기를 켜둬도 되겠죠?" 안 된다. 불법행위가 되기 쉽다.

- 대화에 참여했다면 몰래 녹음해서 함부로 공개해도 아무런 책임이 없을까? 아니다. 손해배상 책임을 질 수 있다.

"뭐라고요? 7살? 차인남 대리랑 동갑?"

마리 씨가 살짝 열려 있던 회의실 문을 마저 닫으며 목소리를 낮춥니다.

"대리님, 쉿!"

금요일 오후. 일은 손에 안 잡히고 마침 팀장님도 안 계셔서 멍하니 있는데 웬일로 마리 씨가 자료 정리를 도와달라네요? 마리 씨를 따라 회의실에 들어왔는데 진짜 용건은 따로 있었습니다. 무려 연애상담! 절대로 아무한테도 얘기하지 말라며 신신당부한 뒤에야 마리 씨가 털어놓은 고민은 7살 차이 나는 남자친구와 계속 사귀는 게 맞는지 모르겠다는 걱정이었습니다.

"운전할 때 가끔 욱하는 게 맘에 걸려요. 아무래도 7살이나 차이가 나니까 세대 차이도 있고요."

"5년만 있어 봐요. 친구들이 남친이랑 양양 가서 서핑하고 생맥주 마실 때, 마리 씨는 남한산성 계곡 가서 능이백숙 먹는 거예요."

제가 좋아하는 과자를 꼬박꼬박 휴게실에 채워 놓는 마리 씨. 그 고마운 마리 씨의 남자친구가 나쁜 사람이면 어쩌나 내심 걱정이 됐나 봐요. 저도 모르게 목소리가 커집니다.

"그리고 운전하면서 욱한다고요? 안돼, 안돼. 그런 사람이랑 어떻게 사귀어요. 결혼하려면 성격 좋은 게 제일이래요."

결혼은커녕 여자친구도 없는 돌팔이의 연애상담이 아직 한창인데 회의실 문이 덜컥 열립니다. 난데없이 등장한 디자인팀 차인남 대리. 뒤이어 들어오는 우리 영업1팀 이진구 과장님. 이게 대체 무슨 조합인가 싶어 어리둥절해하고 있는데 과장님이 먼저 입을 엽니다.

"차 대리, 얼른 사과하세요."
"제가 왜요? 잘못한 거 없다니까요?"
"잘못한 게 없어? 회의실 문 앞에 쪼그리고 앉아서 두 사람이 말하는 거 몰래 녹음했으면서 잘못한 게 없어?"
"저를 지키려고 그런 거예요. 녹음기는 회사에서 항상 켜놓는 거고."

대체 무엇으로부터 자기를 지킨다는 건지⋯ 차 대리랑 더 이상 말을 섞을 바엔 그냥 피하는 게 낫겠다는 생각이 듭니다. 연애상담을 멋대로 엿들은 게 기분은 나빠도 적당히 사과만 받고 일어서려는데 느닷없이 차인남 대리가 목소리를 높입니다.

"도민호, 김마리! 당신들이 먼저 내 욕했잖아. 그거야말로 직장 내 괴롭힘 아니야? 나는 그냥 내 이름이 들리니까 녹음한 거라고."

보아하니 마리 씨의 남자친구와 동갑이라고 이야기했던 걸 얼핏 듣고 오해했나 봅니다. 그렇지만 정말로 그게 전부고 차인남 대리를 따로 욕한 것도 아닌데 너무 억울합니다.

대화를 조금만 들었어도 차 대리를 욕하는 게 아니라는 걸 단번에 알았을 텐데 몰래 숨어서 우리 둘 사이의 대화를 녹음하고 있었다뇨. 회사에 있는 내내 녹음기를 켜고 일한다는 차인남 대리. 이렇게 떳떳해도 되는 걸까요?

어차피 다 들리는데 '공개된 대화' 아니냐고?

발표를 할 때도, 샤워를 할 때도. 심지어 빙판길에 미끄러지는 순간에도 손에서 놓지 못하는 한 가지, 휴대전화. 이제는 휴대전화가 손에 들려 있지 않은 게 오히려 더 어색한 세상입니다. 은밀하게 비밀을 주고받는 절체절명의 순간에도 휴대전화를 옆에 두는 게 이상하지 않죠. 문제는 대화 상대방은 알아차리지도 못할 몇 번의 작은 터치만으로 비밀스러운 대화를 숨소리 하나 빼놓지 않고 모두 녹음할 수 있다는 점입니다.

녹음이 쉬워지고 관련 분쟁이 늘면서 「통신비밀보호법」은 어느새 몰라서는 안 될 상식이 됐습니다. ① 공개되지 않은 타인 간의 대화를 녹음하는 것은 불법이다. ② 하지만 대화에 참여한 본인이라면 상대방 몰래 대화를 녹음해도 처벌받지 않는다.

민호와 마리의 대화를 몰래 녹음하다 들킨 차인남 대리의 변명은 얼핏 보면 상식에 부합하는 것처럼 보입니다. 공개되지 않은 타인 간의 대화를 녹음하는 게 불법이니까, 타인 간의 대화라도 공개된 대화라면 녹음해도 된다는 논리입니다. 살짝이나마 문이 열려 있는 회의실에서 이뤄진 민호와 마리의 대화는 밖에서도 들렸으니까 공개된 것이나 다름없고, 그렇다면 그 둘의 대화를 녹음하더라도 문제될 게 없다는 거죠.

하지만 법원의 판단은 다릅니다. 법원은 **대화가 다른 사람에게 들렸다고 해서 그게 곧 공개된 것은 아니다**라고 설명해요. 대화가 공개되었는지는 대화의 내용과 목적, 장소의 성격과 규모, 출입의 통제 정도와 같은 객관적인 상황을 종합적으로 고려해서 판단해야지, 가까이에 있는 사람이 들을 수 있었다고 해서 꼭 공개된 대화는 아니라는 겁니다.

A는 교회의 같은 사무실 안에서 동전 던지기 게임을 하는 사람들이 도박을 한다고 믿었습니다. 속상한 마음에 그들의 대화를 몰래 녹음한 뒤 장로에게 전달했어요. 사무실에 있던 다른 사람들도 대화 내용을 충분히 들을 수 있었기 때문에 A는 이들의 대화가 공개된 대화에 해당한다고 주장했습니다.

하지만 법원은 A가 「통신비밀보호법」을 위반했다며 유죄 판결을 내렸습니다. 게임을 하던 사람들로서는, 우연히 같은 공간에서 가까운 거리에 있던 A가 자신들의 대화를 자연스럽게 듣는 것은 몰라도 일부러 기계적 장치 등을 이용하여 대화를 녹음하고 누설하는 것까지 용인하거나 예상했다고 볼 수는 없고, 그렇다면 이들의 대화는 공개된 대화가 아니라는 거였죠[16].

법률 한 토막

「통신비밀보호법」

제3조(통신 및 대화비밀의 보호) ① 누구든지 이 법과 형사소송법 또는 군사법원법의 규정에 의하지 아니하고는 우편물의 검열·전기통신의 감청 또는 통신사실확인자료의 제공을 하거나 공개되지 아니한 타인간의 대화를 녹음 또는 청취하지 못한다. 다만, 다음 각호의 경우에는 당해 법률이 정하는 바에 의한다.

제16조(벌칙) ① 다음 각 호의 어느 하나에 해당하는 자는 1년 이상 10년 이하의 징역과 5년 이하의 자격정지에 처한다.

> 1. 제3조의 규정에 위반하여 우편물의 검열 또는 전기통신의 감청을 하거나 공개되지 아니한 타인간의 대화를 녹음 또는 청취한 자
> 2. 제1호에 따라 알게 된 통신 또는 대화의 내용을 공개하거나 누설한 자

내 욕하는 거 같으면 녹음해도 될까?

"당신들이 먼저 내 욕했잖아. 그거야말로 직장 내 괴롭힘 아니야? 나는 그냥 내 이름이 들리니까 녹음한 거라고!" 차인남 대리의 두 번째 주장입니다. 어때요, 그럴싸한가요?

양주시청에서 일하는 공무원 B도 재판에서 비슷한 주장을 했습니다. 녹음을 한 데는 나름의 이유가 있었다는 거였죠. B가 제시한 녹음의 근거는 또 다른 공무원 C의 비위행위였습니다. B는 사무실 칸막이 너머로 D가 C에게 보온병과 차를 선물하는 내용의 대화를 듣고, 상사인 C의 청렴 의무 위반 사실을 적발하기 위해 대화를 녹음했다고 주장했습니다.

하지만 법원은 B가 밝힌 녹음 경위에도 불구하고, 대화에 참여하지 않은 B가 C와 D의 대화를 녹음한 것은 「통신비밀보호법」을 위반한 위법한 행동이라고 판단했습니다. 상사인 C에 대해 앙심을 품고 있었던 B가 공익적 필요성이 그다지 높지 않은 상황에서 녹음했을 가능성이 높다는 점이 재판 과정에서 부각됐죠. 그도 그럴 것이, C가 D로부터 받은 보온병과 차는 통상적으로 불법성을 띠고 주고받는 금품으로 보기는 어렵고 보온병의 가격도 24,000원에 불과했거든요.

법원은 직무에 관하여 부정한 금품을 받는 상황이라고 보기 매우 어

려운데도, B가 **막연한 추측**으로 대화를 녹음한 행위는 「헌법」과 「통신비밀보호법」이 부여한 개인의 사생활과 대화의 비밀이라는 사익 및 통신비밀의 일반적 보호라는 가치보다 더 우월하거나 이와 대등한 보호이익을 위한 행동이라고 볼 만한 사정도 없다고 지적했어요[17]. 1심과 2심, 모두 유죄를 받았습니다.

차인남 대리의 경우도 같은 결론일 겁니다. 자신을 욕하는 것 같아서 녹음했다는 차 대리의 변명은, 그저 자기만의 막연한 상상일 뿐이니까요. 물론, 스스로를 지키기 위해 녹음을 해야만 하는 상황도 있을 겁니다.

가해자가 흔적을 남기지 않고 반복적으로 직장 내 괴롭힘을 하고 있다면? 교활한 가해 행위를 도저히 입증할 방법이 없어 녹음에 이르렀다면, 피해자의 그러한 행동은 사회상규에 위배되지 않는 정당한 행위로서 처벌받지 않을 가능성이 매우 높습니다.

그런 경우라면 회사가 몰래 녹음한 직원을 징계할 명분도 없을 거예요. 하지만 차 대리가 그랬던 것처럼 특별한 사정이나 정당한 이유도 없이 회사에 있는 내내 녹음기를 켜고 불특정 다수의 대화를 녹음하는 건 정당행위가 아닌 불법행위에 가깝습니다.

실제로 동료들의 대화를 몰래 녹음한 행위를 해고 사유의 하나로 삼았던 사례에서 법원은 그러한 행위가 직원 상호 간에 불신을 야기하여 직장 내의 화합을 해하는 것이라고 지적하며 해고가 정당하다고 판단했습니다[18].

또 회사에서 받아온 부당한 대우의 증거를 확보하려는 의도로 10여 개월 동안 하루에 많게는 녹음테이프 3개가 넘는 분량의 대화 내용을 몰래 녹음했던 경우에도 법원은 그 동기를 참작하더라도 행위의 내용과 기간, 횟수에 비추어 보면 이는 부당한 대우에 대한 항의를 넘어 스스로 회사 및 동료 직원들과의 신뢰관계를 파괴하는 것이라고 꼬집기도 했어요[19].

B의 주장이 그게 전부였냐고요? B는 대화가 이뤄진 사무실은 다른 공무원들이 자유롭게 드나들 수 있는 공간이므로 애초에 C와 D의 대화는 「통신비밀보호법」이 녹음을 금지하는, 공개되지 않은 대화가 아니라는 논리도 꺼냈습니다.

하지만 이 주장도 통하지 않았어요. 법원은 앞서 살핀 교회 사무실 녹음 사건에서처럼 대화가 공개되었는지를 판단하는 기준은 대화의 내용과 당사자들의 의도라는 걸 재차 확인합니다. 대화가 이뤄진 양주시청 사무실이 비록 칸막이로만 구분되어 있어 근처에 앉으면 자연스럽게 대화의 내용을 들을 수 있다고 하더라도, 칸막이 아래에서 나눈 사적인 대화를 누군가가 녹음까지 할 거라고 생각했을 리는 없다는 지극히 상식적인 판단입니다.

> **법률 한 토막**
>
> 「형법」
> **제20조(정당행위)** 법령에 의한 행위 또는 업무로 인한 행위 기타 사회상규에 위배되지

> 아니하는 행위는 벌하지 아니한다.

몰래 녹음해도 정말 아무런 책임이 없을까?

① 공개되지 않은 타인 간의 대화를 녹음하는 것은 불법이다. ② 하지만 대화에 참여한 본인이라면 상대방 몰래 대화를 녹음해도 처벌받지 않는다. 앞에서 봤던 「통신비밀보호법」 기억하시죠? 몰래 녹음 당한 사람 입장에서는 억울할 거예요. 휴대전화를 뒤집은 채로 테이블 위에 올려놓길래 그런가 보다 했지, 나 몰래 내 이야기를 녹음할 거라고는 상상도 못할 테니까요.

감쪽같이 나를 속이고 중요한 대화를 녹음해서 공개한 상대, 정말로 아무런 법적 책임이 없을까요? 그렇지는 않습니다. 법원은 무단 녹음 및 공개가 **음성권**과 **사생활의 비밀과 자유**를 침해할 수 있다는 점을 분명하게 밝힙니다.

판결 한 토막

피녹음자의 동의 없이 전화통화 상대방의 통화내용을 비밀리에 녹음하고 이를 재생하여 녹취서를 작성하는 것은 피녹음자의 승낙이 추정되거나 정당방위 또는 사회상규에 위배되지 아니하는 등의 다른 사정이 없는 한 헌법 제10조 제1문과 제17조에서 보장하는 음성권 및 사생활의 비밀과 자유를 부당하게 침해하는 행위에 해당하여 불법행위를 구성한다. 위 침해는 그것이 통신비밀보호법상 감청에 해당하지 않는다거나 민사소송의 증거를 수집할 목적으로 녹음하였다는 사유만으로는 정당화되지 아니한다[20].

A사에서 부동산임대차관리업무를 담당하다 퇴사한 B에게 어느 날 전화 한통이 걸려옵니다. 한때 A사와 임대차계약을 체결했던 C의 전화였죠. C는 B에게 왜 회사를 그만뒀는지, 어디로 이직했는지를 묻다가 A사와 맺었던 임대차계약에 관한 구체적인 내용을 확인한 뒤 전화를 끊었습니다. 안부 전화에 기뻐했던 B는 이때까지도 이 통화가 녹음되고 있다는 사실을 몰랐습니다.

B가 이 소름 돋는 사실을 알게 된 건 C가 A사와 임대차보증금을 두고 다투는 재판에서 자신과의 통화 녹음을 증거로 제출하고 난 뒤였습니다. C는 녹음된 통화 내용이 B의 사생활과 관련이 없고, B의 진술이 사실상 유일한 증거였기 때문에 어쩔 수 없었다고 주장했습니다.

그러나 법원은 C로 하여금 B에게 300만 원의 손해배상금을 지급하라고 명령했습니다. C가 B의 음성권과 사생활의 비밀과 자유를 침해한 것에 따른 책임을 물은 겁니다.

C의 주장과 달리, 보호되어야 하는 음성 정보의 내용을 반드시 개인의 사생활과 관련된 사항으로 한정할 이유는 없는 데다, C가 다른 적법한 방법을 강구하지 않고 B가 당사자도 아닌 소송에서 비밀 녹음을 증거로 제출함으로써 B의 사생활을 일반인에게 알려지게 한 행위는 정당화될 수 없다는 거였죠.

비밀 녹음이 필요한 순간

위 사건과 다르게 비밀 녹음의 정당성을 인정한 판결도 있습니다. 서울시 은평구에 있는 한 중학교, 3학년 담당교사 D가 학생 문제로 볼일이 있는 1학년 담당교사를 찾아 1학년 교무실에 들어갑니다. 평소 D와 사이가 안 좋았던 또 다른 1학년 교사 E는 D를 보고 교무실에서 나가라고 소리쳐요. E의 외침이 멈추지 않자 D는 녹음을 시작했는데 녹음한다는 사실을 알아챈 E에게 곧 스마트폰을 빼앗기죠.

비밀리에 녹음된 시간은 총 23초. D의 휴대전화를 함부로 빼앗은 E의 재물손괴죄가 다퉈진 사건에서 D가 해당 녹음파일을 수사기관과 법원에 제출하자, E는 D가 자신의 음성권을 침해했다며 700만 원에 달하는 손해를 배상하라는 소송을 제기합니다.

결과는 E의 전부 패소였습니다. 법원은 소리치는 E의 행패를 피할 목적으로 녹음했을 뿐이라는 D의 손을 들어줍니다. 이전에도 D에게 소리를 친 적이 있는 E가 교무실에서 나가라고 재차 고성을 지르자, 피해 사실에 대한 증거를 확보하기 위해 D가 녹음한 것으로 보아 비밀 녹음의 **필요성**과 **긴급성**을 인정한 겁니다. 녹음 파일의 사용처가 수사기관과 법원뿐이었다는 점도 D가 승소하는 데 긍정적인 영향을 끼쳤죠[21].

녹음이 쉽고 흔해진 만큼 상대방과의 대화를 몰래 녹음하고 싶은 충동을 느끼는 것이 이상한 일은 아닙니다. 화장실 갈 때와 나올 때가 다르다고, 손바닥 뒤집듯 쉽게 말을 바꾸는 사람들이 넘쳐나니까요. 교무실 고성 사건처럼 비밀 녹음이 꼭 필요한 급박한 경우도 있을 거고요.

그렇다고 하더라도 특별한 사정이나 정당한 이유 없이 무단으로 대화를 녹음한 뒤 아무에게나 함부로 공개하는 것은, 「통신비밀보호법」에 따른 형사처벌 대상은 아닐지 몰라도 대화 상대방의 음성권과 사생활을 침해하는 불법행위가 될 수 있다는 점을 잊지 말아야겠습니다.

앱을 켠다 → 녹음 버튼을 누른다 → 공유 버튼을 누른다. 단 세 번의 터치만으로 누군가의 인격과 사생활을 손쉽게 침해할 수 있는 세상이니까요.

법률 한 토막

「헌법」

제10조 모든 국민은 인간으로서의 존엄과 가치를 가지며, 행복을 추구할 권리를 가진다. 국가는 개인이 가지는 불가침의 기본적 인권을 확인하고 이를 보장할 의무를 진다.

제17조 모든 국민은 사생활의 비밀과 자유를 침해받지 아니한다.

Episode 6

내 메신저 대화를 훔쳐보고 있었다고?
죄형법정주의와 정보통신망법

✏ 3줄 요약

- 법대로 하자고? 맞는 말이다. 죄와 벌은 법으로 엄격히 정해야 한다.
- 회사 컴퓨터, 회사 메신저로 한 대화라도 '비밀'은 보호될 수 있다.
- 범죄자가 아무리 미워도 그때그때 범죄자에게 불리한 방향으로 함부로 법을 적용해선 안 된다.

이상합니다. 얼마 전부터 저를 보는 문희만 부장님의 눈빛이 심상찮습니다. 속마음을 꿰뚫어 보는 기분이랄까요? 제가 무슨 생각을 하고 있는지 다 알고 있다는 듯 음흉한 눈빛입니다. 다른 팀이라 자리도 먼데 자꾸만 눈이 마주치고, 묘하게 감시당하고 있다는 기분이 가시지 않습니다.

의심이 시작된 건 지난주 영업본부 전체 회식 때 벌어진 일식 돈가스와 경양식 돈가스 논쟁부터였습니다. 프리미엄 돈가스 열풍에 힘입어 어느새 시장을 지배한 일식 돈가스. 두툼한 고기에 굵은 습식 빵가루로 튀겨서 풍부한 육즙이 장점이죠.

경양식 돈가스에는 없는 히말라야 핑크 소금과 트러플 오일, 폰즈 소스와 신선한 와사비와의 궁합도 일품입니다. 소금에 한번, 와사비에 한번. 돌아가며 찍어 먹다 보면 질릴 새도 없이 그 두툼한 돈가스를 남김없이 해치울 수 있어요.

하지만 그 대단한 넷을 합쳐도 경양식 돈가스의 영원한 단짝, 크림수프를 이기지는 못합니다. 건식 빵가루를 입혀 얇고 바삭하게 튀겨낸 경양식 돈가스. 다 좋은데 한 입 먹고 나면 까끌까끌한 튀김옷과 미끈한 기름이 입에 남는 게 아쉽죠.

크림수프는 그 둘의 손을 잡고 부드럽게 목을 넘어갑니다. 크림수프만 있다면 체하는 법이 없어요. 과속방지턱을 넘었는지도 모르게 돌파해 버리는 숙련된 운전자처럼, 가파른 식도를 부드럽게 공략하는 크림수프는 일식 돈가스의 4대 소스를 초월한 존재로 평가받아야 마땅합니다.

"도 대리는 크림수프 좋아하지? 무조건 경양식이겠네."

돈가스에 대한 제 오랜 철학을 설명하려는 찰나, 문 부장님이 선수를 칩니다. 회사 메신저로 현우한테 딱 한 번. 그 딱 한 번을 빼고는 누구에게도 이야기한 적이 없었는데… 주식과 중고차 말고는 신경도 안 쓰는 부장님이 제 취향을 알고 있을 리가 없는데 의아합니다. 의심이 확신으로 바뀐 건 오늘 점심 메뉴를 고르면서였습니다.

"통풍 걱정되면 당분간 고기는 피하는 게 좋지 않나?"

건강검진 종합 소견

◆ 요산 증가로 추적관찰이 필요함. 통풍이 우려되니 육류 섭취를 줄이고 체중 감량을 권함.

바로 어제 받아 본 건강검진 결과서에 처음으로 적힌 말입니다. 이제 나도 늙었구나 싶어 쓸쓸한 마음에 하소연도 할 겸 통풍을 앓고 있는 이진국 과장님께 회사 메신저로 넌지시 물었을 뿐, 아직 가족도 모르는 말 못 할 이 고민을 부장님은 대체 어떻게 알았을까요?

IT 담당도, 감사 업무 담당도 아닌 문 부장님께 메신저 대화 내용 저장 서버에 접근할 권한이 있을 리도 없는데… 그렇다면 결국 답은 하나뿐이죠. 불가능한 것을 제외하고 남은 답이 하나뿐이라면, 아무리 믿기지 않더라도 그게 진실입니다. 부장님이 제 컴퓨터를 직접 훔쳐보고 있다는 소름 돋는 결론!

저는 그 끔찍한 진실을 마주보기로 했습니다. 꼬리가 길면 밟히기 마련이고 정의는 언제나 승리하는 법입니다. 기어이 문 부장님은 제가 놓아둔 덫에 걸리고 말았습니다. 늙은 여우 문 부장님을 사냥할 타이밍은 영업1팀 사람들이 외근으로 자리를 모두 비운 늦은 오후로 잡았습니다.

회의실 세팅을 혼자 할 생각에 벌써부터 허리가 쑤신다고 호들갑을 떨어뒀으니 미끼는 충분합니다. "혼자 다 하려면 1시간은 걸리겠네." 일부러 문 부장님 들으시라고 혼잣말을 중얼거리면서 자리를 뜹니다. 사무실에 혼자 남은 문 부장님이 이 기회를 놓칠 리 없죠. 문 뒤에서 정확히 45초를 센 뒤 살짝 문을 엽니다. 아니나 다를까, 부장님이 제 컴퓨터 앞에 달라붙어 있습니다. 슬그머니 다가가 현장을 급습합니다.

"부장님, 지금 뭐 하시는 거예요?"
"… 아니, 뭐 도와줄 거 없나 그냥 좀 본 거야."
"제 메신저 보고 계셨던 거 아니에요?"
"무섭게 왜 그래, 지나가는 길에 화면이 켜져 있길래 좀 본 거 가지고."
"지금 보니까… 보관함에 저장된 대화를 몰래 전송까지 하셨네요?"
"몰래라니. 누가 들으면 해킹이라도 한 줄 알겠네, 허허."
"부장님, 억지 부리지 마세요."
"억지라니. 회사 컴퓨터에 있는 걸 다른 컴퓨터로 옮긴 게 잘못이야?"
"회사 컴퓨터라도 제 대화잖아요. 훔쳐보신 거잖아요."
"뭐? 훔쳐봐? 도 대리 아주 무서운 사람이었네? 그래 어디 법대로 한번 해보자, 법대로 해!"

거 법대로 합시다, 법대로

법대로 하자는 사람치고 무서운 사람 없다지만, 막상 눈앞에서 법대로 하자는 말을 들으면 흠칫하기 마련입니다. 나는 너무나 억울한 일을 당했는데! 죄 없는 피해자일 뿐인데! 무뚝뚝한 판사가 만에 하나라도 약아빠진 가해자 편을 들면 어떡하나 덜컥 겁이 나는 거죠.

평생 법원 한번 가볼 일 없는 사람과 달리, 합법과 불법의 경계를 오가며 살아온 어떤 영악한 사람들은 실제로 법률 전문가 행세를 하며 겁을 주기도 합니다. "법? 알지도 못하면서 까불지 마. 내가 검사 친구만 몇 명인데. 그래, 법대로 해보자. 100% 내가 이겨!"라고 으름장을 놓죠.

물론 송사를 치르면서 법원을 오가고 법조문도 몇 번 들여다봤다면 다툼이 생겼을 때 조금은 유리할 수도 있겠죠. 넘으면 안 된다고 법으로 정해둔 선이 어디까지인지, 알게 모르게 의식하며 행동할 테니까요.

법대로 하자는 말이 중요한 이유는 사람들이 넘어선 안 되는 지점에 그어진 선, 그 선이 바로 법이기 때문입니다. 선은 누구라도 알 수 있고, 멀리서도 볼 수 있도록 굵고 선명하게 표시되어야 합니다. 법은 그 법을 지켜야 하는 사람들에게 **예측 가능성**을 보장해 주어야 하기 때문입니다.

법에서는 A라고 정해 두었는데, 실제로 B와 같은 형태로 법이 적용된다면 사람들이 얼마나 혼란스럽겠어요? 1에서 10으로 갈수록 불법성의 정도가 점차 커진다고 생각해 봐요. 4부터 처벌하겠다고 정해 두었다면, 내가 미워하는 사람이 3의 행위를 저질렀다고 함부로 처벌해서는 안 됩니다. 왜냐? 4부터 처벌하겠다고 법으로 정해 두었으니까요. 죄가 되는지

안 되는지를 따져본 뒤, 그 결과에 따라 개인의 자유를 심각하게 제한하는 징역형과 같은 벌을 부과하는 「형법」은 특히 재판에서 매우 신중하고 조심스럽게 적용됩니다. 이걸 다른 말로 **죄형법정주의**라고 부릅니다. 국가형벌권의 자의적인 행사로부터 개인의 자유와 권리를 보호하기 위해 범죄와 형벌은 법률로 정하라는, 우리 「형법」의 흔들리지 않는 대원칙이죠[22].

법률 한 토막

「헌법」

제12조 ① 모든 국민은 신체의 자유를 가진다. 누구든지 <u>법률에 의하지 아니하고는</u> 체포·구속·압수·수색 또는 심문을 받지 아니하며, <u>법률과 적법한 절차에 의하지 아니하고는</u> 처벌·보안처분 또는 강제노역을 받지 아니한다.

「형법」

제1조(범죄의 성립과 처벌) ① 범죄의 성립과 처벌은 <u>행위 시의 법률</u>에 따른다.

화면 겨둔 건 너잖아? 회사에 비밀이 어디 있어

아무리 세상이 좋아지고 회사 분위기가 좋아져도 절대로 회사에 있을 수 없는 한 가지가 있습니다. 비밀입니다. 회사에 비밀은 없어요, 절대로. 그래도 그렇지 민호가 겪은 상황이 너무 극단적인 거 아니냐고요?

아뇨, 그렇지 않습니다. 피해자가 자리를 비운 사이 피해자의 컴퓨터에 저장된 대화 내용을 열람하고 복사해서 자신의 컴퓨터로 전송한 다음, 이를 또 다른 상급자에게 다시 한번 전송했다는 이야기는 꾸며낸 이야기가 아니라 실제로 있었던 일입니다.

현실은 소설보다 훨씬 잔혹한 법. 이 사건에서 가해자가 했던 주장은 문희만 부장의 변명보다 훨씬 뻔뻔했습니다. 자신의 행동은 죄가 될 수 없다며 가해자가 내세운 근거는 크게 두 가지였습니다. ① 가해자는 우선, 「정보통신망법」의 처벌대상은 정당한 접근권한 없이 정보통신망에 침입하는 것인데, 로그인된 상태로 화면이 켜져 있는 컴퓨터를 단순히 이용한 것은 침입한 것이 아니므로 죄가 되지 않는다고 주장했어요.

② 또 피해자가 영업비밀보호 등의 목적으로 회사가 메신저 대화 내용을 열람할 수 있다는 데 이미 동의했기 때문에 피해자의 메신저 대화는 비밀이 아니라서 죄가 될 수 없다는 논리를 펼쳤죠.

얼핏 보면 가해자의 주장은 그저 죄형법정주의에 따라 「정보통신망법」을 엄격히 해석하고 적용해야 한다는 원론적이고 합리적인 의견처럼 보이기도 합니다. 하지만 법원은 가해자의 주장을 받아들이지 않았어요.

법원은 가해자들이 위반한 조항은 정당한 접근권한 없이 정보통신망에 침입하는 것을 금지하는 제48조가 아니라, 정보통신망에 의하여 처리되는 타인의 비밀을 침해하는 것을 처벌하는 제49조라고 판단했습니다.

따라서 법이 금지하는 행위, 즉 타인의 비밀을 침해하거나 도용, 누설했다면 꼭 다른 사람의 아이디와 비밀번호를 부정하게 취득하여 입력하지 않았어도 죄가 된다는 거죠.

꼭 민호의 아이디와 비밀번호를 훔치지 않았어도, 로그인된 상태를 이용해 민호의 비밀을 확보하고 퍼뜨린 문희만 부장의 행위는 그 자체로 명백한 범죄라는 판단이었습니다.

또 피해자의 동의에 따라 회사가 징계조사나 영업비밀보호 등을 위해서 메신저 대화 내용을 확인할 수 있다고 하더라도, 메신저 프로그램 운영 업무와 관련 없는 가해자에게 이 사건 대화를 열람할 권한은 없기 때문에 가해자의 두 번째 주장도 배척한 겁니다[23].

실제 사건에서 가해자가 몰래 확인하고 전송한 대화 내용에는 종교활동 계획과 종교모임 구성원의 이름, 건강 검진 내용까지 포함되어 있었습니다. 「정보통신망법」에서 말하는 **타인의 비밀**이란, **일반적으로 알려져 있지 않은 사실로서 이를 다른 사람에게 알리지 않는 것이 본인에게 이익인 것**[24]이라는 게 대법원의 입장입니다. 비록 회사 컴퓨터를 이용해 사내 메신저로 주고받은 대화라고 해도 충분히 타인의 비밀이 될 수 있고, 비밀이 포함된 그 대화 내용은 자연히 법에 따라 보호되어야 한다는 결론이 도출됩니다.

법률 한 토막

「정보통신망법」

제48조(정보통신망 침해행위 등의 금지) ① 누구든지 정당한 접근권한 없이 또는 허용된 접근권한을 넘어 정보통신망에 침입하여서는 아니 된다.

제49조(비밀 등의 보호) 누구든지 정보통신망에 의하여 처리·보관 또는 전송되는 타인의 정보를 훼손하거나 타인의 비밀을 침해·도용 또는 누설하여서는 아니 된다.

A판사 유죄 B판사 무죄, 왜 다를까?

2014년 12월. 이륙을 위해 움직이기 시작한 항공기를 대한항공 부사장이 회항시킨 초유의 사태가 발생합니다. 이른바 땅콩회항입니다. 마카다미아 서빙이 매뉴얼에 맞게 이뤄졌는지 따지던 부사장이 분을 참지 못하고 이미 출발한 비행기를 돌려 세워 승무원을 내리게 했던 사건이죠.

서울서부지방법원과 서울고등법원을 거쳐 대법원까지 갔던 이 사건이 확정되기까지는 무려 3년이 넘는 시간이 걸렸습니다. 법원마다, 판사마다 의견이 엇갈렸기 때문입니다.

차이가 가장 두드러졌던 쟁점은 부사장이 **이륙 전의 비행기를 돌린 것**

이 **항로 변경죄에 해당하는가**였습니다. 「항공보안법」은 '운항 중인 항공기의 항로를 변경하게 하여 정상 운항을 방해하는 행위'를 항로변경죄로 정하여 처벌하는데, 문제는 「항공보안법」에 항로가 무엇인지 정확히 설명하는 조항이 없다는 점이었습니다.

1심 법원은 부사장이 유죄라고 판단했습니다. 「항공보안법」이 항로에 대해서는 정의하지 않았지만, '운항 중'은 '승객이 탑승한 후 항공기의 모든 문이 닫힌 때부터 내리기 위하여 문을 열 때까지', 즉 이륙 전과 착륙 후에 지상 이동 중인 상태를 포함하는 것이라고 규정하고 있으므로 **항로를 하늘길로만 해석**할 경우 **항로변경죄를 축소해서 적용**하는 셈이 된다는 논리였습니다.[25]

그러나 2심, 고등법원의 판단은 달랐습니다. 고등법원은 1974년 최초로 제정된 「항공기운항안전법」까지 거슬러 올라갑니다. 그리고 항로를 바꾸는 행위를 처벌하려고 했던 입법 당시의 주된 목적이 **항공기 납치** 행위와 같은 위험성이 높은 행위에 대한 규제였다는 점에 주목하죠.

더불어 항공기 납치 등과 무관한, 승객의 항공기 내 불법행위에 대해서는 따로 처벌규정을 마련하는 방향으로 법이 개정되어 온 점, 승객들이 탑승하는 탑승교를 떠난 항공기가 다시 탑승교로 돌아오는 램프리턴은 대한항공 국제선만 따져도 최근 3년간 395건에 달해 비교적 자유롭게 허용되고 있다는 현실도 판단의 근거로 제시했습니다. **결론은 무죄**[26]. 1심과는 정반대의 결론이었죠.

3년을 끌어온 소송이었습니다. 서로 엇갈렸던 1심과 2심. 대법원은 과연 어떤 판단을 내릴지 사람들의 눈과 귀가 서초동만 바라보고 있는 순간, 3명의 대법관은 판결문에 이렇게 적었습니다. '공항에서 공항으로 운행하는 항공기는 주로 하늘에서 운행하지만 **지상 운행도 필연적**으로 있을 수밖에 없다. 따라서 항로 변경죄에 있어서 항로는 따로 떼어 해석할 것이 아니라 운항 중인 항공기의 항로라는 어구 속에서 의미를 파악해야 하며, 지상에서 이동하는 항공기의 경로를 함부로 변경하는 행위는 대형참사로 이어질 수 있는 위험성이 큰 행위로 안전운항을 위협하는 행위를 처벌하고자 한 입법자의 의도에 들어맞는다.'

읽으면서 고개를 끄덕이게 되는 이 의견은 그러나 대법관 다수의 의견과는 다른, 반대 의견에 그치고 말았습니다. 나머지 대법관 10명은 지상에서 이동하는 항공기의 경로를 함부로 변경하는 것은 다른 항공기나 시설물과 충돌할 수 있는 위험성이 큰 행위라는 데 동의하면서도 **처벌의 필요성만으로 죄형법정주의 원칙을 후퇴시켜서는 안 된다**고 강조했어요.

국가형벌권의 자의적인 행사로부터 개인의 자유와 권리를 보호하기 위해 형벌법규의 해석은 엄격해야 하고, 문언의 가능한 의미를 벗어나 피고인에게 불리한 방향으로 해석하는 것을 허용해서는 안 된다는 거였죠.

또 법에 쓰인 용어에 관한 정의규정이 뚜렷하게 마련되어 있지 않은 경우에는, 원칙적으로 사전적인 정의와 같이 그 용어가 **일반적으로 받아들여진 의미**를 따라야 하는데 표준국어대사전은 물론 항공안전을 다룬 다른 법률을 살펴봐도 항로라는 말은 하늘의 개념을 내포하고 있을 뿐이지, 지상에서의 이동 경로를 가리키는 용어로 쓴 사례는 찾을 수 없다는 점도 지적했고요[27].

결국 대법원은 깊은 고민 끝에 지상에서 이동 중인 비행기를 회항시킨 부사장이 항로변경죄를 저지른 것은 아니라며 무죄를 선고했습니다. 판결 이후에도 법문 해석에 대한 다툼과 비판적인 목소리가 있었습니다. 그러나 피고인이 아무리 밉고 처벌의 필요성이 크다고 할지라도, 죄형법정주의 원칙을 지켜야 한다는 점을 다시 한번 명확히 확인했다는 점에서 이 판결은 큰 의미를 가집니다.

법률 한 토막

「항공보안법」

제2조(정의) 1. "운항중"이란 승객이 탑승한 후 항공기의 모든 문이 닫힌 때부터 내리기 위하여 문을 열 때까지를 말한다.

제42조(항공기 항로 변경죄) 위계 또는 위력으로써 운항중인 항공기의 항로를 변경하게 하여 정상 운항을 방해한 사람은 1년 이상 10년 이하의 징역에 처한다.

Episode 7

충전도 안 하면서 충전구역에 차를 대?

얌체 주차와 재물손괴죄

🖊 3줄 요약

- 꼭 충전 목적이 아니라도 전기차는 충전구역에 주차해도 된다.
- 충전구역 사용시간 기준은 주차 시간이다. 충전이 다 됐는지, 충전을 몇 시간 동안 했는지와 관계없다.
- 아무리 얄미워도 남의 차 충전기를 함부로 뽑지는 말자.

백화점 선물 코너를 지날 때면 종종 이런 생각이 듭니다. '어쩌면 직장인에게 제일 중요한 건 포장하는 능력 아닐까?' 아무리 일을 열심히 하면 뭐 합니까. 알아주는 사람 하나 없으면 그냥 헛고생한 거죠. 그래서 이번 연말 실적 보고를 앞두고는 신경을 썼습니다. 작은 일도 큰일처럼 부풀리고, 고작 회의 한번 들어간 게 전부였던 프로젝트도 적극적으로 주도했던 것처럼 포장 좀 했죠.

이진국 과장님이랑 야근까지 하며 서로의 보고서를 꼼꼼히 봐주기도 했어요. 드디어 찾아온 결전의 날. 보고 시간이 얼마 안 남았는데 과장님은 도무지 출근을 안 합니다.

몇 번이고 전화를 걸어도 받지 않는 과장님. 결국 과장님은 30분 넘게 지각했습니다. 야근까지 해가며 준비했던 중요한 보고인데, 대체 왜 늦었냐고 물으려는 찰나, 입을 떼기도 전에 과장님이 먼저 하소연을 쏟아냅니다.

"내가 오늘 같은 날 괜히 늦었겠냐. 도착이야 평소보다 일찍 했지. 근데 검은색 7878. 그 차가 계속 충전구역에 뭉개고 있는 거야. 너 내가 예전부터 그 차 얘기했던 거 기억하지?"

"번호 때문에라도 기억하죠. 차 안 빼고 계속 내버려두는 거 같다고 했잖아요."

"그래, 그놈. 근데 어제오늘은 심지어 충전도 안 하면서 내내 그 자리야. 어제 야근할 때부터 봤거든? 보나 마나 안 뺀 거지. 아니 전기차 충전 자리가 우리 건물에 몇 개나 있다고 그러냐고."

"건물이 후지긴 하죠. 그래서요?"

"그래서는 뭘 그래서야. 전화해서 당장 차 빼라고 했더니, 왜 빼야 하냐고 그러는 거야?"

"얼씨구, 그래서요?"

"충전 다 했으면 다른 차도 충전 좀 하게 빼시라 좋게 말하는데도, 충전이랑 상관없이 계속 댈 수 있다고 같은 말만 반복하다 무시하고 올라가더라고? 그래서 그 차 앞뒤로 구루마랑 쓰레기랑 이것저것 쌓아놓고 온다고 좀 늦었어."

충전하는 게 쉬울 리가 없다고, 전기차 산다고 할 때 그래서 그렇게 말린 건데… 진국 과장님의 답답한 마음이 이해는 갑니다. 아무리 먼저 맡았다고 하더라도 몇 안 되는 충전구역에 충전도 안 하면서 차를 세워두는 건 얄밉긴 하죠. 과장님한텐 좀 미안하지만, 내 일이 아니라 정말 다행이라는 생각부터 들었습니다.

근데 충전 목적이 아니어도 충전 구역에 차를 세워두는 게 문제없다는 7878 차주의 말은 사실일까요? 또 7878 앞뒤로 쓰레기를 쌓아두고 온 선배는 별일 없을까요?

충전도 안 하면서 충전 구역에 차를 대?

친구네 집들이만 가도 "거기 주차대수는 충분해?"를 먼저 묻는 우리나라. 방심하고 차를 가지고 갔다가 주차 지옥에 빠지는 일이 허다하다 보니 마냥 무례한 질문이라고 할 수는 없습니다. 어쩌면 전기차 도입에 따른 충전 구역 부족 문제는 예견된 갈등이었을 지도 몰라요.

신축 시설의 경우 총 주차대수의 5% 이상, 기존 건물의 경우 2% 이상으로 전용주차구역과 충전 시설을 확보하라는 게 설치 대상 시설에 부과된 최소한의 기준인데, 이게 참 밸런스 맞추기가 어렵습니다.

이 좁은 땅덩이에 빽빽이 세워진 건물들, 가뜩이나 주차 공간이 모자라는데 전기차 전용주차공간과 충전 시설이 늘면 자연히 가솔린·디젤을 쓰는 내연기관 자동차의 주차공간은 줄어드는 셈이니까요. 전기차가 너무 많아지면 내연기관 자동차가 갈 곳이 없고, 그렇다고 충전 시설을 티도 안 나게 늘리면 현실적으로 전기차를 운행하기가 너무 힘들겠죠.

바로 이 점 때문에 **전기차의 경우 꼭 충전하지 않더라도 충전 구역에 주차할 수 있다는 것이 산업통상자원부의 입장입니다.** 전기차와 같은 환경친화적 자동차 확대를 위해, 충전 편의뿐만 아니라 주차 편의까지 고려해 관련 법과 세부규제를 만들어 나가겠다는 취지인 거죠.

사실 충전방해행위를 규정한 법조문만 놓고 보면 살짝 갸우뚱할 수도 있습니다. 「친환경자동차법 시행령」은 **충전방해행위**의 하나로 **충전시설을 충전 외의 용도로 사용하는 행위**를 들고 있거든요.

그러나 산업통상자원부에서는 이 조항의 취지를 친환경자동차가 아닌 캠핑카나 전기 이륜차가 충전시설을 이용하는 걸 제한하려는 것일 뿐, 환경친화적 자동차의 주차를 금지하기 위한 조항은 아니라고 설명해요. 친환경자동차 보급을 위한 사회적 인프라 구축! 이 목적을 기준으로 관련 법령을 해석하면 전기차 분쟁의 많은 쟁점을 이해하기 쉽습니다.

법률 한 토막

「서울시 친환경자동차법 조례」

제7조의3(전용주차구역 설치) ① 제7조의2제1항에 따라 설치하는 전용주차구역은 총주차대수의 100분의 5 이상으로 한다. 다만, 2022년 1월 28일 전에 건축허가를 받은 시설(이하 "기축시설"이라 한다)은 다음 각 호에 따른다.

1. 국가, 자치구, 공공기관, 서울시 산하 공기업 및 영 제18조의9제1항 각 호의 기관이 소유 및 관리하는 시설 : 대상시설 총주차대수의 100분의 5 이상
2. 제1호 이외의 시설 : 대상시설 총주차대수의 100분의 2 이상

제7조의4(충전시설 설치) ① 제7조의2제1항에 따라 설치하는 충전시설의 종류는 영 제18조의7제1항에 따른 급속충전시설과 완속충전시설로 하되「전기용품 및 생활용품 안전관리법」제5조 또는 제15조에 따른 인증을 받았거나 신고를 완료한 충전기를 사용하여야 한다.

② 제1항에 따라 설치하는 충전시설의 수량은 총주차대수의 100분의 5(기축시설의 경우에는 100분의 2) 이상으로 하되, 이 비율에 따른 충전시설의 개수가 10개 이상인 경우 1개 이상을 급속충전시설로 설치하여야 한다.

아직 충전 다 안됐다니까!

전기차를 끌고 충전구역을 찾아가는 건 주차도 주차지만, 결국은 충전 때문이겠죠? 그러다 보니 충전이 100% 전부 다 될 때까지는 충전시설을 이용할 수 있는 거 아니냐는 오해가 많습니다. 하지만 **충전구역 사용시간 기준**은 **주차시간**입니다. 충전이 다 됐는지, 충전을 몇 시간 동안 했는지와는 관계가 없어요.

충전율을 기준으로 할 경우, 극단적으로 충전 전력을 낮춰 일부러 느리게 충전하면서 오랫동안 주차 공간을 확보하는 꼼수를 쓸 수 있겠죠. 충전시간을 기준으로 삼아도 차량의 성능과 배터리에 따른 차이가 있을 테니까 갈등의 소지가 남을 겁니다.

이런 문제 때문에 몇 %나 충전이 됐는지가 아니라 몇 시간 동안 주차를 했는가를 기준으로 이용 시간을 정한 거예요. 반대로 해석하면, 14시간 이전에 100% 충전이 되었다고 해서 차를 이동시켜야 할 의무는 없다는 결론이 나오는 거고요.

기억하세요. **완속충전시설**에서는 **14시간**, **급속충전시설**로는 **1시간**. 그 시간을 넘겨서 충전구역을 차지하고 있을 때만 과태료 부과 대상인 충전 방해행위가 되는 겁니다.

여기서 끝나면 좋을 텐데. 인생과 법의 공통점은 바로 모든 원칙에는 예외가 있다는 점입니다. 완속충전시설에서는 14시간, 급속충전시설에서는 1시간이라는 원칙이 모든 전기차 충전구역에 적용되는 건 아니에요. 참 복잡하고 더 보기 싫어지죠?

하지만 예외를 모르고 완속충전시설에서 14시간을 넘겨 차를 방치하고 있는 차주에게 차를 빼라고 시비를 걸었다간 괜히 망신만 당할 수 있으니까 마저 살펴 볼게요.

산업자원부고시에 따르면, **500세대 미만 아파트**에 설치된 **완속충전시설** 충전구역의 경우 14시간이 지난 후에 계속 주차하더라도 충전방해행위 **단속대상이 아닙니다**. 다만, 500세대 미만의 아파트라고 하더라도 급속충전시설 충전구역의 경우 1시간을 넘겨 주차하고 있다면 단속대상이라는 거. 헷갈리기 쉽지만 반드시 기억해 두어야 분쟁을 피할 수 있습니다.

법률 한 토막

「친환경자동차법 시행령」
제18조의8(환경친화적 자동차에 대한 충전 방해행위의 기준 등) ① 법 제11조의2제9항 후단에 따른 충전 방해행위의 기준은 다음 각 호와 같다.
1. 환경친화적 자동차 충전시설의 충전구역 내에 물건 등을 쌓거나, 충전구역의 앞이나 뒤, 양 측면에 물건 등을 쌓거나 주차하여 충전을 방해하는 행위
2. 환경친화적 자동차 충전시설 주변에 물건 등을 쌓거나 주차하여 충전을 방해하는 행위
3. 충전구역의 진입로에 물건 등을 쌓거나 주차하여 충전을 방해하는 행위
4. 제2항에 따라 충전구역임을 표시한 구획선 또는 문자 등을 지우거나 훼손하는 행위
5. 환경친화적 자동차 충전시설을 고의로 훼손하는 행위
6. 전기자동차 또는 외부충전식하이브리드자동차를 제18조의7제1항제1호에 따른 <u>급속충전시설의 충전구역에</u> 2시간 이내의 범위에서 산업통상자원부장관이 정하여 고시하는 시간(1시간)이 지난 후에도 <u>계속 주차하는 행위</u>

7. 전기자동차 또는 외부충전식하이브리드자동차를 제18조의7제1항제2호에 따른 <u>완속 충전시설</u>(산업통상자원부장관이 주택규모와 주차여건 등을 고려하여 고시하는 단독주택 및 공동주택에 설치된 것은 제외한다)<u>의 충전구역에 14시간 이내의 범위에서 산업통상자원부장관이 정하여 고시하는 시간(14시간)이 지난 후에도 계속 주차하는 행위</u>
8. 환경친화적 자동차의 <u>충전시설</u>을 전기자동차 또는 외부충전식하이브리드자동차의 <u>충전 외의 용도로 사용</u>하는 행위

얄밉다고 남의 차 충전기 뽑지는 말자

친환경자동차 보급을 위한 충전구역과 주차 시간 확보. 머리로는 알겠는데, 일찌감치 충전을 끝냈으면서도 황금시간대에 귀한 충전구역을 차지하고 있는 차를 보면 솔직히 얄미울 때가 많습니다. 다 같이 회사 다니는 처지에 지금 아니면 언제 충전하라고… 아무리 봐도 너무하다 싶죠.

하지만 그렇다고 해서 남의 차에 꽂혀 있는 충전기를 함부로 뽑는 행동은 자제하는 게 좋습니다. 혹시라도 충전기를 뽑다가 남의 차에 흠집이라도 냈다면 불필요한 법적 분쟁에 휘말리게 되기 십상이거든요.

우선, 형사책임과 관련해서 가장 먼저 떠오르는 건 **재물손괴죄**인데요, 결론적으로 죄가 인정될 가능성이 높지는 않습니다. 이 죄는 의도를 가지고 다른 사람이 가진 재물의 효용을 해한 고의범을 처벌하기 위한 조항이기 때문에 조심스레 충전기를 뽑다가 생긴 미세한 흠집 정도로는 죄가 되지 않을 가능성이 높아요.

물론, 얄미운 남의 차를 훼손하겠다는 명백한 의도로 일부러 흠집을

냈다거나, '에라 모르겠다 망가져도 모른다' 하며 마구잡이로 충전기를 뽑았다면 얘기가 다르지만요.

그리고 형사처벌 가능성과 차주가 입은 손해에 대한 민사상 책임은 또 전혀 다른 문제입니다. 앙심을 품은 상대방 차주가 괜히 다른 흠집까지 덤터기 씌워 책임지라고 물고 늘어진다면⋯ 생각만 해도 피곤하네요.

불필요한 다툼은 피하는 게 제일입니다. 그래서 드리는 말씀인데, 이진국 과장처럼 얄미운 차주를 골탕 먹이겠다고 충전구역 근처에 잡동사니를 잔뜩 쌓아 두어서는 안 됩니다.

이건 「친환경자동차법」에서 금지하는 충전방해행위에 해당하는 건 물론이고, 재물손괴죄로 처벌받을 수도 있거든요. '아니, 차량을 직접 훼손한 것도 아니고 근처에 물건 좀 쌓아둔 게 재물손괴죄라고?' 이렇게 생각할 수도 있지만 대법원의 판단은 다릅니다.

자동차의 사용목적은 운행이죠? 법원은 평소 자신이 주차하던 공간에 다른 차가 주차하자 **차량 앞뒤에 쉽게 제거하기 어려운 구조물 등을 붙여 차량을 운행할 수 없게** 만든 사안에서, 차량 자체에 물리적 훼손이나 기능적 효용의 멸실 내지 감소가 발생하지 않았더라도 일시적으로 본래의 사용목적에 이용할 수 없게 되어 **차량 본래의 효용을 해한 것**으로 보아 재물손괴죄의 성립을 인정했습니다[28].

법률 한 토막

「형법」

제366조(재물손괴등) 타인의 재물, 문서 또는 전자기록등 특수매체기록을 손괴 또는 은닉 기타 방법으로 기 효용을 해한 자는 3년이하의 징역 또는 700만 원 이하의 벌금에 처한다.

회식 단골집이 갑자기 망한 이유
청소년 주류 판매와 영업정지

3줄 요약

- 식당 사장님이 청소년에게 술을 팔았다면 「식품위생법」에 따라 영업정지처분을 받을 수 있다.
- 훔친 신분증에 속아 청소년에게 술을 팔았더라도 신분증 확인 의무를 이행한 사실이 확인된다면 영업정지처분은 면제된다.
- 부당한 영업정지처분을 받았다면 우선 집행정지 신청을 통해 영업정지처분의 효력부터 정지시켜야 한다.

본부장님 방에서 나온 후배 얼굴에 짜증이 가득합니다. 보나 마나 회식 때문일 거예요. 어느새 4년 차 사원이 된 현우. 제 직속 후배로 영업1팀에 들어올 때만 해도 금세 막내를 벗어날 줄 알았는데 운도 없지. 아직까지 신입도 못 받고 막내 노릇을 하느라 크고 작은 행사가 있을 때마다 온갖 잡일을 도맡고 있습니다.

본부장님이라도 좀 무던한 성격이면 좋을 텐데… 어찌나 까다롭고 변덕스러운지. 내키는 식당이 있으면 진작 알려줄 것이지 '아무 데나 편한 곳으로 가자'고 할 때는 언제고 막상 보고를 드리니 입맛을 다시며 이렇게 말하더랍니다.

"쩝… 그, 요새는 기름진 음식은 좀 부대끼고. 깔끔한 한식이 안 낫나? 겨울인데 참꼬막에 막걸리 좋겠네."

자리도 없다는 거 기껏 사정사정해서 간신히 예약했는데 갑자기 꼬막이라… 서울 한복판에서 20명이 들어갈 만큼 큰 방이 있는 식당을 찾는 것만 해도 만만찮은데 깔끔한 한식집이라뇨. 거기다 꼬막이라니. 툴툴대는 현우가 밉지 않습니다. 욕을 참는 게 외려 대단하게 느껴집니다. 간만에 선배 노릇 좀 해볼까요?

"현우야, 이번엔 내가 예약할게."
"엇, 대리님 죄송합니다. 꼬막은 진짜 모르겠어요."
"거래처 임원분이 좋아하는 인사동 막걸리집 있어. 고생했어."

영업팀 업무의 핵심은 장소 섭외입니다. 영업이 별거 있나요. 회의든 회식이든 해야 할 걸, 해야 할 때, 할 수 있게 만드는 게 영업이죠 뭐. 단순히 연차가 차서 대리가 된 게 아니라는 걸 후배에게 보여줄 기회! 당장 폰을 꺼내서 지도 앱을 빼곡하게 채운 별표 사이를 누빕니다.

대리가 되면서 방이 있는 곳과 아닌 곳으로, 격식을 차릴만한 곳과 캐주얼한 곳으로 나누어 저장해 둔 걸 두고두고 요긴하게 써먹고 있습니다. 방이 있는 깔끔한 막걸릿집이라⋯ 찾았습니다. 인사동에 하나, 또 서촌에 하나 있네요. 산지직송 참꼬막만 판다는 인사동으로 골라 전화를 겁니다. 단숨에 예약을 마치고 현우를 부릅니다.

"현우야, 본부장님한테 좋은 데로 예약했으니까 걱정하지 마시라고 말씀드려. 네가 했다고 해."
"아닙니다. 도 대리님이 고생하셨는데⋯"
"요새 네가 다 했잖아. 너도 칭찬 좀 들어."

어느 틈에 다가온 결전의 날. 본부장님도 설레시나 봅니다. 대규모로 양식하는 새꼬막이 왜 참꼬막 맛을 따라오지 못하는지 아침부터 몇 번을 강조하시네요. 팀원들보다 30분 일찍 현우와 사무실을 나섰습니다. 미리 가서 자리도 잡고 주문도 해 둬야죠. 바람이 쌀쌀한게 꼬막이 상할 일은 없겠다 농담을 주거니 받거니. 어느새 식당 앞에 도착했습니다.

"대리님, 저게 뭐예요?"

> **사과 말씀 올립니다**
>
> 소중한 손님 여러분께 사죄의 말씀 올립니다. 우리 매장은 미성년자에게 막걸리를 판매했다는 이유로 **영업정지 처분**을 받았습니다. 테이블에 앉았을 때 바로 **신분증 검사**를 했으나, 이후 **미성년자 일행이 몰래 뒷문으로** 숨어 들어왔습니다. 손님이 많아 미처 알아차리지 못했을 뿐, 미성년자에게까지 술을 팔아 돈을 벌 생각은 절.대.로. 없었습니다. 손님 여러분께 최고의 맛과 서비스를 선물하겠다는 목표 하나로 정직하고 성실하게 장사했습니다. 비가 오나, 눈이 오나 문을 열었습니다. 그래서 더 억울합니다. 다시 장사할 자신이 없습니다. 우리 매장을 사랑해 준 손님 여러분께 사과 말씀 올립니다.

믿기지 않습니다. 눈을 비벼 봅니다. 영업정지라고요? 회식은요? 새빨간 글씨의 안내문 위로 시뻘겋게 붉어진 얼굴로 화를 내는 본부장님의 모습이 겹칩니다. 현우가 대신 예약했다고 말했는데… 본.부장님이 노래를 부르던 참꼬막은요? 저 이제 어떡해요?

속인 사람은 잘못 없고, 속은 사람 잘못이다?

- 어른처럼 꾸미고 훔쳐 온 성인 신분증을 보여준다.
- 술은 안 마실 거라고 거짓말하고 몰래 가져간 술을 테이블 밑에 숨겨두고 마신다.
- 일단 성인인 친구가 신분증 검사를 하고 술을 시키면 미성년자인 친구가 몰래 합석한다.
- 술병을 일부러 깨뜨려 변상하겠다며 술값을 결제한 뒤, 미성년자인 자신에게 술을 팔았으니 술을 더 주지 않으면 신고하겠다고 협박한다.

보통 사람들은 상상조차 하기 힘든 이 기상천외한 아이디어는 모두 청소년이 식당에서 술을 마시기 위해 실제로 사용했던 수법입니다. 심지어 장사가 잘되는 걸 부러워하다 못해 나쁜 마음을 먹은 근처 경쟁 식당에서 청소년에게 술을 팔았다고 허위로 민원을 넣는 경우도 있다고 해요.

"작정하고 속이는 걸 어떡하냐, 우리도 떳떳하게 장사하고 싶다"며 억울함을 토로하는 식당 사장님들의 하소연도 이해가 갑니다.

식당 사장님들이 청소년에게만큼은 절대로 술을 팔지 않으려고 애쓰는 가장 큰 이유는 바로 영업정지입니다. 「식품위생법」은 식품접객업을 하는 사람이 **청소년에게 주류를 제공하는 행위를 엄격하게 금지**하는데, 법이 개정되기 전에는 단 한 번만 위반해도 무려 2개월간 매장 문을 열 수 없었습니다.

손님들이 얼마나 매정한지 아세요? 아무리 잘 나가던 식당도 한번 손님들 발길이 끊기고 나면 이전 같은 매출로는 절대로 못 돌아간대요.

게다가 자기 건물에서 장사하는 자영업자가 얼마나 되겠어요? 영업정지 기간이라고 해서 상가 주인이 월세를 빼줄 리도 없고 고정비 부담은 여전하니까 도저히 답이 안 나오는 거죠.

"사실상 폐업하라는 소리 아니냐!"

그래서 그렇게 영업정지처분에 대한 불만이 컸던 겁니다.

「식품위생법 시행규칙 별표 23」				
위반사항	근거법령	행정처분기준		
		1차 위반	2차 위반	3차 위반
법 제44조제2항을 위반한 경우 라. 청소년에게 주류를 제공하는 행위를 한 경우	「식품위생법」 제75조	영업정지 7일 (개정 전 영업정지 2개월)	영업정지 1개월 (개정 전 영업정지 3개월)	영업정지 2개월 (개정 전 영업허가 취소 또는 영업소 폐쇄)

억울한 자영업자가 더는 없도록

자영업자들의 절규가 드디어 닿은 걸까요? 2024년 상반기에 마침내 「식품위생법 시행령」과 「식품위생법 시행규칙」이 개정됐습니다. 달라진 내용의 핵심은 ① 영업정지처분의 수위 완화와 ② 영업정지처분 면제의 용이성입니다. ① 종래 청소년 주류 판매에 따른 영업정지처분 기간은 1차 위반 시 2개월, 2차 위반 시 3개월, 3차 위반 시에는 영업허가 취소나 영업소 폐쇄가 원칙이었습니다.

하지만 개정을 통해 1차 위반 7일, 2차 1개월, 3차 2개월로 그 기간이 대폭 완화됐습니다. 특히, 1차·2차 위반 시에는 영업정지처분 대신 과징금을 부과할 수도 있게 됐어요. 하루하루의 매출이 소중한 자영업자분들이 반길 소식입니다.

② 영업정지처분을 면제받는 것도 훨씬 쉬워졌습니다. 개정 전에는 훔치거나 위조한 신분증에 속아 청소년에게 술을 판매했더라도 불송치 또는 불기소를 받거나 선고유예 판결을 받은 경우에 비로소 행정처분이 면제됐습니다. 쉽게 말해, 경찰이나 검찰, 법원에서 그 억울함을 인정받은 뒤에라야 가능했던 겁니다.

불송치는 수사에도 불구하고 범죄 혐의가 인정되지 않는 경우에(범죄 인정안됨, 증거불충분 등) **경찰**이 사건을 종료하는 것을 말합니다. **불기소**는 법원에 형사 사건 재판을 청구하는 행위, 즉 기소를 하지 않기로 **검사**가 내리는 결정입니다. 범죄 혐의가 없는 경우, 또는 피의사실이 인정되더라도 범행 동기 등을 참작해 기소를 유예하는 것도 불기소에 포함됩니다.

마지막으로 **선고유예**는 법원의 판결 중 하나인데요, 쉽게 말해 피고인의 유죄는 인정되지만 상대적으로 경미한 사안이고 진실로 죄를 뉘우치고 있을 경우에 한해 그 형(刑)의 선고를 미루어 주는 것을 말합니다.

좋게 보면 나의 억울함을 털어놓고 누명을 벗을 기회가 3번이나 주어지는 거지만, 반대로 생각하면 무섭고 낯설기만 한 경찰과 검찰, 판사를 최소한 한 번은 만나야 한다는 게 굉장히 번거롭고 부담스러웠죠.

하지만 개정법은 훔치거나 위조한 신분증에 속아 청소년에게 술을 판매했더라도 자영업자가 신분증 확인 의무를 이행한 사실이 CCTV나 진술 등으로 확인된다면 행정처분을 면제한다고 못 박아 두었습니다. 부끄럼 없이 떳떳하게 장사했고, 그 사실을 증명할 수만 있다면 굳이 수사기관까지 찾아갈 필요가 없어진 거예요.

> **법률 한 토막**
>
> 「식품위생법 시행령」
>
> **제52조(허가취소 등)** ③ 식품의약품안전처장 또는 특별자치시장·특별자치도지사·시장·군수·구청장은 법 제75조제1항 각 호 외의 부분 단서에 따라 다음 각 호의 어느 하나에 해당하는 경우에는 해당 식품접객영업자에 대한 행정처분을 면제한다.
>
> 1. 식품접객영업자가 청소년의 신분증 위조·변조 또는 도용으로 청소년인 사실을 알지 못한 사정이 영상정보처리기기에 촬영된 영상정보, 진술 또는 그 밖의 방법으로 확인된 경우
> 2. 식품접객영업자가 청소년의 폭행 또는 협박으로 청소년임을 확인하지 못한 사정이 영상정보처리기기에 촬영된 영상정보, 진술 또는 그 밖의 방법으로 확인된 경우
> 3. 식품접객영업자가 청소년의 신분증 위조·변조 또는 도용으로 청소년인 사실을 알지 못했거나 폭행 또는 협박으로 청소년임을 확인하지 못한 사정이 인정되어 불송치 또는 불기소를 받거나 선고유예 판결을 받은 경우

영업정지처분을 받고 말았다면? 집행정지!

억울한 사연에도 불구하고 영업정지처분을 받고 말았다면? 영업정지처분이 부당하다는 다툼을 시작해야겠죠. 이길 수 있는 싸움을 겁낼 필요는 없으니까요. 다만 한 가지, 반드시 함께 진행해야 할 절차가 있다는 건 잊지 말아야 합니다.

바로 집행정지 신청인데요, 우리 「행정소송법」이 취소소송의 제기는 처분 등의 효력이나 그 집행 또는 절차의 속행에 영향을 주지 않는다는 **집행부정지 원칙**을 취하고 있기 때문입니다.

말이 너무 어렵죠? 구체적인 상황을 통해서 이해해 볼게요. 훔친 신분증을 제시한 청소년에게 술을 내주었다가 1개월의 영업정지처분을 받았다고 가정해 보겠습니다. 공교롭게도 매장에는 사장과 청소년 둘뿐이었고, CCTV에 신분증을 확인하는 모습이 찍히지도 않았습니다.

하지만 너무나 억울했던 사장님은 어떻게든 근거를 마련해 부당한 처분을 취소해 달라는 소송을 법원에 제기하기로 결심했어요. 그럼 영업정지처분을 취소해 달라는 소송을 제기하면 영업정지처분의 효력은 어떻게 되느냐? 멈추지 않습니다. 그대로 진행돼요. 이게 바로 집행부정지 원칙입니다. 소송을 제기한 것만으로는 영업정지처분을 멈출 수 없고 **승소 판결이 나야 비로소 영업정지처분이 취소되는 겁니다.**

그럼 판결은요? 판결이 나기까지는 얼마나 걸릴까요? 변호사 상담을 받으면 재판이 끝날 때까지 통상 1년 가까이 걸린다고 안내받으실 거예요. 생각보다도 더 오래 걸리죠? 우리나라엔 분쟁이 왜 이렇게 많은지. 늘 밀려 있는 사건으로 가득한 법원 복도는 맛집 앞 골목처럼 빽빽해서 첫 기일이 잡히는 데까지도 꽤 오랜 시간이 걸립니다.

게다가 법원도 조직인만큼 인사이동이 있으면 담당 판사가 바뀌면서 재판이 늘어질 수도 있죠. 재판이 언제 끝날지 확신할 수 없기 때문에 청소년에게 술을 판매한 사장님이 제일 먼저 해야 할 일은 집행정지 신청입니다. 뒤늦게 승소 판결을 받아본들, 이미 한 달간 영업을 못한 뒤라면 그게 무슨 의미가 있겠어요?

다행히 집행정지 사건의 절박함을 누구보다 잘 알고 있는 법원은 집행정지 사건은 매우 신속하게 처리합니다. 신청서가 접수되면 당사자를 불러 의견을 묻고 듣는 심문절차를 빠르게 진행하고, 심문절차가 있고 난 뒤에는 보통 1, 2주 안에 결정을 내려 줍니다.

조금 바빠서 그렇지, 대한민국 법원은 누구보다 열심히 귀 기울여 들을 준비가 되어 있습니다. 그러니까 아무리 서럽고 억울해도 정신 바짝 차리세요. 하나씩 차분하게 자초지종을 설명하셔야 하니까요.

법률 한 토막

「행정소송법」

제23조(집행정지) ① 취소소송의 제기는 처분등의 효력이나 그 집행 또는 절차의 속행에 영향을 주지 아니한다.

② 취소소송이 제기된 경우에 처분등이나 그 집행 또는 절차의 속행으로 인하여 생길

<u>회복하기 어려운 손해</u>를 예방하기 위하여 <u>긴급한 필요</u>가 있다고 인정할 때에는 본안이 계속되고 있는 법원은 당사자의 신청 또는 직권에 의하여 처분등의 효력이나 그 집행 또는 절차의 속행의 전부 또는 일부의 정지를 결정할 수 있다.

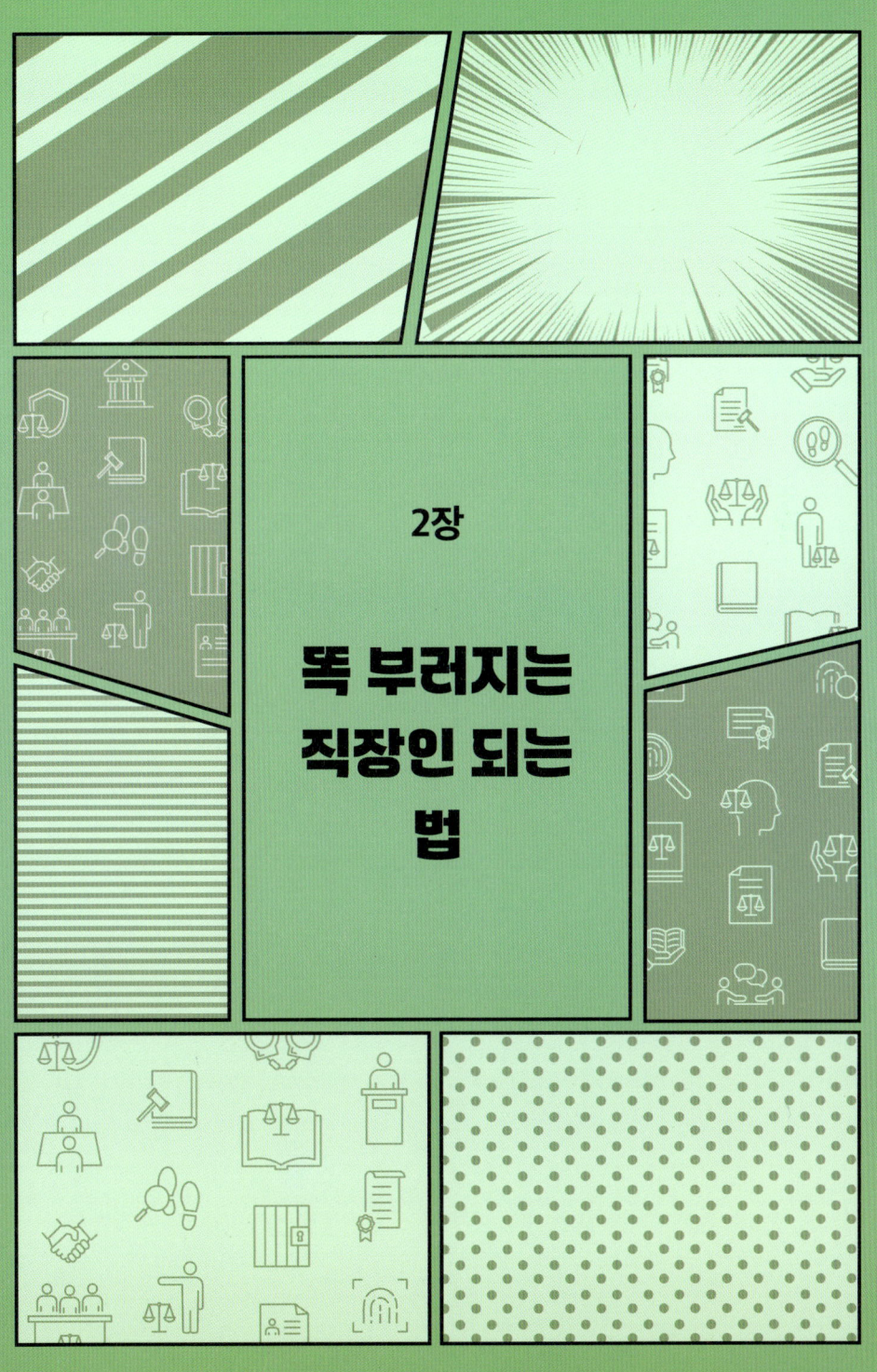

Episode 9

퇴사는 신속하게, 퇴사일은 신중하게

퇴사만큼 중요한 일, 퇴사일

3줄 요약

- 퇴직일은 내 맘대로 정하는 게 아니다. 퇴직 며칠 전까지 사직서를 내라는 회사규정이 있는지부터 확인하자.
- 「근로기준법」이 정한 연차 유급휴가의 지급 기준은 근무기간과 근무율이다.
- 「근로기준법」 제60조 제1항의 연차휴가 15일은 1년하고도 하루를 더 일해야, 즉 366일째에 근무해야 받을 수 있다.

지금으로부터 4년 전, 2년 차 직장인으로 신입 티를 조금씩 벗어갈 무렵에 현우가 입사했습니다. 영업1팀 직속 후배 성현우. 지금이야 둘도 없는 단짝이지만 사실 현우의 첫인상이 썩 맘에 들었던 건 아니에요. 저만 그런 게 아니라 팀장님도 그랬대요.

"민호야, 요즘 애들은 다들 이래?"
"왜요, 지원자 별로였어요?"
"한 명 눈에 들어오는 애가 있는데…"
"있는데요?"
"중고 신입이야. 기획팀 출신."
"일 잘하겠네요. 엑셀도 잘 다룰 거고."
"근데 전 직장 욕을 하더라고."
"욕이요? 뭐라고요?"
"인사팀이 신물이 난대."

전 직장을 퇴사한 이유. 이직 면접 단골 질문이라고 해서 절대로 쉬운 질문이 아닙니다. 제조업과 보험업처럼 전혀 다른 업계로 옮기는 게 아니라면 매끄럽게 답하기 참 어렵죠. 최고 난이도의 체조 동작처럼 완벽하게 연기해 낼 수 없다는 걸 면접관도 지원자도 모두 다 알지만 묻지 않을 수 없고, 답하지 않을 수 없습니다.

이 질문을 통해 좋은 사람을 가려낼 수는 없어도 영리한 사람인지 아닌지는 확인할 수 있거든요. 흥분해서 전 직장 욕을 하는 지원자 중에 제대로 된 사람을 본 적이 없습니다. 무엇보다 현명한 행동이 아니죠. 면접 자리에서 자기 감정도 추스르지 못하는 사람이 일할 때라고 다르겠어요? 영업팀에서 일하다 보면 자존심을 굽혀야 할 일이 얼마나 많은데….

하지만 그보다 더 먼저 굽혀야 하는 것은 제 편견 쪽이었습니다. 밥 한 끼만 같이 먹어 보면 사람 됨됨이를 안다잖아요? 식당에서 종업원을 대하는 모습만 봐도 현우가 얼마나 좋은 사람인지 알 수 있었어요.

경계가 풀리고 편하게 말을 섞는 사이가 됐을 때, 참아왔던 제 첫 질문은 바로 이거였습니다. "이전 회사 인사팀이 뭐가 그렇게 싫었는데?" 이어지는 현우의 대답은 충격적이었죠.

"저는 처음부터 2월 말까지 근무하고 퇴사하겠다고 계속 말씀드렸거든요? 월급도 한 달 더 받고 설 상여도 받으면 좋잖아요. 인사팀 대리님도 그러라고 했고요. 근데 갑자기 인사팀 과장님이 연락하셔서는 다른 퇴사자랑 무조건 같은 날 처리해야 된다. 일 두 번 하게 만들지 말라셔서 반강제로 1월 31일에 퇴사했는데, 알고 봤더니 제가 날린 게 설 상여만이 아니더라고요."

"설 상여 말고 또?"

"그거 아세요? 제 직전 회사 입사일이 2월 1일이었는데요, 연차휴가 새로 받으려면 1월 31일까지 근무하면 안 되고 2월 1일까지 근무해야 한다는 거. 하루만 더 일했으면 15일 치 연차휴가를 더 받는 건데 절대로 얘기 안 해주더라고요."

"와, 다 같은 월급쟁이들끼리 너무하다."

"더 충격적인 건 성과급 나오는 것도 숨긴 거예요. 성과급이 나올 거라는 거, 지급일인 2월 중순 기준으로 재직 중인 사람만 준다는 거. 인사팀은 다 알고 있었을 텐데 그거 안 주려고 퇴직 처리는 무조건 같은 날 해야 한다느니 하면서 되지도 않는 핑계를 댄 거죠. 그래도 동료였는데 너무 서운하더라고요."

퇴사만큼 중요한 일, 퇴사일

첫 경험은 언제나 낯설고 힘든 법. 특히, 첫 퇴사는 이래저래 눈치가 보입니다. 경력직만 원하는 차가운 세상. 쟁쟁한 경쟁자들 사이에서 아무 경력도 없는 나를 선뜻 뽑아 준 첫 회사에 대한 마음은 애틋할 수밖에 없죠. 사람 때문이든 업무 때문이든, 또 다른 꿈 때문이든. 퇴사 사유가 무엇이든지 간에 그렇게나 감사한 회사를 그만두겠다는 말을 꺼내기란 보통 힘든 일이 아닙니다.

가까스로 퇴사를 결심했더라도 고민은 끝나지 않아요. 퇴사하겠다고 언제 말해야 할지 타이밍 잡기도 진짜 어렵습니다. 퇴사 직전에 말하자니 예의가 아닌 것 같고, 너무 일찍 말하자니 더 일찍 나가라는 핀잔을 들을 것만 같아요.

실제로 퇴사 통보를 언제 할 것인가는 굉장히 어려운 문제예요. 괜히 분위기 흐리지 말고 빨리 나가라고 부탁 같은 명령을 하는 회사도 있고, 반대로 이직 일정을 꼬이게 만들려고 일부러 사표를 수리하지 않는 경우도 있습니다. 실제로 내가 희망하는 날짜에 퇴직하는 게 언제나 가능한 건 아닙니다. 그럼 퇴사일자에 대한 다툼이 생기면 어떻게 처리할까요? 경우의 수가 많아 보이지만 사실은 아주 간단합니다.

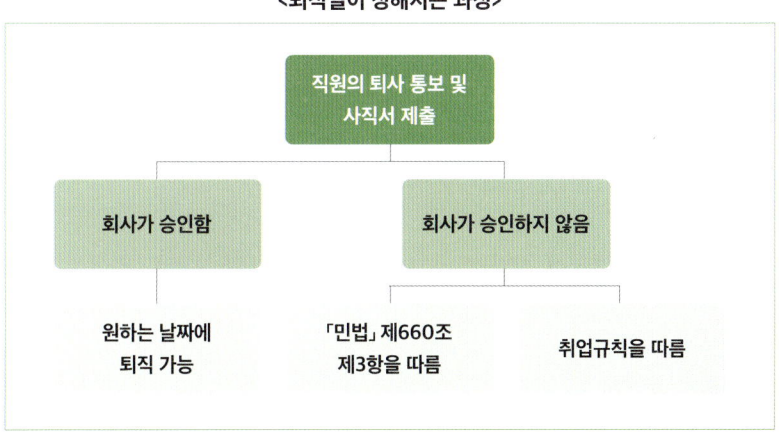

<퇴직일이 정해지는 과정>

1) 직원의 요청을 회사가 승인한 경우 : 원하는 날짜에 퇴직 가능

이때는 고민이 없습니다. 근로계약의 상대방인 회사가 허락만 해준다면, 극단적으로는 사직서를 제출하는 당일에 퇴사하는 것도 가능해요. 합의가 이뤄진 거니까요.

한 가지 더! 퇴사 통보를 꼭 사직서로만 해야 할 필요는 없습니다. 회사를 그만 두겠다는 의사표시를 반드시 이렇게 해야만 한다고 정해진 방식이 있는 건 아니기 때문에 말로 하거나, 이메일로도 할 수 있어요[29]. 하지만 혹시 모를 분쟁의 가능성을 줄이기 위해서는 사직 의사와 퇴직일을 명확히 적은 사직서를 제출하는 게 더 안전합니다.

2) 직원의 요청을 회사가 승인하지 않은 경우

언제부터 언제까지 일하겠다고 고용기간을 명확히 정해두지 않은 이상, 회사가 직원의 희망 퇴직 일자를 반드시 맞춰 주어야 할 의무는 없습니다. 이유는 다양해요. 갑작스러운 업무 공백을 메우기 위해 인수인계를 마치거나 대체할 사람을 구하는 데 시간이 필요할 수도 있고, 현우의 전 직장처럼 특정 시점에 재직 중인 직원에게만 지급하는 성과급을 주기 싫어서, 아니면 뒤에서 구체적으로 설명할 「근로기준법」 제60조 제2항에 따른 연차휴가를 주고 싶지 않아서 그럴 수도 있습니다. 더러 퇴사와 인수인계 과정에서 감정이 상한 회사가 단순히 퇴직자의 요구를 들어주고 싶지 않아서 어깃장을 놓기도 합니다.

2-가) 취업규칙에서 특별히 정해둔 경우: 취업규칙을 따름

취업규칙, 단체협약, 복무규정. 어떤 이름으로든 직원이 퇴사를 요청하는 경우의 근로관계 종료 시점을 특별히 정해 두었다면 관련 규정을 따르면 됩니다.

(예시)

「○○회사 인사규정」

제3장 임면 제33조(사직)
사직을 희망하는 사원은 <u>퇴직예정일 15일 전에 사직원을 제출하여야</u> 한다.

회사가 사직서를 수리해 주지 않더라도, 회사 인사규정 등에 위와 같은 내용이 있다면 사직의 효과는 이 규정을 따라 사직서를 제출한 날로부터 15일 뒤에 발생합니다. 그 뒤로는 일하지 않겠다는 직원에게 회사가 억지로 일을 시킬 수는 없습니다.

반대로 직원 입장에서는 사직서에 당장 내일 퇴직하겠다고 적었어도 위 규정에서 정한 15일 동안은 근무해야 합니다. 내 마음대로 사직서에 적은 희망 퇴직일자만 믿고 출근하지 않았다가는 무단결근에 따른 불이익을 받을 수도 있습니다.

그럼 회사 입장에서는 사직서를 엄청 일찍 내라고 정해 두는 게 유리하겠네요? 맞습니다. 회사 입장에서는 퇴직예정일 한참 전에 사직서를 내라고 하는 게 유리하겠죠. 회사가 내킬 때는 사직서를 수리해서 일찍 퇴직시키고 얄미운 직원의 퇴직 시점은 한껏 늦출 수 있도록 말이죠.

하지만 당연히 그럴 수는 없습니다. 아래에서 살필 「민법」 제660조가 근로자가 근로계약을 해지할 자유를 보장하고 있기 때문에 그렇습니다. 법원은 근로자의 퇴직에 대한 기간과 절차를 「민법」 제660조에서 정한 것과 달리 정할 수는 있지만, 그 범위는 어디까지나 근로자에게 불리하지 않은 선에서만 가능하다고 해석하고 있습니다[30].

2-나) 취업규칙에 관련 규정이 없는 경우: 「민법」 제660조 제3항을 따름

회사가 사직서를 수리해 주지도 않고, 취업규칙 등에 근로계약 종료 시점을 따로 정해둔 것도 없다면 어떨까요? 「근로기준법」에는 근로자의 퇴직 통보 시점에 관한 조항이 없으므로 그때는 「민법」을 따릅니다. 그중에서도 제660조 제3항이요.

> **법률 한 토막**
>
> 「민법」
> **제660조(기간의 약정이 없는 고용의 해지통고)** ① 고용기간의 약정이 없는 때에는 당사자는 언제든지 계약해지의 통고를 할 수 있다.
> ② 전항의 경우에는 상대방이 해지의 통고를 받은 날로부터 1월이 경과하면 해지의 효력이 생긴다.
> ③ 기간으로 보수를 정한 때에는 상대방이 해지의 통고를 받은 당기후의 일기를 경과함으로써 해지의 효력이 생긴다.

현우와 마찬가지로 대부분의 직장인은 월급을 받죠? 현우의 전 직장은 1일부터 그달 말일까지 한 달 동안 일한 대가를 월급으로 정하여 지급했습니다. 이런 경우가 「민법」 제660조 제3항에서 말하는 '기간으로 보수를 정한 때'에 해당합니다. 따라서 현우가 1월 중에 사직의 의사표시를 했다면 당기(1월) 후의 일기(2월)를 경과한 3월 1일에 근로계약 해지의 효력이 발생합니다.

퇴사 시점에 관한 다툼이 생길 가능성을 최소화하려면 인수인계 준비를 철저히 해두고 사직서에 희망퇴직일자를 명확히 적어 회사에 전달하는 것이 기본입니다. 최악의 경우 회사가 심술을 부려 사직서 수리를 거부할 수도 있으므로 취업규칙 등에 사직원 제출 시점이 따로 정해져 있는지도 미리 확인해야겠죠. 회사에 합격해 근로계약을 체결할 때 회사와 근로자의 합의가 있어야 하는 것처럼 근로계약을 종결하는 퇴사도 회사와 근로자의 합의가 필요합니다. 지긋지긋한 회사를 드디어 탈출한다는 해방감도 좋지만 아름답게 이별하는 건 누구보다 나를 위해 가장 좋은 일입니다. 모든 이별에는 예의가 필요한 법이니까요.

1년을 버텼는데 하루를 못 참아?

현우의 전 직장이 정말로 괘씸한 건 현우가 성실히 일했던 1년에 대한 보상, 그러니까 연차 유급휴가를 받을 수 있다는 사실을 철저히 숨겼다는 점입니다. 인사팀 과장까지 나서 세상 물정 모르는 신입사원을 교묘한 말로 속여가면서까지요. 그들의 속셈을 알아차리려면 무엇을 기준으로 연차 휴가가 주어지는지 알아볼 필요가 있습니다. 「근로기준법」 제60조가 제시하는 연차 유급휴가의 지급기준은 **근로기간**과 **근무율**입니다. 우선 조문부터 살펴볼까요?

법률 한 토막

「근로기준법」

제60조(연차 유급휴가) ① 사용자는 <u>1년간 80퍼센트 이상 출근한 근로자에게 15일의 유급휴가</u>를 주어야 한다.

② 사용자는 계속하여 근로한 기간이 1년 미만인 근로자 또는 <u>1년간 80퍼센트 미만 출근한 근로자에게 1개월 개근 시 1일의 유급휴가</u>를 주어야 한다.

「근로기준법」 제60조 제1항은 1년간 80퍼센트 이상 출근한 근로자에게 15일의 유급휴가를 주라고 정해 두었습니다. 또 제2항에서는 계속해서 일한 기간이 1년 미만인 근로자 또는 1년간 80퍼센트 미만 출근한 근로자에게 1개월 개근 시 1일의 유급휴가를 주어야 한다고 정하고 있고요. 기본적으로 1개월 개근 시 1일의 유급휴가를 부여하되, 1년간 80% 이상 출근한 근로자에게는 제2항의 기준을 상회하는 15일의 유급휴가를 부여하는 것이죠. 법원은 이 조항의 의미를 이렇게 설명해요.

> **판결 한 토막**
>
> 연차휴가를 사용할 권리 또는 연차휴가수당 청구권은 근로자가 전년도에 출근율을 충족하면서 근로를 제공하면 당연히 발생하는 것으로서, 연차휴가를 사용할 해당 연도가 아니라 <u>전년도 1년간의 근로에 대한 대가</u>에 해당하므로, 다른 특별한 정함이 없는 한 전년도 1년간의 근로를 마친 다음 날 발생한다. 결국 근로기준법 제60조 제1항은 최초 1년간 80% 이상 출근한 근로자가 그다음 해에도 근로관계를 유지하는 것을 전제로 하여 2년 차에 15일의 유급휴가를 부여하는 것이어서, 1년 기간제 근로계약을 체결하여 1년의 근로계약기간이 만료됨과 동시에 근로계약관계가 더 이상 유지되지 아니하는 근로자에게는 근로기준법 제60조 제2항에 따라 최대 11일의 연차휴가만 부여될 수 있을 뿐 근로기준법 제60조 제1항에서 정한 15일의 연차휴가가 부여될 수는 없다[31].

핵심만 정리해 볼게요. '연차휴가를 사용할 권리는 근로자가 전년도에 80% 이상의 출근율로 근로를 제공했다면 당연히 발생하는 전년도 1년간의 근로에 대한 대가이다. 하지만 다음 해에도 계속해서 근무하는 것을 전제로 하기 때문에 365일만 근무하고 퇴사하면 「근로기준법」 제60조 제2항만이 적용되어 11일의 연차만 주어진다.'

현우의 사례에 적용해 보면 이해하기 쉽습니다. 2월 1일 입사한 현우가 다음 해 1월 31일까지 일하고 **퇴사**했다면 법 제60조 제2항에 따른 11일의 연차휴가만을 받습니다. 만약 현우가 366일째, 그러니까 다음 해 2월 1일까지 근무하고 2월 2일에 **퇴사**했다면, 법 제60조 제1항에 따라 15일의 연차휴가를 추가로 받게 되는 거고요.

직장인의 숨통, 연차 계산법

"법대로 80% 채워서 1년 10개월 일했으니까 15일 치 휴가 더 받을 수 있죠?" 종종 이런 질문을 받을 때가 있습니다. 고용노동부 홈페이지에도 비슷한 질문이 여럿 올라와 있어요. 분명히 1년은 12개월이고 10개월은 1년의 83.33%가 맞습니다, 80%가 넘죠. 하지만 1년 10개월을 일했다고 추가로 15일의 연차 유급휴가가 주어지는 건 아니에요.

법원이 거듭 강조했듯 「근로기준법」 제60조 제1항의 연차 유급휴가는 다음 해에도 일할 것을 전제로 **전년도 1년간 80%의 출근율을 충족하며 계속해서 근로한 것에 대한 대가이지**[32], 1년의 80%에 달하는 기간인 10개월 동안 근무했다고 주어지는 보상이 아니기 때문입니다.

실제로 대법원은 1년 3개월 동안 근무한 사람과 2년 만기를 채우고 퇴직한 근로자의 최대 연차휴가 일수가 동일하다는 판결을 내렸습니다[33].

연차 유급휴가 지급기준에 비추어 봤을 때, 둘은 모두 1년을 초과하되 2년 이하의 기간 동안 근로를 제공한 근로자로 분류되기 때문입니다.

두 사람이 받을 수 있는 최대 연차휴가 일수는 26일. ① 최초 1년 동안의 근로제공에 대한 「근로기준법」 제60조 제2항에 따른 연차휴가 11일, ② 최초 1년의 근로를 마친 다음 날에 「근로기준법」 제60조 제1항에 따라 발생하는 연차휴가 15일을 합한 숫자입니다.

이 판결은 「근로기준법」 제60조 제1항의 연차휴가 15일은 전년도 1년간의 근로에 대한 대가이고, 다른 특별한 정함이 없는 한 **1년간의 근로를 마친 다음 날인 366일째에 근로관계가 있어야 발생한다**는 점을 다시 한번 강조합니다. 현우가 이걸 알았어야 했는데… 퇴사일을 언제로 정하느냐, 퇴사만큼이나 중요한 일입니다.

근무기간	휴가 발생 근거		최대 연차휴가 일수
	「근로기준법」 제60조 제1항	「근로기준법」 제60조 제2항	
1년	-	11일	11일
1년 1일 1년 3개월 1년 9개월	15일	11일	26일

Episode 10

사무실에 CCTV를 달았다고?
영상 속 내 모습과 개인정보보호법

3줄 요약

- 영상 속 내 모습도 소중한 개인정보다.
- 직원만 출입할 수 있는 사무실이라도, 직원의 동의도 없이 일하는 모습을 CCTV로 감시할 순 없다.
- 공개되지 않은 장소에서 개인정보를 수집할 때는 정보주체의 동의를 받는 게 원칙이다.

민족의 대명절 추석입니다. 개천절까지 포함하면 무려 6일을 내리 쉴 수 있는 다시없을 연휴이기도 하죠. 뭘 하고 놀까 행복한 고민으로 푸근해진 마음은 굳게 닫혔던 지갑도 엽니다. 오랜만에 현우랑 비싼 치즈돈가스를 먹으려고 5분 일찍 엘리베이터를 탔는데 처음 보는 공지가 붙어 있습니다.

[안 내]

문서번호 : 1234
수신 : 전 임직원
제목 : [안내] 전사 업무용 책상 및 의자 교체

사무환경 개선을 위해 전사 업무용 책상 및 의자를 교체하고자 하오니,
임직원 여러분은 적극적으로 협조해 주시기 바랍니다.

- 아 래 -

기간 : 추석 연휴

대상 : 전사, 전층

요청사항 : 책상 내 모든 개인물품 회수
문의 : 총무팀 김상식 대리 (- 5959). 끝.

총무팀장

짠돌이 회사가 웬일? 바꿔 준다니 좋기는 한데, 낡긴 했어도 아직은 쓸 만한 책상과 의자를 갑자기 교체하는 이유를 모르겠습니다. 궁금증이 풀리기까지는 오랜 시간이 걸리지 않았습니다. 연휴 뒤 출근 첫날. 아니나 다를까 새로운 책상 위에서 파티션이 사라졌습니다. 새로 바뀐 임원이 외국 대학에

서 오래 공부했다더니… 열린 근무 공간과 평등한 토론 문화에 대한 환상에 빠진 걸까요? 그래도 그런가 보다 합니다. 평직원의 책상에서 파티션을 없앤다는 건 사생활이 없어진다는 것과 같은 뜻이라는 걸 모를 수도 있죠. 임원이니까. 임원은 자기 방이 따로 있으니까.

매일 부서 막내가 일찌감치 출근해 팀장님 자리까지 맡는다는, 엉터리 자율좌석제를 도입한 다른 회사 친구의 이야기를 떠올리며 그것보다는 낫다고 마음을 달래 봅니다. 출근 후 처음으로 새로운 책상 앞에 앉습니다. 역시 브랜드 의자가 편하긴 합니다.

파티션이 사라진 건 아쉽지만 적당히 책이랑 서류로 탑을 쌓으면 되니까 큰 문제는 아니에요. '회사생활 어디 하루 이틀 하나. 우린 어떻게든 방법을 찾을 것이다.' 현우한테 사내 메신저로 시답잖은 농담을 던졌더니 이해가 안 되는 답장이 돌아옵니다. '도 대리님, 12시.' 잉? 웬 12시? 이리저리 두리번거리자 현우가 자리로 다가와 속삭입니다.

"12시 방향. 저기 저거 CCTV. 저희 감시하려는 거 맞죠?"

이제야 의문이 풀립니다. 짠돌이 임원이 아무 이유 없이 의자를 바꿔줄 리가 없지. 결국 CCTV가 목적이었겠죠? 동의도 없이 사무실에 설치한 CCTV. 아무래도 신경이 쓰이는데, 떼 달라고 할 수는 없을까요?

영상 속 내 모습도 소중한 개인정보!

꼭 이름과 주민등록번호만이 아니라 영상 속 내 모습도 법이 보호하는 개인정보에 해당합니다. 영상이 또렷해서 누가 봐도 나인 걸 바로 알 수 있는 경우는 물론이고, 영상 화질이 떨어져서 애매해 보일 때도 다른 정보와 쉽게 결합해서 나를 알아볼 수 있다면 틀림없는 개인정보예요.

요즘 세상엔 개인정보가 돈이고 힘이죠? 중요한 개인정보가 유출되면 걷잡을 수 없을 정도로 손해가 커지기도 하고, 한번 털리고 난 뒤에는 그 피해를 복구하기도 어렵기 때문에 우리 법은 개인정보를 무척 철저하게 보호하고 있어요.

길거리, 공원, 광장, 지하철역. 누구든 쉽게 오가며 이용하는 **공개된 장소라도 함부로 CCTV나 네트워크 카메라를 설치하고 운영해서는 안 됩니다.** 수많은 사람의 개인정보를 아무렇지 않게 침해할 수 있기 때문이죠. 그래서 특정한 요건을 갖춘 경우에만 예외적으로 허용되는데, 그 요건도 제법 까다롭습니다. ① 법에서 구체적으로 허용하고 있거나, ② 범죄의 예방과 수사를 위해 필요한 경우, ③ 시설관리, 화재예방, 교통단속 등을 위해 정당한 권한을 가진 사람이 운영하는 경우와 같이 공익적 목적이 뚜렷한 경우로 엄격하게 제한됩니다.

예외적으로 촬영이 허용된다고 하더라도 함부로 몰래 촬영해서는 안 돼요. 공개된 장소를 오가는 사람들이 CCTV가 촬영하고 있다는 걸 알 수 있도록 설치 목적과 장소, 촬영 범위와 시간, 관리책임자의 연락처가 포함된 안내판을 보기 좋게 설치해 두어야 합니다. 그깟 얼굴 좀 찍힌다고 너무 유난 떠는 거 아니냐고요? 천만에요. 개인정보는 그만큼 중요한 겁니다.

> **법률 한 토막**
>
> 「개인정보보호법」
>
> **제25조(고정형 영상정보처리기기의 설치·운영 제한)** ① 누구든지 다음 각 호의 경우를 제외하고는 공개된 장소에 고정형 영상정보처리기기(CCTV, 네트워크 카메라)를 설치·운영하여서는 아니 된다.
> 1. 법령에서 구체적으로 허용하고 있는 경우
> 2. 범죄의 예방 및 수사를 위하여 필요한 경우
> 3. 시설의 안전 및 관리, 화재 예방을 위하여 정당한 권한을 가진 자가 설치·운영하는 경우
> 4. 교통단속을 위하여 정당한 권한을 가진 자가 설치·운영하는 경우
> 5. 교통정보의 수집·분석 및 제공을 위하여 정당한 권한을 가진 자가 설치·운영하는 경우
> 6. 촬영된 영상정보를 저장하지 아니하는 경우로서 대통령령으로 정하는 경우

내 회사에 내가 CCTV 달겠다는데 왜!

"내 회사라니까! 내가 주는 월급 받고 일하는 직원들 사무실이 내 회사지 그럼 공개된 장소야? 달아, CCTV."

분명히 이렇게 생각하는 사장님도 있을 겁니다. 완전히 틀린 말은 아닙니다. 회사 사무실 중에서는 사원증을 찍어야만 드나들 수 있고 일반인의 출입이 통제되는 곳이 많은데, 이런 곳까지 공개된 장소라고 볼 수는

없겠죠. 따라서 이와 같은 회사 사무실에 CCTV를 설치하는 문제를 판단할 때는 공개된 장소를 전제로 한 「개인정보보호법」 제25조를 적용하는 대신, 개인정보의 수집과 이용에 관한 일반원칙을 정해둔 「개인정보보호법」 제15조를 기준으로 따져 보면 됩니다.

법률 한 토막

「개인정보보호법」

제15조(개인정보의 수집·이용) ① 개인정보처리자는 다음 각 호의 어느 하나에 해당하는 경우에는 개인정보를 수집할 수 있으며 <u>그 수집 목적의 범위에서 이용할 수 있다.</u>

1. <u>정보주체의 동의</u>를 받은 경우
2. 법률에 특별한 규정이 있거나 법령상 의무를 준수하기 위하여 불가피한 경우
3. 공공기관이 법령 등에서 정하는 소관 업무의 수행을 위하여 불가피한 경우
4. 정보주체와 체결한 계약을 이행하거나 계약을 체결하는 과정에서 정보주체의 요청에 따른 조치를 이행하기 위하여 필요한 경우
5. 명백히 정보주체 또는 제3자의 급박한 생명, 신체, 재산의 이익을 위하여 필요하다고 인정되는 경우
6. 개인정보처리자의 <u>정당한 이익</u>을 달성하기 위하여 필요한 경우로서 명백하게 <u>정보주체의 권리보다 우선</u>하는 경우. 이 경우 개인정보처리자의 정당한 이익과 상당한 관련이 있고 합리적인 범위를 초과하지 아니하는 경우에 한한다.
7. 공중위생 등 공공의 안전과 안녕을 위하여 긴급히 필요한 경우

영상 속 내 모습도 나인지 알아볼 수 있다면 개인정보라고 했죠? CCTV를 통해 내 모습을 촬영하는 건 결국 개인정보를 수집하는 셈이니까 제15조 맞네요. 그럼 개인정보를 수집할 수 있는 경우에 해당하는지 하나씩 살펴볼까요?

민간기업 사무실이니까 제3호 요건은 해당이 없고, 사무실에서 국가의 명운을 건 대테러 진압작전을 수행할 리도 없으니까 제5호, 제7호도 대상이 아니겠죠? 일반적인 경우라면 결국 제1호에 따라 **개인정보의 주인인 직원들의 동의**를 받는 게 법을 어기지 않고 개인정보를 다루는 가장 안전한 방법입니다.

이런 경우는 어떨까요? 보안과 안전 관리 목적으로 사무실 일부를 촬영하는 CCTV를 설치하겠다고 동의를 받았지만 실제로는 직원들의 일거수일투족을 감시하는 용도로 쓰는 겁니다. 동의를 받긴 받았는데 개인정보를 수집하고 이용하는 목적을 사실과 다르게 둘러댄 경우요.

위법한 행동입니다. 「개인정보보호법」은 개인정보를 수집하는 경우에는 그 목적에 필요한 최소한의 개인정보를 수집하여야 한다고 정하고 있고(제16조), 개인정보를 목적 외의 용도로 이용하는 것을 제한하고 있기 때문입니다(제18조).

고용노동부와 개인정보보호위원회가 함께 발간한 「개인정보보호 가이드라인」에서도 CCTV와 같은 디지털장치를 적법한 사유 없이 도입·설치한 목적과 다르게 근태관리나 징계목적으로 운용해서는 안 된다고 강조하고 있고, 「직장 내 괴롭힘 예방·대응 매뉴얼」은 CCTV를 통해 일하거나 휴식하는 모습을 지나치게 감시하는 행위를 직장 내 괴롭힘 실태 파악 체크리스트 항목 중 하나로 포함시켜 두기도 했습니다.

검정 비닐봉지는 무죄?

「개인정보보호법」 제15조에서 정한 개인정보를 수집할 수 있는 경우, 제6호를 다시 한번 볼까요?

> **법률 한 토막**
>
> **제15조(개인정보의 수집·이용)**
> 6. 개인정보처리자의 정당한 이익을 달성하기 위하여 필요한 경우로서 명백하게 정보주체의 권리보다 우선하는 경우. 이 경우 개인정보처리자의 정당한 이익과 상당한 관련이 있고 합리적인 범위를 초과하지 아니하는 경우에 한한다.

회사의 경우로 바꿔 말하면, 회사의 정당한 이익이 직원 개개인의 권리보다 명백히 중요한 경우라면 합리적인 범위 내에서 개인정보의 수집과 이용이 가능하다는 뜻으로 해석할 수 있을 겁니다.

이 조항의 의미를 정면으로 다뤘던 사건이 있습니다. 군산에 있는 한 공장에 도둑이 들었습니다. 몇 달 새 불도 났어요. 회사는 보안과 화재관리 목적으로 총 51대의 CCTV를 설치했습니다. 대부분은 공장 외곽 울타리를 따라 설치되었지만, 그중 16대에는 직원들이 일하는 장면이, 3대에는 직원들이 출·퇴근하는 장면이 녹화되었습니다.

문제는 CCTV를 설치하고 운영하는 모든 과정에서 회사가 직원들의 동의를 하나도 받지 않았다는 겁니다. **보안과 화재관리라는 회사의 정당한 이익**과 **직원들의 개인정보에 대한 권리**가 정면으로 충돌한 거죠.

사건이 흥미로워지는 건 이제부터입니다. ① 일하는 장면이 찍히지 않도록 야간에 촬영할 것, ② 촬영 각도도 조정해 줄 것. 직원들의 두 가지 요구사항을 회사가 받아들여 주지 않자, 직원 몇몇이 파격적인 선택을 합니다. 더 이상 촬영과 녹화를 못하도록 **51대의 CCTV에 검정 비닐봉지**를 씌운 거죠.

이름하여 검정 비닐봉지 사건! 이 사건을 계기로 회사와 직원들 사이의 갈등은 점점 더 극단으로 치달았고, 결국 직원들은 회사의 시설물 관리업무를 방해했다는 죄목으로 법원의 심판을 받게 됩니다.

1심과 2심 법원은 직원들의 업무방해죄를 인정했습니다. 비록 회사가 CCTV를 설치하면서 동의를 받거나 협의를 거치지는 않았지만, CCTV를 설치하기 전에 근로자가 회사 부품을 반출하려다가 발각된 사실과 공장 외벽 등에 화재가 발생했던 사실에 주목했죠.

또 CCTV를 설치한 목적에 시설물 보안, 화재 감시 등이 포함된 것까지 고려하면 근로자의 동의 없이 설치된 CCTV라고 하더라도 그 업무는 업무방해죄의 보호대상이라는 게 유죄 판결의 핵심이었죠[34].

대법원은 논의를 조금 더 발전시켜요. 공개되지 않은 일터에서 개인정보를 수집할 때는 직원의 동의를 받는 게 원칙이고, 「개인정보보호법」 제15조 제1항의 나머지 요건들은 예외적으로만 엄격하게 인정되어야 한다고 지적하면서요.

> **판결 한 토막**
>
> 개인정보의 수집, 이용에 관한 규정은 정보주체의 개인정보자기결정권 제한에 대한 근거가 되므로, 개인정보처리자가 개인정보를 수집함에 있어서는 어디까지나 「개인정보보호법」 제15조 제1항 제1호에 따른 정보주체의 동의를 받는 경우가 원칙적인 모습이 되어야 하고, 정보주체의 동의가 없는 개인정보의 수집은 예외적으로만 인정되어야 하므로 그 요건 또한 가급적 엄격히 해석되어야 한다[35].

이를 전제로 대법원은 카메라를 나누어 직원들의 잘잘못을 따로 판단합니다. 공장 외곽 울타리를 따라 설치되어 실질적으로 직원들을 감시하지 않는 32대의 카메라를 가린 건 몰라도, 공장부지 내 주요 시설물에 설치되어 일하는 모습을 촬영하는 16대와 출입구에 설치되어 출퇴근하는 장면을 촬영하는 3대를 가린 행위는 다르게 판단할 여지가 있다는 거죠. 물론, 뒤의 19대도 시설 보안과 화재감시라는 회사의 정당한 이익은 인정됩니다.

하지만 근로현장과 출퇴근 장면을 촬영하면 거기에 찍히는 수많은 직원의 개인정보자기결정권을 중대하게 제한한다는 걸 알면서도, 회사는 직원들의 동의를 받지 않았을뿐더러 다른 방법을 찾으려는 노력도 하지 않았죠.

대법원은 이런 경우까지 회사의 이익이 명백하게 직원들의 권리를 앞선다고 보지는 않았습니다. 따라서 직원들의 행위 중 일부는 정당행위로 판단될 여지가 있다며 하급심 법원으로 사건을 다시 돌려보냅니다.

일단 침해가 발생하고 나면 원상회복하기 어려운 개인정보의 특성까지 감안한 대법원의 판단은 지극히 타당해 보입니다. 특히, 야간 촬영이나 촬영 각도 조정과 같은 직원들의 합리적인 요청을 회사가 뚜렷한 근거 없이 무시했다는 점까지 생각하면 더욱 그렇고요.

하지만 대법원에서도 CCTV를 검은 비닐봉지로 가렸던 직원들의 행동을 잘했다고 칭찬하며 권장한 것은 아닙니다. 동의도 협의도 없이 설치된 CCTV는 함부로 가려도 좋다고 오해하는 일은 없어야겠습니다.

법률 한 토막

「형법」
제20조(정당행위) 법령에 의한 행위 또는 업무로 인한 행위 기타 <u>사회상규에 위배되지 아니하는 행위는 벌하지 아니한다</u>.

Episode 11

갑자기 계열사로 보낸다고?
동의 없는 인사이동의 효력

3줄 요약

- 기업 간 이동에는 직원의 동의가 필요하다.
- "전근, 출장 기타 귀사의 명령에 절대 복종하겠다."는 입사 당시의 서약이 기업 간 이동에 대한 동의는 아니다.
- 기업 내 이동도 정당한 이유가 없다면 인사권 남용이 될 수 있다.

"자원할 사람?"

"..."

"없어? 내가 갈까 그럼?"

새벽 댓바람부터 갑자기 본부장님이 영업본부 전체 회의를 소집했습니다. 연말도 아니고, 연초도 아닌데 대체 무슨 일일까요? 헐레벌떡 뛰어 들어가 평소와 달리 앞자리에 앉습니다. 뭐라고 말씀하실지 너무 궁금했거든요.

"한 명이 계열사로 가줘야겠다. 대표님 지시사항이다."

살갑게 굴던 후배 현우도, 믿고 따르던 진국 과장님도 모두 말이 없습니다. 당연합니다. 편하고 익숙한 이곳을 떠나 새로운 회사에서 처음부터 다시 시작하는 건 번거롭고 겁나는 일이니까요. 어디 그뿐인가요? 대표님께서 콕 집었다는 계열사는 이곳에 비해 규모도 작고 사람들이 잘 알지도 못하는 곳입니다. 다들 작은 회사에서 큰 회사로 이직하려고 하지, 이름도 잘 모르는 회사로 굳이 옮기는 경우가 어디 있나요. 커리어에 도움도 안 되는데 손을 들 이유가 없습니다.

"우리 본부는 자원하신 분의 희생을 기억할 겁니다."

잔뜩 힘을 준 본부장님의 연설에도 회의실의 공기는 바뀌지 않습니다. 아무런 소득 없이 걱정과 불안만 키우고 끝난 회의였습니다. 눈에 띄지 않으려고 살금살금 나가려는데 하필이면 본부장님께 제일 먼저 붙잡혔습니다. 개별면담 1번 타자라니. '복작대는 서울보다 근무환경이 좋다더라. 퇴사하고 계열사로 재입사하면 연봉을 높여주겠다. 퇴사가 정 싫으면 소속은 이곳으로 유지하고 늦어도 3년 안에는 돌아올 수 있게 해주겠다.' 그렇게 좋으면 본부장님이 가시지, 감언이설로밖에 안 들립니다. 대리로 승진한 지 얼마나 됐다고… 저는 꼭 계열사로 가야만 할까요?

회사를 옮기라고? 기업 간 이동: 전적과 전출

계열사라고 하더라도 엄연히 다른 회사입니다. 그렇기 때문에 계열사로의 이동은 기업 안에서 부서나 근무지를 바꾸는 것과는 다른, **기업 간 이동**에 해당합니다.

기업 간 이동은 크게 둘로 나뉘어요. 기존 회사와의 근로계약을 해지하고 새로운 회사로 소속을 바꾸는 **전적**과 새로운 회사로 이동해 일을 하되 기존 회사와의 근로계약은 유지하는 **전출**로 말이죠.

본부장님께서 민호에게 말씀하신 첫 번째 제안, 그러니까 기존 회사에서 퇴사하고 계열사로 재입사하라는 게 적籍을 바꾸는 전적이고, 소속은 기존 회사에 두되 일정기간 계열사에 가서 일하고 오라는 두 번째 제안이 전출입니다. 기존 회사와 맺었던 근로계약을 유지하느냐, 마느냐가 둘 사이의 가장 큰 차이고, 기존 회사로의 복귀가 예정되어 있다는 점이 전출의 가장 큰 특징입니다.[36]

둘 사이의 공통점은 업무를 지휘하는 주체가 기존 회사에서 이동한 회사로 바뀐다는 점인데요, 근로자 입장에서는 걱정되는 부분이 이만저만이 아닙니다. 일을 하는 건 결국 사람인 만큼 비슷한 일을 하더라도 누가 어떻게 지시하느냐에 따라 만족도는 완전히 다르잖아요? 같은 업무라도 일을 시키는 사람, 일을 하는 사람에 따라 내용이 달라지기도 하고요.

기업 간 이동	전적	전출
차이점	기존 회사와의 근로계약 해지	기존 회사와의 근로계약 유지
공통점	이동에 대한 직원의 동의 필요 이동한 회사의 업무 지휘를 받음	

「민법」은 이와 같은 고용계약의 특수성을 고려한 조항을 마련해 뒀습니다. 이름하여 '권리의무의 전속성'. 회사와 직원이 근로계약을 맺었다면 직원의 동의 없이 회사가 그 권리를 다른 사람한테 함부로 넘겨줄 수 없다는 건데, 이건 꼭 직원이 아니라 회사 입장에서 생각해도 꼭 필요한 조항입니다. 직원이 회사를 골라서 지원하는 것처럼, 회사도 직원을 가려서 뽑으니까요.

남은 휴가가 없으니까 잠깐 여행 다녀오는 동안만 백수 친구가 대신 출근해서 내 일을 해준다? 상상도 할 수 없는 일이죠. 이와 같은 고용계약의 특수성에 비추어 법원은 업무지휘권을 행사하는 회사가 바뀌면 근로자가 불이익을 받을 수 있다는 점을 지적합니다. 따라서 전근과 같은 기업 내 이동과 달리 전적의 경우는 특별한 사정이 없는 한 **근로자의 동의를 얻어야 효력이 생긴다고 판단해요**[37].

내가 이미 동의했다고?

아무리 본부장님이 무섭고 불편해도 어영부영 독이 든 성배를 들어서는 안 됩니다. 다행히 민호는 정신을 바짝 차리고 차분하고 명확하게 거절합니다. 그러자 본부장님이 씨익 웃으며 서류 하나를 꺼냅니다. 거절이 계속되자 기어이 등장한 인사규정.

제4장 인사

제14조(계열사 이동) 직원은 회사의 필요에 따라 계열사로 이동하여 근무할 수 있다.

"야, 너 입사할 때 이미 동의했어. 인사규정에도 다 나와 있잖아. 봐 봐, 계열사로도 이동할 수 있다고. 어차피 끝까지 거절 못해. 좋게 좋게 받을 거 받고 가자."

합격의 기쁨에 취해 모든 게 아름답게만 보이던 시절이었죠. 민호는 참 억울할 겁니다. 채용 당시에 어떤 서류에 서명했는지 기억도 안 날 거고, 어떤 안내를 받았는지는 더더욱 기억 못할 테니까요. 사회초년생인 민호로서는 다른 회사로 옮기는 인사이동이 있을 거라고는 생각도 못 했을 거예요. 하지만 민호가 보고 놀란 인사규정 제14조, 계열사 이동은 아무리 눈을 씻고 봐도 민호네 회사의 인사규정이 맞습니다. 결국 민호는 아무 대꾸도 못하고 계열사로 이동해야만 할까요?

판례에 따르면 그러지 않아도 됩니다. 법원은 취업규칙과 단체협약에서 근로자를 계열회사에 인사이동시킬 수 있는 규정을 두고 있다고 해서 근로자로부터 어느 계열사로 언제든 이동시켜도 좋다는 포괄적인 사전 동의를 얻은 걸로 보지는 않습니다.

「근로기준법」 제17조는 근로계약을 체결할 때 임금·근로시간·취업의 장소와 종사하여야 할 업무에 관한 사항과 같은 근로조건을 명시하라고 정해 두었거든요? 그렇게 정한 까닭은 특정기업에 종속되는 근로자를 보호하기 위해서고요. 이 조항의 취지에 비추어 법원은, 회사가 기업그룹 내의 전적에 관하여 근로자의 포괄적인 사전동의를 받으려거든 전적할 기업을 특정하고 그 기업에서 종사하여야 할 업무에 관한 사항 등 기본적인 근로조건을 명시하여 근로자의 동의를 얻었어야 한다고 설명합니다[38]. 어느 계열사인지, 어떤 업무인지도 정해 놓지 않고 뭉뚱그려 회사의 필요에 따라 언제든 직원을 계열사로 이동시킬 수 있다는 지극히 회사에게만 유리한 조항을 법원은 인정하지 않는 겁니다.

같은 판결에서 법원은 입사 당시 "**전근, 출장 기타 귀사의 명령에 절대 복종하겠다**"고 직원이 서약했다고 하더라도, 이는 근로계약관계가 계속되는 것을 전제로 회사의 업무 지시에 따르겠다는 의사를 표시한 것일 뿐이지, 근로계약을 종료시키는 전적에 대하여까지 포괄적으로 동의한 것은 아니라고 해석했습니다. 결국 전적에 대한 포괄적 사전동의는 엄격한 절차를 갖춘 경우에 한해서 매우 제한적으로 인정된다는 걸 알 수 있어요.

> **법률 한 토막**
>
> 「민법」
>
> **제657조(권리의무의 전속성)** ① 사용자는 노무자의 동의없이 그 권리를 제삼자에게 양도하지 못한다.
>
> ② 노무자는 사용자의 동의없이 제삼자로 하여금 자기에 갈음하여 노무를 제공하게 하지 못한다.

업무나 근무지를 바꾼다면? 기업 내 이동: 전직과 전근

대표적인 기업 내 이동으로는 **업무의 직종을 바꾸는 전직**과 **근무지역을 바꾸는 전근**이 있습니다. 생산직으로 일하던 직원에게 영업직군 업무를 맡긴다면 전직, 서울 본사에서 근무하던 직원을 부산 지사로 발령 낸다면 전근이죠. 회사를 옮기는 기업 간 이동과 달리, 업무내용이나 근무지를 바꾸는 선에 그치는 **기업 내 이동**에 있어서는 **회사가 상당한 재량권**을 갖습니다. 근로계약의 범위를 벗어나지 않는 수준에서 인사권은 원칙적으로 회사의 고유한 권한이기 때문입니다.

따라서 근로계약을 체결할 당시에 근무장소를 못 박아 정해둔 게 아니라면, 또 회사의 업무상·경영상 필요와 같은 **정당한 이유가 있는 전근**이라면 서울에서 부산으로 발령을 내기 위해 직원의 동의를 반드시 받아야 하는 건 아닙니다. 대부분 서울 본사에서 일하고 싶어 하겠지만, 모두가 본사에서 일할 수는 없으니까요.

만약 회사가 밉보인 직원을 길들이기 위한 수단으로 기업 내 이동을 교묘하게 악용한다면 어떨까요? 그러한 인사이동은「근로기준법」이 요구하는 정당한 이유가 없기 때문에 효력이 없을 수도 있습니다. 실제로 노동조합 활동을 하며 경영진에 비판적인 입장을 보여온 기자를 협의 한 번 없이 행정직원으로 전직시킨 발령을 법원은 무효라고 봤습니다. 전직조치의 정당성이 인정되지 않는다는 거였죠[39].

꼭 보복성 조치가 아니라도 중대한 근로조건을 바꾸는 인사이동이라면 근로자의 사전 동의가 필요하다고 판결한 사례도 있습니다. 경북 구미에서 보일러공으로 일해 온 직원이 개인적인 사정을 이유로 이동을 거부했음에도 회사가 근무지역과 직무까지 바꿔 서울의 영업부로 발령낸 경우였습니다[40].

법원은 업무상 필요성이 직원이 겪게 될 불이익보다 큰지, 직원과 충분한 협의는 거쳤는지 등 다양한 사정을 꼼꼼히 따져 **회사가 인사권을 남용한 건 아닌지** 살피고 있습니다.

법률 한 토막

「근로기준법」

제23조(해고 등의 제한) ① 사용자는 근로자에게 <u>정당한 이유 없이</u> 해고, 휴직, 정직, 전직, 감봉, 그 밖의 징벌을 <u>하지 못한다</u>.

Episode 12

낮에는 직장인 밤에는 유튜버, 회사가 알면 잘린다고?
회사의 허풍, 겸업금지

✍ **3줄 요약**

- 겸업해도 된다. 직장인의 겸업을 금지하는 법은 없다.
- 직업 선택의 자유에는 겸업의 자유도 포함된다.
- 겸업을 해도 된다는 말이 본업을 소홀히 해도 된다는 뜻은 아니다.

"똑같아. 평소처럼 술 마시는 건데 옆에 카메라만 하나 놓는 거야."

시작은 대학교 동창, 달재의 한 마디 때문이었습니다. 첫 중간고사를 얼렁뚱땅 마치고 M.T.를 떠나던 길. 과 동기 달재는 뜬금없이 독신으로 살겠다고 선언했습니다. 그리고 한마디 덧붙였죠.

"나는 하고 싶은 건 다 하고 살 거야."

한동안 연락이 끊겼다가 오랜만에 만난 달재는 어느새 유튜버가 되어 있었고, 유튜버 친구의 부탁은 당연하게도 유튜브 채널에 나와 달라는 거였습니다.

내가 무슨 유튜브냐며 손사래를 쳤지만 달재의 눈빛은 너무 간절했어요. 〈서달재의 혼술TV〉. 구독자도 500명밖에 안 되고, 제일 인기 있는 영상 이래봤자 고작 조회수 2천회 남짓. 하도 딱해 보여서 까짓것 한번 나가주기로 했죠.

초심자의 행운이었을까요? 실내에서 찍으면 너무 민망할 거 같아서 매장 바깥 테이블에 앉았을 뿐이고, 마침 귀여운 강아지가 지나가길래 "손!"을 외쳤더니 강아지가 다가와 손을 올린 것뿐인데, 그게 그렇게 화제가 될 줄은 몰랐습니다. 한 번 더. 한 번만 더. 딱 한 번만 더. 더는 달재의 부탁을 들어줄 수 없겠다고 다짐했을 때, 달재는 말없이 댓글 하나를 보여줬습니다.

〈달재와 민호의 술술TV〉. 그렇게 달재와의 동업이 시작됐습니다. 강아지 영상 덕분에 새로고침만 해도 구독자가 팍팍 늘던 때만큼은 아니어도, 채널은 순조롭게 성장했습니다.

숨은 맛집을 찾아가 술만 마시는 저랑은 달리, 전업 유튜버인 달재는 맛있었던 식당의 메뉴를 흉내 내 자기 나름의 레시피를 소개하는 콘텐츠도 쉬지 않고 만들었거든요. 이러다 진짜로 방송국에서 연락하는 거 아니야? 히죽히죽 웃으며 망상에 빠져 있는데 갑자기 전화벨이 울립니다. 설마, 진짜로?

"안녕하세요, 인사팀입니다."

그럼 그렇지.

"네, 도민호 대리입니다."
"지금 자리에 계시죠?"
"네. 그런데 무슨 일로?"
"유튜브 엄청나게 잘 되던데요? 얼굴 보고 이야기하시죠."

가슴이 철렁 내려앉습니다. 눈 딱 감고 해볼까 싶었으면서도 유튜브 동업을 미뤄왔던 가장 큰 이유는 혹시라도 회사가 알게 되면 어떡하나 하는 걱정 때문이었거든요. 만에 하나 징계를 받거나 해고를 당하면?

그 정도는 아니더라도 '투잡하는 놈', '딴 주머니 찬 놈'으로 미운털이 박히면? 소문은 삽시간에 퍼질 거고, 무슨 수를 쓰더라도 딴짓하는 놈으로 굳어진 이미지를 만회할 방법은 없을 것 같았습니다. 지금도 보세요. 같은 팀 사람들도 아직 모르는데 인사팀이 먼저 연락하잖아요.

바늘구멍을 뚫고 취업에 성공했다며 기뻐하시던 부모님이 떠오릅니다. 얼굴을 드러내는 게 아니었는데, 잘생겼다는 그놈의 댓글 때문에…

생각할 겨를도 없이 끌려온 회의실 공기가 차갑습니다. '인사팀이 알 정도로 잘 된 건 아닌데… 누가 제보했나?' 정신이 반쯤 나가 있는 저를 놀라게 하려는 듯 인사팀 직원이 회의실 문을 거칠게 닫습니다. 이런 일엔 익숙한 모양인지 머뭇거리지도 않습니다. '쿵'하고 문이 닫히는 소리가 끝나기도 전에 날아오는 물음.

"회사 계속 다니실 거예요?"

저 진짜로 징계받는 건 아니겠죠? 회사 계속 다닐 수 있는 거 맞죠?

겸업을 금지한다고? 무슨 근거로?
직장인의 겸업을 금지하는 '법'은 사실 대한민국 어디에도 없습니다. 「국가공무원법」에서 공무 외의 영리 업무 겸직을 금지하고 있지만 이건 국가공무원을 대상으로 할 뿐, 민간기업에 다니는 직장인들에게 적용되는 법은 아니니까요.

「헌법」에 따라 근로조건의 기준을 정한 「근로기준법」에도, 고용노동부가 수립해서 배포하는 「표준 취업규칙」에도 눈을 씻고 찾아봐도 겸업을 금지하는, 아니 아예 겸업과 관련된 조항 자체가 없습니다.

가만히 생각해 보면 당연한 걸지도 모르겠습니다. 애초에 직원과 회사, 근로자와 사용자의 관계는 철저히 근로계약을 따르는데 근로계약에서 하기로 한 업무를, 근로계약에서 정한 시간과 장소에서 성실히 해냈다면 **직원이 퇴근하고 나서 무얼 하든 회사가 무슨 상관**인가요?

"지금 네 자리에서 일하고 싶어 하는 사람들 줄 세우면 운동장 열 바퀴야. 까라면 까는 거지 어디서 말대꾸야!"

취업 과정이 너무나 힘들었던 나머지 어느새 이런 말에 무뎌져 버린 우리가 잊어버린 게 있어요. '근로계약은 근로자가 사용자에게 근로를 제공하고 사용자는 이에 대하여 임금을 지급하는 것을 목적으로 체결된 계약이며, 근로조건은 근로자와 사용자가 동등한 지위에서 자유의사에 따라 결정한다.' 바로 법에서 정한 근로계약의 의미와 근로조건의 내용입니다.

수많은 지원자 가운데 회사가 나를 뽑아준 게 참 고마운 일이기는 하지만, 그렇다고 해서 근로계약에 포함되지 않는 직원의 사생활에까지 회사가 이래라저래라 간섭할 수 있는 건 아니라는 뜻입니다.

그러면 법에도 없는 겸업금지 조항은 대체 어디에 있느냐? 바로 **「취업규칙」**입니다. 인사규정, 복무규정, 인사평가규정. 표현은 달라도 사용자가 정해둔 근로조건에 대한 사항이라면 모두 「취업규칙」에 해당합니다. 문제는 고용노동부의 「표준 취업규칙」에는 없는 겸업금지 조항이 우리 회사의 취업규칙에 슬그머니 들어와 있다는 거죠.

A가 다니던 B사의 「취업규칙」에도 겸업을 금지하는 규정이 있었습니다.

B사 「취업규칙」

제29조 (해고)
회사는 종업원이 다음 각호에 해당할 경우에 해고한다.
1. 제97조에 의한 징계해고 기준에 달한 경우

제97조 (징계해고의 기준)
종업원이 다음 각호에 해당한 경우에는 징계해고를 할 수 있다.
24. 회사의 허가 없이 타업무 및 타직장에 종사한 자

B사는 위와 같은 「취업규칙」을 근거로 A를 징계했습니다. 회사에 다니면서 몰래 다방을 운영했다는 게 징계의 이유였죠. 하지만 법원의 판단은 달랐어요. 근로자가 다른 사업을 겸직하는 것은 근로자 개인능력에 따른 사생활의 범주에 속하는 것이기 때문에 기업질서나 노무제공에 지장이 없는데도 **전면적이고 포괄적으로 겸업을 막는 것은 부당하다**는 지적이었습니다[41].

'회사의 허가 없이 타업무에 종사하면 해고한다는 B사의 「취업규칙」에도 불구하고 겸업했다는 사실 자체만으로 A를 해고할 수는 없다.' 이

사건에 대한 법원의 판단은 직장인의 겸업금지를 논할 때 흔히 인용되고 있습니다.

법률 한 토막

「근로기준법」

제2조(정의) ① 이 법에서 사용하는 용어의 뜻은 다음과 같다.

4. "근로계약"이란 근로자가 사용자에게 근로를 제공하고 사용자는 이에 대하여 임금을 지급하는 것을 목적으로 체결된 계약을 말한다.

제4조(근로조건의 결정) 근로조건은 근로자와 사용자가 동등한 지위에서 자유의사에 따라 결정하여야 한다.

「국가공무원법」

제64조(영리 업무 및 겸직 금지) ① 공무원은 공무 외에 영리를 목적으로 하는 업무에 종사하지 못하며 소속 기관장의 허가 없이 다른 직무를 겸할 수 없다.
② 제1항에 따른 영리를 목적으로 하는 업무의 한계는 대통령령등으로 정한다.

「국가공무원 복무규정」

제25조(영리 업무의 금지) 공무원은 다음 각 호의 어느 하나에 해당하는 업무에 종사함으로써 공무원의 직무 능률을 떨어뜨리거나, 공무에 대하여 부당한 영향을 끼치거나, 국가의 이익과 상반되는 이익을 취득하거나, 정부에 불명예스러운 영향을 끼칠 우려가 있는 경우에는 그 업무에 종사할 수 없다.

1. 공무원이 상업, 공업, 금융업 또는 그 밖의 영리적인 업무를 스스로 경영하여 영리를 추구함이 뚜렷한 업무
2. 공무원이 상업, 공업, 금융업 또는 그 밖에 영리를 목적으로 하는 사기업체의 이사·감사 업무를 집행하는 무한책임사원·지배인·발기인 또는 그 밖의 임원이 되는 것

3. 공무원 본인의 직무와 관련 있는 타인의 기업에 대한 투자

4. 그 밖에 계속적으로 재산상 이득을 목적으로 하는 업무

회사에서 징계한다는데?

여러분이 다니는 회사에도 겸업을 금지하는 조항이 있나요? 꼭 「취업규칙」이 아니라도 근로계약서에 포함되어 있을 수도 있고 어쩌면 입사할 때 따로 겸업금지 서약서를 냈을 수도 있습니다. 혹시 겸업금지 조항을 찾으셨더라도 너무 실망하지는 마세요. 그렇다고 여러분의 유튜브 데뷔가 불가능한 건 아니니까요.

"입사할 때 무슨 일이 있어도 겸업하지 않겠다는 서약서에 제가 직접 서명했는데 그래도 겸업할 수 있다고요?"

네, 할 수 있습니다. 앞서 살핀 것처럼 전면적이고 포괄적으로 겸업을 금지하는 건 「헌법」이 보장하는 개인의 자유를 침해하는 것이기 때문입니다. 한 번쯤 들어 보셨죠? 모든 국민은 **직업선택의 자유**를 가진다.

행정기관에 제출하는 서류의 작성과 제출을 대신 해주는 걸 주된 업무로 삼는 행정사라는 직업이 있습니다. 예전 「행정사법」은 행정사가 겸업하는 것을 완전히 금지했어요. 심지어 형사처벌 대상이기까지 했죠. 업무의 주된 내용이 공익적 성격을 띠기 때문에 혹시라도 겸업을 했다가 본

업의 공정성을 해칠 수 있지 않겠냐는 우려 때문이었습니다.

하지만 헌법재판소는 이 법이 위헌, 그러니까 헌법을 위반한 것이라고 결정했어요. 업종의 성격상 겸업이 본업의 공정성을 해칠 우려가 있다면 제한적으로 겸직금지 규정을 둘 수는 있지만, 모든 겸업을 금지하고 위반행위에 대하여 형사처벌을 하도록 정한 것은 직업선택의 자유를 지나치게 침해한다는 판단이었죠.

동시에 직업선택의 자유가 어떤 의미인지도 설명합니다. '「헌법」 제15조는 모든 국민은 직업선택의 자유를 가진다고 규정하고 있는데 그 뜻은 누구든지 자기가 선택한 직업에 종사하여 이를 영위하고 언제든지 임의로 그것을 바꿀 수 있는 자유와 여러 개의 직업을 선택하여 동시에 함께 행사할 수 있는 자유, 즉 **겸직의 자유**도 가질 수 있다는 것[42]'이라고요.

주로 공익적인 업무를 다루는 행정사의 경우도 이런데, 하물며 민간 사기업에서 일하는 직장인의 겸업을 완전히 금지하는 건 어떻겠어요? 회사의 일방적이고 전면적인 겸업 금지는 단순히 직업의 자유를 제한하는 것을 넘어, 직원 개개인의 사생활을 침해하게 될 수도 있습니다.

직장인은 책을 쓰거나 유튜브 채널을 운영하고, 강의를 하면 안 되나요? 그게 스스로를 표현하고 자아를 실현하는 방식일 수도 있잖아요? 지극히 내밀한 사생활의 영역. 그걸 회사가 어떻게 막을 수 있겠어요?

> **법률 한 토막**
>
> 「헌법」
>
> **제15조** 모든 국민은 직업선택의 자유를 가진다.
>
> **제17조** 모든 국민은 사생활의 비밀과 자유를 침해받지 아니한다.

겸업해도 된다, 본업에 자신 있으면

물론 모든 겸업금지 조항의 효력이 없는 것은 아닙니다. 고용노동부는 직원이 겸업을 함으로써 근로계약을 불성실하게 이행하거나 경영질서를 해치는 경우, 기업의 대외적 이미지를 손상하는 경우 등을 예방하기 위한 「취업규칙」상의 겸업금지 규정은 그 효력이 인정될 수 있을 거라고 해석합니다. 이건 앞서 살핀 법원의 판결이나 헌법재판소의 결정 취지와 어긋나지도 않고, 「근로기준법」과도 맥락을 같이 합니다.

고용노동부가 예시로 든 것과 같이 근로자가 근로계약에 따른 의무를 다하지 못하고 회사에 손해를 끼쳐가며 겸업에만 빠져 있다면 당연히 징계할 수 있어야겠죠.

어떤 경우가 있을까요? 직원이 **성실의무를 다하지 못한 경우**가 대표적입니다. 근무시간에 일은 안 하고 스마트스토어에서 판매하는 상품을 배송하기 위해 택배만 부치러 왔다 갔다 한다든가, 협찬받은 상품 리뷰 댓글 관리를 회의 시간에 몰래 한다든가.

그게 아니더라도 잠을 줄여가며 부업에 힘쓴 나머지 회사에서는 꾸벅꾸벅 졸기만 한다면 겸업만이 아니라 근무 태만으로 징계를 받아야 마땅하겠죠. 돈 받고 일하는 직장인이 본업을 내팽개치고 있는데 무슨 변명을 하겠어요?

더 심하게는 회사에서 업무를 통해 획득한 지식과 정보, **영업비밀을 누설하는 경우**도 있습니다. 촬영이 금지된 사업장에서 함부로 브이로그를 촬영하다 업무 자료가 노출되는 경우는 그나마 나은 편입니다. 고객들의 연락처나 자산 규모와 같은 예민한 정보는 개인정보로 엄격하게 관리되어야 하는 걸 알면서도 뻔뻔하게 부업에 활용하는 악질적인 사례도 빈번하게 발생하고 있어요.

이때는 「취업규칙」에 따른 징계는 물론, 「부정경쟁방지법」, 「개인정보보호법」에 따른 손해배상책임에다 형사처벌까지 받을 수도 있습니다.

라이브 방송 시청자들이 오늘은 뭐했냐고 묻는다고 신나게 영업비밀을 털어놓으면 안 됩니다. 그런 행동들이 쌓이고 쌓여 **회사의 브랜드 이미지가 훼손**될 수도 있으니까 각별히 주의해야 해요.

챙길 것도, 조심해야 할 것도 참 많죠? 하지만 핵심은 간단합니다. 돈 받고 일하는 직장인인 만큼 무엇보다 본업에 충실할 것! 그래야 마음도 편하고 내가 좋아서 하는 겸업도 신나게 할 수 있습니다. 회사에선 회사 일에 최선을 다하세요. 그리고 퇴근길엔 인사팀 직원분께 당당하게 말씀하세요. 구독과 좋아요 좀 부탁드린다고.

법률 한 토막

「근로기준법」

제5조(근로조건의 준수) 근로자와 사용자는 각자가 단체협약, 취업규칙과 근로계약을 지키고 성실하게 이행할 의무가 있다.

제23조(해고 등의 제한) ① 사용자는 근로자에게 정당한 이유 없이 해고, 휴직, 정직, 전직, 감봉, 그 밖의 징벌을 하지 못한다.

Episode 13

빈손으로 오긴 그래서 영업비밀 좀 들고 왔습니다
집단 퇴사와 영업비밀 유출

3줄 요약

- 「부정경쟁방지법」이 정한 영업비밀의 요건은 ① 비공지성, ② 경제적 유용성, ③ 비밀관리성이다.
- 경제적 가치가 없는 자료를 많이 모았다고 해서 없었던 가치가 생기는 건 아니다.
- "나와 함께 이직하면 더 좋은 처우를 해주겠다"는 이직 제안은 일반적으로 허용되는 수준이다.

떨리는 마음으로 수능 시험 성적표를 받아 든 날. 평소 치르던 모의고사만큼의 성적은 받았다는 안도감도 잠시, 제 머릿속은 '드디어 서울에 갈 수 있다'는 기쁨으로 가득 찼습니다. 경기도 촌구석에서 나고 자란 제게 서울은 멀고 먼 동경의 대상이었죠. 잠실엔 으리으리하게 높은 건물이 있고, 강남엔 어마어마하게 맛있는 식당이 있고, 홍대엔 무시무시하게 차려입은 사람이 있다던데···. 수능 시험 성적표는 그 모든 것이 모여 있는 서울로 향하는 티켓처럼 느껴졌습니다.

　　대학교 졸업반 때였나? 더 이상 잠실과 강남, 홍대가 특별하게 느껴지지 않게 됐을 무렵, 저도 고층 빌딩이나 고급 식당에서 제법 서울 사람들처럼 여유롭게 말할 수 있게 됐지만··· 딱 한 가지. 아무리 노력해도 이해할 수 없었던 건 약속을 잡을 때면 서울 사람들은 하나같이 깍쟁이가 된다는 점이었습니다. 강북에서 강남까지라고 해봤자 지하철역으로 꼴랑 20개도 안 되는데 그게 뭐 얼마나 된다고 중간에서 만나자느니, 다음에 보자느니 핑계를 대는 게 도무지 이해가 안 됐죠. 광역버스를 타고 서울과 경기도를 오가는 저 같은 사람도 있는데 끽해야 환승 한 번 하는 게 뭐가 어렵다고.

　　하지만 서울살이가 익숙해지고 나이가 든 지금. 이제는 저도 서울이 얼마나 넓은지 잘 압니다. 대체 누가 서울이 좁다고 했는지. 강을 건넌다? 어지간한 일이 아니고서는 무조건 피합니다. 서울이 얼마나 넓은지 알고 싶다면 토요일 낮, 결혼식을 다녀보면 됩니다. 종로에서 고속터미널까지, 강남에서 삼성까지. 분명 편안한 내 차로 이동하고 있는데, 대체 왜 군대 행군처럼 힘이 드는지.

　　지독한 교통체증은 목적지까지의 거리를 2배, 3배로 늘려 버려요. 무한히 커지는 서울, 한없이 줄어드는 체력···. 하루에 결혼식 두 탕이 잡혔다? 진지하게 살아남을 걱정부터 해야 합니다. 11시에 결혼하는 부지런한 커플과, 5시에 결혼하는 느긋한 커플의 결혼식이 겹치는 오늘 같은 날에는 더더욱이요. 애매하게 시간은 뜨는데 주말 카페는 이미 만석. 간신히 자리가 나더라도 왁자지껄 요란한 소음에 쉬어도 쉬는 게 아니죠.

이럴 바엔 차라리 아무도 없는 회사에서 조용히 널브러져 있는 게 낫습니다. 지친 몸을 이끌고 사무실 비밀번호를 누릅니다.

"삐비빅."

편히 좀 쉬려고 했는데 웬걸, 사람이 있습니다. 인사팀 홍시백 대리네요? 바람피운 게 들통난 이후로 징계 대기 중인 걸로 아는데 짐을 챙기러 온 걸까요? 그래도 둘뿐인데 아는 척은 해야겠다 싶어 인사를 건네도 반응이 없습니다. 이어폰을 꽂고 찰칵찰칵 사진을 찍고 있네요. 출력물을 잔뜩 쌓아놓은 게 아무래도 수상해서 가까이 가봅니다.

"뭐 하시는 거예요?"

"어? 도 대리님. 어쩐 일이세요?"

"잠깐 들렀어요. 그거 우리 팀 자료 아니에요?"

"아니에요."

"표지만 봐도 알겠는데? 이진국 과장님이 만드신 거잖아요."

"아니라니까요."

"잠깐 좀 봅시다. 왜 또 사진을 찍어요?"

테이블에 가득한 보고자료가 숨긴다고 숨겨지나요. 변명을 포기한 홍시백 대리가 솔직하게 고백합니다.

"우리 회사가 얼마나 보수적인지 도 대리님도 잘 아시잖아요. 가만히 있어 봤자 징계만 받을 거고, 나가라고 눈치를 얼마나 주겠어요. 그 전에 제 발로 먼저 나가야죠. 마침 이직 제안해 준 곳도 있는데… 빈손으로 갈 수는 없잖아요."

"아니, 그래도 그렇지. 이거 우리 팀 자료잖아요."

"도 대리님, 아니 민호야. 같이 가자. 내가 얘기 잘해 줄게. 너도 언제까지 여기 있을 거 아니잖아. 지금 우리 몸값이 제일 높을 때라고. 비쌀 때 비싸게 팔아야지."

영화에서나 보던 일을 제가 겪을 줄은 몰랐습니다. 홍 대리를 따라 옮길 생각은 전혀 없어요. 회사 자료 훔치다가 걸린 도둑놈 말을 어떤 바보가 믿겠습니까? 문제는 이걸 어떻게 처리하냐는 건데. 과장님한테 말하는 게 맞을지, 정식으로 감사팀을 찾아가는 게 맞을지. 주말에 괜히 회사 나왔다가 이게 무슨 일이랍니까?

떡볶이 양념장의 비밀

"이렇게 맛있는 양념장은 어떻게 만드세요?" 떡볶이 장사만 40년을 했다는 백발의 할머니에게 묻습니다. 할머니는 이 순간만큼은 소녀 같은 얼굴로 배시시 웃으며 대답합니다. "영업비밀." 떡볶이 가게가 끝도 없이 늘어선 비좁은 골목에서 40년을 버티게 해준 비법 양념장은 할머니의 든든한 장사 밑천이자 소중한 영업비밀이었을 거예요.

영업비밀이 꼭 복잡하고 어려워야 한다는 법은 없습니다. 최첨단 기술이 집약된 도면이나 깨알 같은 글씨가 빽빽하게 적혀 있는 설계도가 아니라도 충분히 영업비밀이 될 수 있어요.

하지만 우리가 일상적으로 이야기하는 영업비밀이 아니라, 건전한 거래질서를 유지하기 위한 목적에서 「부정경쟁방지법」이 보호하는 영업비밀로 인정되려면 3가지 요건을 갖춰야 합니다. ① 공공연하게 알려져 있지 않을 것(**비공지성**), ② 독립된 경제적 가치를 가질 것(**경제적 유용성**), ③ 비밀로 관리될 것(**비밀관리성**).

실제로 법원은 음식 조리법은 무조건 영업비밀이다, 아니다 한가지로 결론 내리지 않고 각각의 조리법이 3가지 요건을 충족했는지를 꼼꼼히 살핍니다. **추어탕 제조법**이 영업비밀에 해당하는지가 쟁점이 된 사건에서도 그랬습니다. 법원은 우선, ① 추어탕의 제조성분은 포장지에 표시되어 있지만 그 제조성분과 인터넷을 통해 널리 알려진 추어탕 제조방법만으로는 특유의 맛을 낼 수 없고, 공장에서 추어탕을 제조한 뒤 각 가맹점에 공급하므로 각 가맹점에서는 추어탕을 어떻게 제조하는지 알지 못하는 사실을 들어 비공지성을 인정했습니다.

② 또 회사가 제3자로부터 값을 치르고 추어탕 제조비법을 독점적으로 인수한 점, 다른 추어탕 제조자가 같은 맛을 내기 위해서는 상당한 비용이나 노력이 필요할 것으로 보이는 점을 들어 추어탕 제조법의 경제적 유용성도 확인했어요. ③ 마지막으로 회사가 추어탕 소스 배합실을 출입통제구역으로 지정했고, 생산직 직원 중 일부만이 소스 제조에 관여하는 점, 그 직원들로 하여금 비밀유지서약서를 작성하게 한 점을 종합할 때 회사가 추어탕 제조법을 비밀로 관리하기 위해 상당한 노력을 기울였다는 점까지 인정한 뒤, 법원은 추어탕 제조법이 영업비밀에 해당한다고 판단했습니다[43].

비빔소스는 영업비밀이 아니다?

이와 달리 비빔밥에 들어가는 비빔소스 제조법은 영업비밀이 아니라는 결론을 내린 사례도 있습니다. 추어탕 제조법과는 다르게 비빔소스 제조법은 왜 영업비밀이 될 수 없었을까요? 그렇게 판단하기까지의 꼼꼼하고 세밀한 검토 과정이 판결문에 그대로 적혀 있습니다. 익숙하면서도 흥미로운 내용이니까 이 판결은 건너뛰지 마시고 꼭 한번 읽어 보시면 좋겠습니다.

판결 한 토막

1) 영업비밀 침해 여부

(1) '비빔장 및 양념장 비율'의 내용은 대부분 각종 소스·재료의 상품명·브랜드를 기재한 것이고, ㉮ '고추장 3 : 참맛기름 1 : 물엿 1 : 닭강정소스 1', ㉯ '간장불고기 양념 시 5키로 기준 500미리 불고기 소스 : 생수 500미리', ㉰ '불소스 : 움트리닭발소스 1.9키로 : 움트리제육소스 2.1키로 : 물엿 500미리 : 베트남고추가루 1스푼'이라는 기재만으로는 '영업비밀'이라고 단정할 수 없다.

(2) 즉, 위 ㉮, ㉯, ㉰의 내용은 원고가 독자적으로 제작·발명·창작한 소스를 이용한 것이 아니라 시중에 판매 중인 소스를 기준으로 그 배합비율을 정한 것에 불과하고, 특히 우리나라를 대표하는 음식인 '비빔밥'에 사용되는 비빔장·양념장을 만드는 비율은 다양한 형태와 내용으로 많이 알려져 있으며, 각자의 기호·선호도 등에 따라 그 제조법에 다소 차이가 있거나 일부 그 제조법을 수정·보완·개선한 것일 뿐 위와 같은 내용이 '공공연히 알려져 있지 않은 것'이라고 단정할 수도 없다.

(3) 또한, 'N소스 비법, 비율 유지는 반드시 지켜야 하며, 외부에 누설할 시 법적인 조치를 취할 것입니다.'라는 문구가 작은 글씨로 기재된 것만으로는 그것이 '합리적인 노력에 의하여 비밀로 유지되고 있는 내용'이라고 볼 수도 없다.

(5) 만일 원고가 주장하는 '조리법·비빔소스 제조법' 등이 영업비밀이라면, 이에 대한 사용 대가를 지불하는 것이 자연스러움에도, 위 300만 원은 상호사용 및 교육비로 보일 뿐 위 '조리법·비빔소스 제조법' 등의 사용 대가로 보이지는 않는다. 설령, 그 사용 대가까지 포함된 것이라고 하더라도, 구두계약의 내용 상 최초 1회만 300만 원을 지급하면 특별한 사정이 없는 한 계속 갱신을 하면서 사실상 무기한 그 '조리법·비빔소스 제조법' 등을 사용할 수 있게 되는 점에 비추어 보면, '조리법·비빔소스 제조법' 등은 그 경제적 가치 또한 극히 미미한 것으로 보이므로, '영업비밀'이라고 보기에는 매우 부자연스러운 정황이다.[44]

한국인이라면 집집마다 비빔밥에 넣는 비법 소스 하나쯤은 있죠? 그렇게 흔하디흔한 비빔장의 비밀이라는 게 결국 시판되는 소스의 배합비율을 정한 것에 불과하고 경제적 가치 또한 극히 미미한 데다, 합리적인 노력을 들여 비밀로 유지되지도 않는다면 영업비밀로 볼 수 없다는 것이 판단의 핵심적인 근거였습니다. 그럼 할머니의 떡볶이 비법 양념장은 어떨까요?

"아내가 임신해서요. 입덧이 심한데 할머니 떡볶이만 먹으면 속이 편해진대요. 저한테만 살짝 알려 주시면 안 돼요? 아내한테만 해줄게요."

맘씨 좋은 할머니가 이런저런 딱한 사정을 내세우는 손님에게 슬며시 배합비율을 알려주는 일이 여러 번 반복됐다면 할머니의 비법 양념장이 비밀로 관리되고 있다고 보기는 어려울 겁니다. 비빔소스 제조법을 영업비밀로 보지 않았던 판례의 기준을 엄격히 적용한다면 할머니의 비법 양념장도 「부정경쟁방지법」에서 말하는 영업비밀로 분류될 가능성은 낮을 거예요.

실제로 퇴사하는 직원이 몰래 가져간 정보가 영업비밀인지 아닌지를 따지는 재판에서 주로 문제가 되는 것도 세 번째 요건, 정보가 비밀로 관리되고 있는가입니다.

할머니 혼자 양념장을 만들어도 충분한 떡볶이 가게와 달리, 사업 규모가 커지고 직원이 많아질수록 경영 정보를 비밀로 관리하는 건 몇 배로 어려워지니까요. 게다가 구체적으로 어떤 절차를 갖추어야 비밀로 관리되는 것인지 단번에 와닿지도 않죠. 1992년 「부정경쟁방지법」이 처음으로 영업비밀을 정의할 때 요구했던 **비밀관리의 강도**는 지금보다 훨씬 엄격했습니다. 상당한 노력에 의하여 비밀로 유지될 것을 요건으로 삼았으니까요.

그러나 영업비밀 유출이 잦아지고 영업비밀을 보호할 필요성이 점차 커짐에 따라 '상당한 노력'에서 '합리적인 노력'으로 완화되었던 비밀관리의 정도는 2019년부터는 '비밀로 관리'되기만 하면 되는 것으로 그 문턱을 낮췄습니다.

아쉽게도 비밀관리 요건을 완화한 개정법이 시행된 이후, 변화된 비밀관리성 판단 기준을 명확하게 설명한 판결이 아직 충분히 쌓이지는 않았어요. 따라서 영업비밀을 안전하게 보호하기 위해서는 기존의 판결이 제시했던 기준도 알아 둘 필요가 있습니다.

법원은 회사가 직원에게 단순히 기밀유지각서를 제출받은 것만으로는 상당한 노력을 기울여 비밀로 관리한 게 아니라고 해요[45]. 이와 달리 회사가 고객정보를 법인계정으로 관리하고, 구글 스프레드시트에 직원들만 초대해 일반인의 접근을 차단했다면 고객정보를 비밀로 유지하기 위한 합리적인 노력을 다했다고 보기도 했어요[46].

회사 입장에서는 귀중한 정보를 영업비밀로 관리하고자 한다면 보수적으로 판단하고 꼼꼼히 대비하는 게 좋습니다. 최소한 다른 자료들과 구분해서 비밀인 점을 표시하고 비밀자료에 접근할 수 있는 직원을 선별한 뒤, 비밀번호 입력과 같은 보안절차를 마련해 둘 필요가 있습니다. 비밀유지서약서를 통해 임직원에게 구체적인 비밀유지의무까지 부과해 둔다면 더욱 안전하겠죠?

> **법률 한 토막**
>
> 「부정경쟁방지법」
> **제2조(정의)** 2. "영업비밀"이란 공공연히 알려져 있지 아니하고 독립된 경제적 가치를 가지는 것으로서, 비밀로 관리된 생산방법, 판매방법, 그 밖에 영업활동에 유용한 기술상 또는 경영상의 정보를 말한다.

감히 내 치킨을 건드려? 손해배상금 1천억 원

2018년, 대형 치킨 프랜차이즈 Z는 경쟁사인 Y가 영업비밀을 침해했다면서 훔쳐 간 영업비밀을 모두 폐기하라는 취지의 소송을 제기합니다. 'Z의 영업비밀을 사용하거나 제3자에게 공개해서는 안 된다. 보관 중인 문서와 이메일은 물론, 소스와 파우더도 폐기하라.' 소장에 적혀 있는 무시무시한 청구취지는 여기서 끝이 아니었습니다. '1천억 원의 손해배상금도 지급하라.' 그야말로 치킨대전이라고 불릴 만했죠.

Z는 오일·소스·파우더 물량 산출 방법 등이 포함되어 있는 **프랜차이즈 사업 매뉴얼**이 **영업비밀**이라고 주장했습니다. 그렇지만 법원은 이 매뉴얼에 담겨 있는 내용은 사업을 하는 사람이라면 당연히 알아야 하는 사항을 일반적으로 정리한 내용에 불과한 것으로 평가했어요. 오일·소스·파우더의 물량 산출법이 비교적 상세하게 기재되어 있기는 했지만 1일 150마

리 매출량을 기준으로 품목 구성비와 원재료를 산출한 자료에 불과했기 때문에 치킨 판매량이 다른 업장에 실제로 적용하기 어렵기도 했고요.

대중에게 어느 정도 알려진 내용이기도 해서 법원은 위 정보를 얻는 데 상당한 노력이 필요하다거나, 위 정보를 통해 이익을 낼 수 있으리라고 인정하기 어렵다는 점을 들며 이 정보가 영업비밀이 아니라고 판단했습니다. 경제적 가치가 없는 정보를 모은 양이 방대하다고 해서 정보 전체에 없었던 경제적 가치가 생기는 건 아니라는 거였죠[47]. Z는 **후라이드치킨과 양념치킨 조리법**도 영업비밀이라고 주장했어요.

하지만 다수의 Z의 가맹점이 블로그에 조리방법을 올려 홍보하고 있었고, 매뉴얼에 기재된 조리방법 자체는 다른 업체와 뚜렷한 차이가 있다고 보기 어렵다는 판단에서 법원은 이 주장에 대해서도 같은 결론을 냈습니다. 영업비밀의 2가지 요건 가운데 ① 공공연하게 알려져 있지 않을 것, ② 독립된 경제적 가치를 가질 것이라는 두 요건을 충족하지 못한다고 판단한 겁니다.

게다가 Z와 Y는 한때 같은 그룹이었습니다. 애초 별개의 서로 다른 브랜드였던 둘은, Y가 Z가 속해 있는 그룹에 인수되며 한솥밥을 먹게 됩니다. 그러다가 Y가 매각되어 다시 각자의 길을 걷게 된 거죠. 영업비밀의 세 번째 요건, 비밀관리와 관련해서 이러한 배경이 재판에서 쟁점이 됐습니다. 법원은 Y가 매각되기 전까지 임직원들이 두 회사를 오가고, 서버와 이메일을 함께 사용하면서 정보가 공유될 수밖에 없었던 여건에 주목합니다. 정보를 취득하는 게 자연스러운 상황이었다는 거죠. 그럼에도 불구하고 Z는 보안조치에 소극적이었습니다. '기밀'이라는 용어를 사용하기는 했지만 어떤 정보가 기밀에 해당하는지 구체적인 규정을 두지는 않았거든요.

결국, 법원은 영업비밀로 인정받기 위한 3가지 요건 중 어느 것도 갖추지 못한 Z의 정보는 영업비밀이 아니라고 판단했습니다. Y의 손해배상 책임이요? 인정되지 않았습니다. 단돈 10원도 물어줄 필요가 없었어요. 손해배상 청구금액 1천억 원이 무색해지는 판결이었습니다[48].

> **법률 한 토막**
>
> 「부정경쟁방지법」
> **제11조(영업비밀 침해에 대한 손해배상책임)** 고의 또는 과실에 의한 영업비밀 침해행위로 영업비밀 보유자의 영업상 이익을 침해하여 손해를 입힌 자는 그 손해를 배상할 책임을 진다.

나 믿고 이직하자, 잘 챙겨 줄게

영업비밀 침해를 인정받고 승소한 사례도 있습니다. 누가 뭐래도 우리나라 1세대 온라인 게임의 왕좌를 지켜온 X. 끝까지 살아남아 최후의 1인이 되는 것을 목표로 삼는 그들의 게임처럼 전 세계 시장에서 살아남은 W. 대한민국을 대표하는 두 게임회사 사이의 악연은 W가 아직 V라는 이름을 쓰던 시절로 거슬러 올라갑니다. 당시 X의 야심작 A의 개발팀은 총 113명이었는데, 총괄팀장 B를 포함한 10명의 직원이 집단으로 X에서 퇴사해 V에 입사합니다. 두 손 가득 X의 영업비밀을 든 채로 말이죠.

게임회사답게 X의 영업비밀 관리 방식은 탁월했습니다. 정기적인 정보보안교육은 기본이고, 게임개발자료의 보관과 이동은 폐쇄네트워크를 통해서만 가능했죠. 개인의 휴대용 저장장치나 메신저를 통한 자료 이동은 원천적으로 제한됐어요. 하지만 이런 물샐틈없는 보안을 뚫고 퇴사한 직원들은 다양한 자료를 유출했습니다. 유출 자료에는 캐릭터 기획 문서, 게임 에디터 및 실행 파일, 그래픽 파일에 더해 팀 운영 문서까지 포함됐습니다.

게임에 사용될 배경과 캐릭터의 최종 결과물부터 직원 정보와 연도별 연봉, 성과급 및 직급 조정에 관한 인사 자료까지 모두요. 이 자료들이 영업비밀에 해당한다는 데는 3심까지 모든 법원의 판단이 일치했습니다. 이에 따라 V는 X의 영업비밀을 사용할 수도, 공개할 수도 없었고 B를 비롯해 퇴사한 직원들은 이 영업비밀을 모두 폐기해야 했어요.

이 재판에서 특히 흥미로운 사실은 X가 **B의 집단 전직 권유와 이에 가담한 직원들로 인해 회사가 입은 손해를 배상할 것을 청구**했다는 점입니다. 팀원들에게 퇴사 사실을 밝히면서 총괄팀장 B는 준비한 자료를 발표합니다. 자료에는 B와 함께 퇴직하는 게임개발자의 연봉이 얼마나 상승할지, 성과보상과 인센티브 지급은 어떻게 할 것인지, 게임이 출시되고 매출이 생기면 개발자에게 이익의 일정 비율을 반드시 배분하겠다는 청사진이 담겨 있었습니다.

X는 이 자료야말로 직원들을 집단 전직시키기 위해 B가 치밀하게 준비해 왔다는 사실을 보여주는 증거라고 목소리를 높였어요. 영업비밀 침해를 인정했던 법원은 그러나, 이번에는 X의 주장을 받아들이지 않았습니다. 팀원들에게 발표한 자료가 팀원들의 퇴직을 권유하는 내용이기는 하지만 거기에 허위의 정보가 담겼다고 볼 증거가 없는 데다가, 그 내용도 어디까지나 전직을 결심할 경우 더 좋은 처우를 하겠다는 내용에 불과해서 **일반적으로 허용되는 전직 권유의 한계를 벗어나지 않았다**고 설명하면서요[49].

홍시백 대리의 제안도 표현만 놓고 보면 크게 문제가 될 건 없어 보입니다. '내가 잘 이야기해 주겠다', '몸값이 비싼 지금 이직하는 게 현명하다'와 같이 누구나 할 수 있는 흔하고 쉬운 말에 회사가 손해를 입지는 않을 겁니다. 그렇게 가벼운 말만 믿고 민호가 회사를 옮기는 일도 없을 거고요.

법률 한 토막

「부정경쟁방지법」

제10조(영업비밀 침해행위에 대한 금지청구권 등)

① 영업비밀의 보유자는 <u>영업비밀 침해행위를 하거나 하려는 자</u>에 대하여 그 행위에 의하여 영업상의 이익이 침해되거나 침해될 우려가 있는 경우에는 법원에 <u>그 행위의 금지 또는 예방</u>을 청구할 수 있다.

Episode 14

내가 너 못 자를 줄 알아?
PIP와 저성과자 해고

3줄 요약

- 사용자가 일방적으로 근로관계를 종료하는 해고에는 정당한 이유가 필요하다.
- 저성과자 본인의 의사에 따라 재교육 기회를 7번이나 제공했음에도 나아지지 않은 사례에서 법원은 해고의 정당성을 인정했다.
- 성과 향상을 핑계로 봉사활동을 강요한 회사는 직원에게 손해를 배상할 책임이 있다.

비 오는 아침. 양말이 젖은 채로 사무실에 들어서는데 분위기가 심상찮습니다. 신작 영화 개봉일에 맞추어 보도된 주연 배우의 이혼 뉴스처럼, 다들 알면서도 쉬쉬하는 느낌이랄까요? 분명히 뭔가 있는 거 같은데 이제 막 출근한 저로서는 알 길이 없습니다.

누구 하나 시원하게 말 꺼내는 사람이 없는 아니, 말을 꺼내지 못하는 상황. 젖은 양말처럼 찝찝한 마음을 뒤로 하고 컴퓨터를 켜지만 화면이 눈에 들어올 리 없습니다. 누구한테 물어봐야 하나 주위를 둘러보는데 현우가 조용히 다가와 휴대전화를 건넵니다.

"보세요."

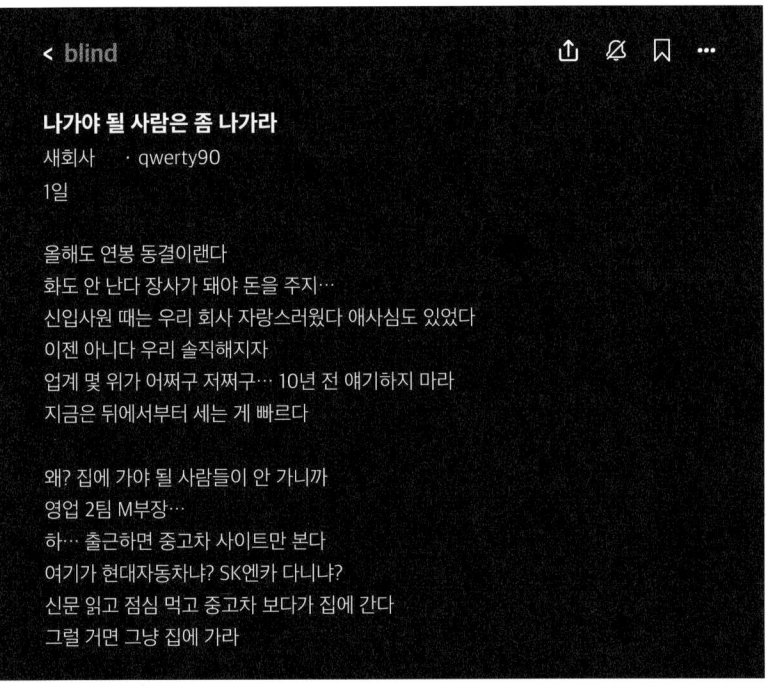

회의 때 쟁점 파악도 못하고 있다가
한마디는 해야 될 것 같은지 꾸역꾸역 꼬투리 잡는데…
다시 한번 말한다 그냥 집에 가라
잘 나가던 시절 추억팔이 그만해라
들어주는 사람도 없다

인사팀도 정신 차리고 일 똑바로 해라
잘한 사람 챙겨주고 잘못한 사람 갈구는 게 인사 아니냐?
진짜 회사 가기 싫다

♡ 30　　💬 댓글 6　　↑ 공유하기

옥토패스트래블러
다른 팀도 다 아는구나…
1일　　👍 좋아요 2

인생의회전목마
너는 떳떳해?ㅋ
1일　　👍 좋아요 1

illıllıllı
임원들만 몰래 성과급 받았다며? 직원들은 연봉 동결이라…
11시간　　👍 좋아요 8

붕어빵너무비싸
워워- 저격은 좀 그래.
10시간　　👍 좋아요 0

asdf9988
공감. 할배들 놀기만 하는 거 꼴보기 싫다
10시간　　👍 좋아요 10

조용한저녁
인사팀 보고 있나? 여기서는 일 잘하는 놈이 호구임
9시간　　👍 좋아요 4

영업2팀 문희만 부장. 영업본부 사람들 사이에서는 모르는 사람이 없을 정도로 악명이 높긴 했어요. 이진국 과장님 말로는 본부 내 유일한 특별 관리 대상자라니까 말 다 했죠 뭐. 메신저 대화를 훔쳐봤을 때부터 이상한 사람이란 건 알았지만 그래도 이 정도일 줄은 몰랐습니다.

우리 회사 블라인드에서 공개 저격이라니, 대체 얼마나 밉보였던 걸까요? 솔직히 저도 같이 일하고 싶은 마음은 없지만 막상 문 부장님이 저성과자 관리 프로그램을 받고 있다고 생각하니까 마음이 안 좋네요. 회사가 문 부장님을 너무 궁지에 몰아넣지는 않았으면 좋겠는데…

해고가 어려운 나라

미국 드라마에서 악독한 사장을 묘사하는 가장 쉬운 방법은 사장이 이 한마디를 외치게 만드는 겁니다. "You're fired!(당신 해고야!)" 약속이라도 한 듯 드라마의 다음 장면은 엘리베이터 안을 비춥니다. 개인용품을 마구잡이로 급하게 쑤셔 넣어 뚜껑이 제대로 닫히지도 않는 박스 하나만 덜렁 받아 들고, 쫓기듯 엘리베이터에 올라탄 전前 직원의 초라한 모습. 해고와 동시에 경비원에게 출입증을 뺏긴 이 직원은 엘리베이터가 1층에 도착하면 뒤돌아볼 새도 없이 회사를 떠나야 합니다.

우리나라에선 상상하기 어려운 풍경이죠. 해고가 어려운 나라. 외국 투자자들이 대한민국 기업을 평가할 때 항상 고려하는 두 가지 리스크가 있습니다. 하나는 분단국가라는 사실이고, 다른 하나는 낮은 노동유연성입니다.

실제로 우리나라는 **해고를 제한**하는 **다양한 규정**을 두고 있습니다. 상시 5명 이상의 근로자를 사용하는 모든 사업 또는 사업장에 적용되는 「근로기준법」. 이 법은 정당한 이유 없는 해고를 제한합니다. 경영상 이유에 따른 해고의 경우에도 긴박한 경영상의 필요가 있고 사용자가 해고를 피하기 위한 노력을 다했는지, 합리적이고 공정한 해고 기준을 마련했는지 등을 세세하게 주문하고 있습니다. 또 「노동조합법」과 「남녀고용평등법」은 특정한 사유에 따른 해고를 명시적으로 금지하고 있기도 하고요.

재계의 거듭된 요청에도 불구하고 이와 같은 해고 제한 조항이 남아있는 까닭은, 근로자의 의사와 관계없이 사용자가 일방적으로 근로관계를 종료하는 해고가 근로자 개인은 물론 우리 사회에 미치는 영향이 크기 때문일 겁니다.

정부 출연 연구기관 Z에서 A는 자그마치 30여 년을 연구원으로 일해왔습니다. 뛰어난 실적에 힘입어 '정년 연장 연구원'에 선발된 A는 기존 61세의 정년을 65세로 연장하는 계약을 Z와 맺습니다. 그런데 공교롭게도 정년 연장 이후 A가 2년 연속 최하위 고과를 받자 Z는 A를 해고하죠. 2회 연속 인사평가 최하위등급(D)을 받은 경우 정년연장 연구원 자격을 해임할 수 있다는 연구원 운영요령에 따른 적법한 해고라는 것이 Z가 제시한 해고의 근거였어요.

그러나 중앙노동위원회가 2년 연속 최하위등급을 받았던 A에 대한 인사평가가 공정성과 객관성을 갖추지 못한 점을 지적하며 A의 부당해고

구제신청을 받아주자, Z는 중앙노동위원회의 판정을 취소해 달라는 소송을 법원에 제기합니다.

결과요? 법원은 중앙노동위원회와 A의 손을 들어줬습니다. 근무성적이나 근무능력을 근거로 직원을 해고하려면 일반적으로 기대되는 최소한에도 미치지 못하고 향후에도 개선될 가능성을 인정하기 어렵다는 등 **사회통념상 고용관계를 계속할 수 없을 정도**인 경우에 한해 **해고의 정당성이 인정**될 수 있다는 점을 강조하면서요.

법원은 A가 받은 D등급은 상대평가로 인해 평가대상자 중 5%가 언제나 받게 되는 것이어서, D등급을 받았다는 사실만으로 근무성적이나 근무능력이 불량하다고 단정할 수 없고 A가 수행한 업무의 정도가 얼마나 낮은지 알 수 있는 구체적인 자료를 회사가 따로 제출하지 못했다는 점도 지적했습니다.[50]

법률 한 토막

「근로기준법」

제23조(해고 등의 제한) ① 사용자는 근로자에게 정당한 이유 없이 해고, 휴직, 정직, 전직, 감봉, 그 밖의 징벌을 하지 못한다.

제24조(경영상 이유에 의한 해고의 제한) ① 사용자가 경영상 이유에 의하여 근로자를 해고하려면 긴박한 경영상의 필요가 있어야 한다. 이 경우 경영 악화를 방지하기 위한 사업의 양도·인수·합병은 긴박한 경영상의 필요가 있는 것으로 본다.
② 제1항의 경우에 사용자는 해고를 피하기 위한 노력을 다하여야 하며, 합리적이고 공

> 정한 해고의 기준을 정하고 이에 따라 그 대상자를 선정하여야 한다. 이 경우 남녀의 성을 이유로 차별하여서는 아니 된다.

정당한 해고도 있다

물론 회사의 저성과자 해고가 정당했다고 인정한 판결도 있습니다. 연구기관 Z 건과는 무엇이 달랐을까요?

2018년, Y자동차에서 해고된 B과장의 업무는 원가절감이었습니다. 12년 차 과장이자 입사 25년 차인 B과장은 업무에 숙달될 법도 했지만 고과는 대개 좋지 못했습니다. 근무능력이 부진한 기간이 11년에 달했는데 이때 B과장은 S, A, B, C, D 등급 중 C 또는 D 등급만을 받았습니다.

당시 Y자동차는 누적 인사평가결과가 하위 2% 미만인 직원들을 대상으로 성과향상프로그램Performance Improvement Program, PIP을 진행했는데 B과장은 7번의 재교육에도 불구하고, 해고 전 3년간의 평가결과가 11,229명 중 11,222위로 최하위 그룹에 속했습니다.

B과장에 대한 해고가 정당한지를 다툰 재판에서 법원은 판결문에 이렇게 적었습니다. '회사는 전환배치 면담을 했으나 B과장이 기존 부서에서 **계속 근무하겠다는 의사를 존중해 직무재교육 기회를 7회나 제공**하였음에도 업무능력이나 업무성과가 개선되지 않자 이 사건 해고에 이른 것으로, B과장은 **사회통념상 고용관계를 계속할 수 없을 정도**인 경우에 해당하여 이 사건 해고의 정당성이 인정된다[51].'

선박을 만드는 회사 X는 다음의 표와 같이 취업규칙에서 정해둔 해고사유에 따라 C와 D를 해고했습니다.

X사 「취업규칙」

제16조의 1(해고사유) 종업원이 다음 각호의 1에 해당한 때에는 해고할 수 있다.
6. 근무성적 또는 능력이 현저하게 불량하여 직무를 수행할 수 없다고 인정되었을 때

직원 C와 D는 회사를 상대로 해고가 무효임을 확인하는 소송을 제기하며 7년 넘게 다퉜지만 법원의 판단은 확고했죠, 정당한 해고라는 것. 구체적인 사정을 들여다볼까요?

2010년부터 2016년 상반기까지 X사 전체 사무연구직 과장 이상 직원 3,859명을 대상으로 한 인사평가 결과에서 C는 3,857위, D는 3,859위였습니다. 직무경고를 받은 이력도 있습니다. C는 3회, D는 4회.

오랫동안 눈에 띄게 실적이 부족했던 C와 D는 10개월 간의 교육을 마치고 새로운 직무를 맡은 뒤에도 달라진 모습을 보여주지 못했습니다. C는 직무재배치 이후에도 공동업무에 대한 관심이 부족하고 업무능력을 습득하려는 의지가 부족했으며 D는 업무향상계획서의 제출 자체를 여러 번 거부했습니다. 법원은 이들의 직무역량은 **회사가 부여하는 직무를 수행하기에 실질적으로 부족**하고, **업무능력 향상의지가 있다고 보기도 어렵다**며 해고가 정당하다고 판단했습니다.[52]

직원의 업무 성과, 그중에서도 사무직의 성과 평가는 수치화하기 참 어렵습니다. 회사와 직원 간의 입장 차이가 클 수밖에 없죠. 업무의 내용도, 구체적인 사정도 서로 다르기 때문에 이런 경우는 무조건 정당해고! 저런 경우는 무조건 부당해고! 딱 잘라 단정할 수도 없습니다. 다만, 부진한 성과를 근거로 직원을 해고하면서 ① 근무성적에 대한 공정하고 객관적인 평가 없이, ② 직무교육이나 전환배치 같은 개선의 기회도 제공하지 않았다면 회사는 그 해고의 정당성을 증명하기 어려울 겁니다.

만약, 내가 부당한 해고를 당했다면? 어려워 보이는 재판 말고도 노동위원회에 구제 신청을 해서 해고의 부당함을 다툴 수 있다는 사실도 꼭 기억해 두시기 바랍니다.

> **법률 한 토막**
>
> 「근로기준법」
> **제28조(부당해고등의 구제신청)** ① 사용자가 근로자에게 부당해고등을 하면 근로자는 노동위원회에 구제를 신청할 수 있다.
> ② 제1항에 따른 구제신청은 부당해고등이 있었던 날부터 3개월 이내에 하여야 한다.

성과향상 프로그램 1단계: 봉사활동?

성과향상 프로그램은 줄여서 PIP라고 부릅니다. PIP는 회사마다 성과향상 프로그램이나 역량향상 프로그램, 저성과자 특별관리 등 다양한 이름으로 불리지만 취지는 같습니다.

저성과자를 대상으로 직무교육이나 전환배치와 같은 개선의 기회를 제공한 뒤, 결과에 따라 근로관계를 종료할 수 있는 인사관리제도입니다.

반도체를 만들어 판매하는 W사도 경영성과를 높이기 위해 2013년에 PIP를 도입했습니다. 최근 3년간 2회 이상 BE 이하 등급을 받은 직원들 가운데 '성장한계인력'을 선정하고, 10주간의 역량향상 프로그램을 마친 후 현업으로 복귀시킵니다. 그해 인사평가에서 해당 직원이 GD 이상의 등급을 받으면 성장한계인력에서 제외되는 방식이었죠.

W사에 재직 중인 원고들은 피고 W사를 상대로 한 소송에서 **PIP가 사실상 저성과자를 퇴출하기 위한 제도라고 주장**했습니다. PIP는 ① 성장한계인력을 고립시켜 자존감과 근로의욕을 떨어뜨리는 방식으로 운영되고, ② 교육 이후 현업 복귀 전까지 3주 동안 대기발령 상태로 원고들을 업무에서 배제했으며, ③ 경영성과급 일부를 지급하지 않는 방식으로 급여를 동결 내지 삭감했다는 것이 주된 근거였습니다.

W사의 인사평가 제도에 따른 종합평가 등급 구분

구분	EX (Extraordinary)	VG (Very Good)	GD (Good)	BE (Below Expectation)	UN (Unnecessary)
비율		90%			10% (BE로만 배분도 가능)

하지만 법원은 원고들의 주장을 하나도 받아들이지 않았어요. ①과

관련해서 법원은 **평가 절차**와 **실제 평가 결과**에 비추어 회사가 원고들을 선별해 퇴출할 목적으로 PIP를 운영했다고 보기는 어렵다고 판단했습니다. W사는 인사평가 결과의 구체적 내역을 해당 직원에게 공개하여 본인의 의견을 물었고, 평가 확정 후에도 이의제기가 있을 경우 조사위원회가 재검토 절차를 거치기도 했습니다.

평가 결과 또한 원고들의 주장을 뒷받침하기 어려웠는데, 원고들과 같은 기술사무직 직원 중 2015년과 2016년, 연속으로 BE 이하 등급을 받은 직원은 1%가 채 안 되는 88명에 불과했기 때문입니다. PIP에 참여한 인원 중 23% 정도는 이후 인사평가 결과에 따라 성장한계인력에서 제외되기도 했고요.

②에서 주장한 현업 복귀 전 **3주간의 대기발령**도 정당한 인사권의 범위 내라고 봤습니다. 그 기간에 원고들은 원고들이 복귀하여 수행할 업무를 각자의 역량에 맞추어 선정하고 직속 상급자와 협의해 성과향상계획서를 작성했고, 현업 복귀 후에는 계획한 일정에 따라 업무를 수행했죠. 법원은 현업 배제 기간이 3주로 비교적 길지 않은 점까지 고려하면 해당 기간은 **원활한 업무 처리를 위한 준비기간**으로 보인다고 설명했습니다.

그리고 ③에서 언급된 **성과상여금**은 원칙적으로 **사용자의 재량**에 따라 지급여부와 기준, 지급액을 정할 수 있습니다. 직원들의 동기 부여를 위해 추가로 지급하는 것이니만큼 회사가 모든 직원들에게 일률적으로 같은 금액을 지급해야 할 의무를 지는 것도 아니고요.

W는 경영성과급의 일종인 PI Productive Incentive를 원칙적으로 성장한계

인력에게는 지급하지 않되, 연말 종합인사평가에 따라 성장한계인력에서 벗어나는 경우 소급하여 지급하는 것으로 정해 두었습니다. 법원은 W의 경영성과급 지급 기준을 적법하다고 평가했어요. '그러한 재량권 행사가 합리적인 범위를 넘어 일탈 남용된 것으로는 보이지 않고, 직원들을 퇴출할 목적으로 급여를 동결 내지 삭감했다고 볼 수 없다[53]'고요.

법원은 객관적인 평가를 기초로 합리적으로 설계되어 공정하게 운영되는 PIP는「근로기준법」등에 위배되지 않는다고 말합니다. 반대로 생각하면, PIP를 잘못 설계해서 부당하게 운영했다면 근로자의 권익을 보호하는 법률을 위반할 수 있다는 뜻이겠지요.

실제로 PIP를 통해 직원에게 손해를 입히고 위자료까지 배상했던 사례가 있습니다. 2011년 PIP를 도입한 V은행에서 근무하던 E는 성과향상 프로그램 대상자로 선정됩니다. 그리고 후선역으로 배치되는데, 후선역이란 창구 앞줄이 아닌 뒷선에 배치된다는 뜻으로 은행권에서 흔히 쓰이는 말입니다.

문제는 후선역 근로자에 대한 평가기준이었습니다. 사회봉사활동 50점, 연수 또는 자격증 취득 30점, 수익실적 평가 20점으로 구성된 3개월 단위의 평가에서 후선역이 현업으로 복귀하기 위해서는 80점 이상을 받아야 했고, 50점에 미치지 못할 경우 직위가 낮아질 수도 있었습니다. E가 후선역으로 근무하는 동안 총 259회, 무려 883시간에 걸친 봉사활동을 했던 데는 이와 같은 사정이 숨겨져 있었습니다.

V은행의 후선역 세부 평가기준

4. 평가지표 및 평가점수				
구분	사회봉사활동	연수 또는 자격증 취득	수익실적 평가	계
배점	50점	30점	20점	100점
5. 평가방법(사회봉사활동)				
구분	감봉 3월 이상	감봉 6월	정직 이상	비고
부여시간 (1일 8시간 기준)	120시간 (15.0일)	200시간 (25.0일)	250시간 (31.3일)	
득점산출 방법				
득점	봉사시간/부여시간 x 50			

법원은 우선 **평가기준의 위법성**을 꼬집습니다. 사회봉사활동 점수가 총점 외의 부가적인 요소가 아니라 총점의 일부를 구성하고, 그 비중 또한 대단히 높기 때문에 근로자 입장에서는 평가기준에서 정한 사회봉사활동을 이행할 수밖에 없다는 지적이었죠. 더불어 **사회봉사활동을 사실상 강제**한 것은 **근로계약에서 예정한 은행원으로서의 직무범위를 벗어난 것**으로, V은행은 인사에 관한 재량권을 일탈·남용하여 위법한 평가기준을 마련하여 운영했다고 봤습니다.

은행은 노조와의 합의를 통해 후선역 근로자들에게 현업 복귀에 용이한 평가기준을 마련하기 위한 방안으로 사회봉사활동 항목을 평가기준에 포함시켰다고 주장했지만, 법원은 그렇다고 하더라도 평가기준의 반사회적 측면이 정당화되는 것은 아니라고 강조하며 은행에게 E가 입은 정신적 손해를 배상하여야 할 의무가 있음을 명확히 합니다.[54]

하루가 다르게 변하는 트렌드, 나날이 비대해지고 복잡해져만 가는 조직, 도무지 종잡을 수 없는 고객들의 마음까지. 치열한 경쟁에서 살아남기 위해 PIP가 필요하다는 사실을 부정하는 직장인은 없을 겁니다. 해야만 한다면? 잘해야겠죠. 상과 벌을 어떻게 설계할지, 직원들을 객관적으로 평가하는 방안은 무엇인지, 어떻게 해야 잡음 없이 운영할 수 있는지 기업은 쉬지 않고 고민해야 합니다.

꼼꼼하게 설계된 PIP는 회사의 경쟁력은 물론 직원들의 만족도도 높일 겁니다. 반대로 PIP를 벌주는 것처럼 운영하면 결국 「근로기준법」 등 관련 법령을 위반하고 회사도, 직원도 상처만 입게 될 거예요. 목표에 심취한 나머지 회사가 재량권을 남용하거나, PIP를 직장 내 괴롭힘이나 퇴직 강요의 도구로 쓰는 일은 없어야 합니다.

Episode 15

정 대리는 오늘도 커피를 마신다

육아휴직과 불리한 처우

3줄 요약

- 육아휴직 기간에 알바를 했다가 육아휴직 급여를 못 받을 수도 있다.
- 육아휴직을 마친 팀장을 팀원으로 복직시킨 인사명령이 부당하다고 단정할 수는 없다.
- 육아휴직 급여의 기준이 되는 통상임금은 소정근로의 대가로 정기적, 일률적으로 지급된다.

오랜만에 휴게실에서 입사 동기 정 대리를 만났습니다. 승진에 결혼에 출산까지, 뭐든지 저보다 빨랐던 영업2팀 정태석 대리. 태석이도 저도 외근이 잦은 영업팀이다 보니 억지로 약속을 잡지 않으면 좀처럼 회사에서 얼굴 보기가 쉽지 않더라고요. 익숙한 뒤통수가 반가워서 인사를 하려는 데 정 대리의 뒷모습이 오늘따라 유난히 피곤해 보입니다. 커피를 벌컥벌컥 물처럼 들이켜는 정 대리.

"어제 못 잤어? 왜 이렇게 피곤해 보여?"

"아, 민호였구나. 애가 새벽에 깨더니 다시 잠을 안 자더라고. 죽겠다 야."

"죽겠다가 아니라 너 그러다 진짜 죽어. 임원에 사장까지 혼자 다 하려고 그러냐. 육아휴직도 좀 쓰고 그래."

"좋지. 좋은데… 육아휴직 급여도 적고. 혹시 복직할 때 뜬금없이 다른 팀으로 발령 날까 봐 겁나서 그래. 우리 회사에서 육아휴직 쓴 남자 아직 없잖아."

아이는커녕, 결혼도 못한 주제에 동기랍시고 쓸데없는 말을 꺼낸 것 같습니다. 차라리 비타민이나 하나 건넬걸. 괜한 말을 던져서 정 대리를 더 지치게만 했네요. 어깨 한번 주물러 주고 자리로 돌아왔는데도 안쓰러운 마음은 좀처럼 가시질 않습니다. 밤을 새운 다음 날도 카페인을 때려 부어가며 버틸 수 있어야 비로소 아버지가 되는 걸까요? 아이를 돌보느라 긴긴밤을 보내고도 아무 일 없었다는 듯 사무실 책상을 지키는 엄마, 아빠들. 누가 좀 도와줘야 하지 않을까요?

육아휴직 기간에 알바를 해도 되나요?

육아휴직은 임신 중인 여성 근로자나, 8세 또는 초등학교 2학년 이하 자녀를 둔 근로자라면 자녀 양육을 위해 최대 1년 6개월까지 휴직할 수 있는 제도입니다. 근로자가 받던 통상임금을 기준으로 적으나마 육아휴직 급여도 지급하니까 신청하지 않을 이유가 없는 좋은 제도죠. 아이와 보내는 시간은 돈으로 바꿀 수 없으니까요. 하지만 육아휴직 급여의 상한액이 기대만큼 높지는 않습니다. 2024년까지만 해도 월 최대 150만 원으로 천장이 너무 낮았죠.

다행히 2025년부터 상한이 조금 늘었습니다. 첫 3개월까지는 통상임금 100%(월 상한 250만 원), 4~6개월은 통상임금 100%(월 상한 200만 원), 이후부터는 통상임금 80%(월 상한 160만 원)로 개편됐는데 여전히 아쉬움은 남습니다. 당연히 없는 것보단 낫지만 요즘 같은 고물가 시대엔 아무래도 모자란 감이 있죠. 육아휴직 중에도 짬을 내서 할 수 있는 알바를 찾거나, 본격적으로 사업자등록까지 알아보는 분들이 많은 데는 다 이유가 있는 법입니다. 빠듯한 살림에 조금이라도 도움이 되어야 하니까요.

하지만 가욋돈을 벌기 위해 육아휴직 기간 중 알바를 하거나 사업자를 내고 사업을 했다가 도리어 육아휴직 급여가 끊길 수도 있습니다. 「고용보험법」은 육아휴직 기간에 취업했다면 그 취업 기간에 대해서는 육아휴직 급여를 지급하지 않는다고 못박아 두고 있거든요. 그럼 어디서부터가 **취업**인 걸까요? 이때의 취업이란 ① 사용자와 근로자가 합의한 근로시간이 **주 15시간 이상**이거나, ② 임금이나 사업소득이 육아휴직 급여 상한

액인 **월 150만 원 이상**인 경우 중 어느 하나에 해당하는 것을 말합니다. 요즘 최저시급을 생각하면 하루, 이틀 잠깐 일하고 마는 단기알바가 아닌 이상 이 조건을 피해 가기는 어렵겠죠? 그렇게 조금 일하는 것 가지고는 가계에 대단한 도움이 되지도 못할 거고요.

더욱 안타까운 사실은, 2025년부터 육아휴직 급여의 상한이 최대 월 250만 원으로 늘었음에도 불구하고 육아휴직 급여의 지급을 제한하는 기준은 여전히 월 150만 원 그대로라는 점입니다. '육아휴직 중 소득제한 기준 완화는 육아시간 확보와 육아휴직 기간 중 감소된 소득에 대한 정부의 경제적 지원이라는 정책 취지와 충돌'할 우려가 있다는 고용노동부의 입장[55]도 이해는 갑니다. 하지만 바로 그 사랑하는 아이를 위해, 어쩔 수 없이 일터로 향하는 엄마와 아빠도 분명히 있을 겁니다. 엄마 아빠가 가족에 더 충실할 수 있도록 돕겠다는 제도의 목적에 맞게 다시 한번 깊이 고민해 주셔도 좋겠습니다.

> **법률 한 토막**
>
> 「고용보험법」
> **제73조(육아휴직 급여의 지급 제한 등)**
> ② 피보험자가 육아휴직 기간 중에 제70조제3항에 따른 취업을 한 경우에는 그 취업한 기간에 대해서는 육아휴직 급여를 지급하지 아니한다.
>
> 「고용보험법 시행령」
> **제95조(육아휴직 급여)** ① 법 제70조제1항에 따른 육아휴직 급여는 다음 각 호의 구분

에 따른 금액을 월별 지급액으로 한다.

1. 육아휴직 시작일부터 3개월까지: 육아휴직 시작일을 기준으로 한 월 통상임금에 해당하는 금액. 다만, 해당 금액이 250만 원을 넘는 경우에는 250만 원으로 하고, 해당 금액이 70만 원보다 적은 경우에는 70만 원으로 한다.
2. 육아휴직 4개월째부터 6개월째까지: 육아휴직 시작일을 기준으로 한 월 통상임금에 해당하는 금액. 다만, 해당 금액이 200만 원을 넘는 경우에는 200만 원으로 하고, 해당 금액이 70만 원보다 적은 경우에는 70만 원으로 한다.
3. 육아휴직 7개월째부터 종료일까지: 육아휴직 시작일을 기준으로 한 월 통상임금의 100분의 80에 해당하는 금액. 다만, 해당 금액이 160만 원을 넘는 경우에는 160만 원으로 하고, 해당 금액이 70만 원보다 적은 경우에는 70만 원으로 한다.

「고용보험법 시행규칙」

제116조(육아휴직등 급여의 신청)

③ 법 제70조제3항에서 "고용노동부령으로 정하는 기준에 해당하는 취업을 한 사실이 있는 경우"란 다음 각 호 중 어느 하나에 해당하는 경우를 말한다.

1. 1주 동안의 소정근로시간이 15시간 이상인 경우
2. 자영업을 통한 소득 또는 근로를 제공하여 그 대가로 받은 금품이 월 150만 원 이상인 경우

팀장 → 육아휴직 → 팀원?

'사업주는 육아 휴직을 이유로 해고나 그 밖의 불리한 처우를 하여서는 안 된다, 육아 휴직을 마친 후에는 휴직 전과 같은 업무 또는 같은 수준의 임금을 지급하는 직무에 복귀시켜야 한다.' 이와 같이 「남녀고용평등법」은 육아휴직을 사용한 근로자에 대한 일체의 불리한 처우를 엄격히 금

지하면서 특히, 근로자가 복직할 때 받을 수 있는 불리한 처우의 내용을 상세히 정해 두었습니다.

만약, 팀장으로 일하고 있던 여러분이 육아휴직을 쓰고 왔더니 팀원이 되어 있다면 어떨까요? 법원은 광고팀장으로 일하다가 육아휴직을 마치고 돌아온 A를 팀원으로 배치한 인사발령이 「남녀고용평등법」을 위반한 것은 아니라고 판단했습니다[56]. 당장 내 일이라고 생각하면 엄청나게 서운했을 것 같은데… 판결의 이유는 뭐였을까요?

법원은 우선 전보나 전직과 같은 기업 내 인사이동은 사용자의 권한인 인사권에 속한다는 사실을 명확히 밝힙니다. 업무상 필요한 범위 내라면 사용자는 인사권을 행사하는 데 있어 상당한 재량을 가지므로 인사발령이 「근로기준법」 등을 위반하거나 권리남용에 해당하는 것과 같은 특별한 사정이 없는 한 그 인사이동을 무효로 볼 수 없다고도 설명하죠.

육아휴직을 끝내고 복직할 때도 같습니다. 기업 내 인사이동이 부당한지를 따질 때 고려하는 일반적인 기준, 즉 ① **업무상 필요성**이 있는지, ② 인사이동으로 인해 근로자가 겪을 업무상·생활상 불이익이 **감수할 수 있는 수준**인지, ③ 근로자와의 면담 등 **협의절차**를 거쳤는지를 살펴서 인사발령의 부당함을 따져야지, 단순히 팀장이 팀원이 됐다고 해서 부당한 인사발령이라고 단정할 수는 없는 거죠.

이 사건에서 법원은 회사의 인사이동이 위 요건을 충족했는지를 종합적으로 따져 보았는데 A가 인사발령 후에도 종전과 같은 급여를 받고, 같은 건물에서 광고팀 관련 업무를 한 점, 또 팀장 해임 전은 물론 복직 후에도 A와 광고팀장 교체에 관한 면담을 거친 점 등을 근거로 업무상 필요성이 인정된다고 이 사건의 인사발령이 부당하지 않다고 봤습니다[57].

법률 한 토막

「남녀고용평등법」

제19조(육아휴직)

② 육아휴직의 기간은 <u>1년 이내</u>로 한다. 다만, 다음 각 호의 어느 하나에 해당하는 근로자의 경우 <u>6개월</u> 이내에서 <u>추가</u>로 육아휴직을 사용할 수 있다.

1. 같은 자녀를 대상으로 부모가 모두 육아휴직을 각각 3개월 이상 사용한 경우의 부 또는 모
2. 「한부모가족지원법」 제4조제1호의 부 또는 모
3. 고용노동부령으로 정하는 장애아동의 부 또는 모

③ 사업주는 <u>육아휴직을 이유로 해고나 그 밖의 불리한 처우</u>를 하여서는 아니 되며, 육아휴직 기간에는 그 근로자를 해고하지 못한다. 다만, 사업을 계속할 수 없는 경우에는 그러하지 아니하다.

④ 사업주는 육아휴직을 마친 후에는 <u>휴직 전과 같은 업무</u> 또는 <u>같은 수준의 임금을 지급하는 직무</u>에 복귀시켜야 한다. 또한 제2항의 육아휴직 기간은 근속기간에 포함한다.

통상임금? 그런 것까지 알아야 돼?

앞서 육아휴직급여는 통상임금을 기준으로 정한다는 걸 확인했죠? 어려운 말이라 슬쩍 지나오긴 했는데, 사실 아예 모르고 넘어가기엔 통상임금은 너무나 중요한 개념입니다. 육아휴직급여 말고도 연장·야간·휴일근로수당, 미사용 연차휴가수당 등을 정하는 기준이 모두 통상임금이거든요.

임금이 무엇인지 알면 통상임금을 이해하기도 쉽습니다. 사용자가 근로자에게 **근로의 대가로** 지급하는 **모든 금품**. 이게 바로 임금입니다. 임금, 봉급, 무슨 수당, 또 무슨 수당. 어떤 이름으로 불리든 근로의 대가로 지급하는 금품은 모두 임금이에요.

통상임금은 그중에서도 정기성과 일률성을 갖춘 것을 말합니다. 급여명세서에 떡하니 적혀 있다고 하더라도 이 두 가지 요건을 갖추지 못했다면 육아휴직급여를 계산하는 기준에 포함되지 않아요. 통상임금의 첫 번째 요건 ① **정기성**이란, 일정한 간격을 두고 계속적으로 지급된다는 뜻입니다. 일정한 간격이기만 하면 돼서 꼭 매월 지급되어야 할 필요는 없어요. 1년에 한 번이든, 반년에 한 번이든 모두 괜찮습니다.

② **일률성**이란, 기본적으로 '모든 근로자'에게 지급되는 걸 말하는데, '일정한 조건이나 기준에 달한 모든 근로자'에게 지급되는 경우도 포함됩니다. 노무사나 세무사같이 업무와 관련된 자격증 소지자에게 지급하는 자격수당이 대표적이죠. 법원에 따르면 '일정한 조건 또는 기준'이란 작업 내용이나 기술, 경력 등 근로의 가치평가와 관련된 거라니까, 노무사나 세무

사 자격증을 가진 사람에게만 지급되는 자격수당도 일률적으로 지급된다고 볼 수 있습니다.

예전에는 통상임금으로 인정받으려면 정기성과 일률성 외에도 추가로 고정성이라는 요건을 갖추어야 했어요. 근로자가 임의의 날에 소정근로를 제공하면 추가적인 조건의 충족 여부와 관계없이 당연히 지급될 것이 예정되어 임금의 지급 여부나 지급액이 사전에 확정되어 있어야 한다는, 조금 복잡한 개념이었죠.

만약 특정 시점에 재직 중인 근로자에게만 지급하는 수당이 있다면 그건 통상임금일까요? 종전 판례에 따라 고정성 요건을 적용하면 지급 시점에 재직 중이어야 한다는 조건을 충족해야만 받을 수 있기 때문에 통상임금에 해당하지 않습니다[58].

2024년 12월. 대법원은 전원합의체 판결을 통해 **고정성 요건을 폐기**합니다. 법령 어디에도 근거가 없는 고정성 요건 때문에 통상임금의 범위가 부당하게 축소되고 있다는 지적과 함께요. 통상임금은 연장근로 등에 대하여 법이 정한 합당한 보상을 하도록 한 법정수당 산정의 도구입니다. 그런데 사용자가 우월적 지위에서 임금에 조건을 다는 것만으로 통상임금성이 쉽게 부정된다면, 근로자가 법에 따른 정당한 보상을 받기 어렵겠죠?

'근로자가 소정근로를 온전하게 제공하면 그 대가로서 정기적, 일률적으로 지급하도록 정해진 임금은 그에 부가된 조건의 존부나 성취 가능성과 관계없이 통상임금에 해당한다[59].' 대법관 전원의 의견이 일치되어 새롭게 정립한 통상임금의 개념은 법령의 취지에 부합하고, 전보다 명확해 보입니다. 이번 기회에 내 급여명세서의 어디가 통상임금이고 어디가 통상임금이 아닌지 알아 두어도 좋겠습니다.

법률 한 토막

「근로기준법」

제2조(정의) ① 이 법에서 사용하는 용어의 뜻은 다음과 같다.

5. "임금"이란 사용자가 근로의 대가로 근로자에게 임금, 봉급, 그 밖에 어떠한 명칭으로든지 지급하는 모든 금품을 말한다.

「근로기준법 시행령」

제6조(통상임금) ① 법과 이 영에서 "통상임금"이란 근로자에게 정기적이고 일률적으로 소정근로 또는 총 근로에 대하여 지급하기로 정한 시간급 금액, 일급 금액, 주급 금액, 월급 금액 또는 도급 금액을 말한다.

Episode 16

왜 7층 화장실만 깨끗할까?
노동조합, 딱 기본만 알기

📝 **3줄 요약**

- 자주성을 갖추지 못한 노동조합은 노동조합이 아니다.
- 원칙적으로 근로자라면 누구나 노동조합에 가입할 수 있지만 「노동조합법」과 노동조합 규약에 따라 제한되기도 한다.
- 폭력이나 파괴행위가 수반된 위법한 쟁의행위는 어떠한 경우에도 정당화될 수 없다.

남자 화장실 변기가 또 막혔습니다. 고친 지 얼마나 됐다고…. 비데가 설치되고 화장실에 들어가 앉아 있는 시간이 늘면서 불의의 사고도 잦아졌습니다. 고작 2칸밖에 안 되는 변기 칸이 막혔다? 운명이 걸린 선택의 시간입니다. 기다릴 것인가, 다른 층으로 뛸 것인가. 칸막이 너머로 아무런 소리도 들리지 않는 게 아무래도 수상해서 오늘은 기다리는 대신 다른 층을 택합니다. 화장실이 급할수록 신경을 다른 곳에 쏟아야 하는 법. 참사를 막기 위해 계단 수를 세며 뜁니다. 4층에서 5층까지 11개가 두 번, 5층부터 6층까지 22계단을 또 한 번.

아무리 큰 회식 다음 날이라도 이쯤 되면 빈자리가 보여야 하는데 하필 오늘처럼 급한 날에 유독 자리가 안 납니다. 좀처럼 올 일 없는 7층까지 뛰어 올라와서야 변기에 앉습니다. 한 층의 반만 빌려 쓰는 대신 보건실과 노동조합 사무실만 있는 7층. 눈치 볼 필요도 없는 텅 빈 화장실에서 일을 마치고 나서려는데 문득 스스로가 처량하게 느껴집니다. 화장실 한번 가겠다고 계단 몇십 개를 뛰어올라와야 하는 신세라니… 커져 버린 불만은 순식간에 7층 사람들한테까지 번집니다.

'노동조합 사람들은 딱히 하는 일도 없는 거 같은데. 왜 자기들만 깨끗한 화장실을 쓰는 거야?'

저 멀리 복도 끝으로 노동조합 사무실이 보입니다. 굳게 닫혀 있는 문 위에 붙어 있는 4글자, 노동조합. 얄미운 마음에 저도 모르게 자꾸만 눈이 갑니다. 어? 갑자기 문이 열리고 영업2팀 정 대리가 나옵니다. 육아휴직 상담을 한 걸까요? 뭐가 그렇게 고마운지 사무실 안쪽을 향해 연거푸 인사를 하네요. 저도 여기까지 올라온 김에 뭐라도 좀 물어봐야겠습니다.

"영업1팀 도민호 대린데요. 여기 대체 뭐 하는 데예요?"

노동조합, 여기 뭐 하는 데예요?

7층 화장실이 깨끗한 이유요? 간단합니다. 7층에, 그러니까 노동조합 사무실에 찾아오는 직원들이 많지 않기 때문이죠. 노조라는 이름이 주는 부담감 탓이 클 겁니다. 사무실 문을 열면 왠지 빨간 머리띠를 두른 사람이 목이 쉬도록 이상한 노래를 따라 부르라고 시킬 것만 같거든요.

아는 척 인사라도 나눴다간 이런저런 곤란한 부탁을 받을 것만 같고, 괜히 근처를 얼쩡거리다가 회사에 찍히기라도 하면 어쩌나 걱정도 돼요. 하지만 직장인이라면 노동조합이 어떻게 구성되고 왜 존재하는지 정도는 알아두는 게 좋습니다. 투사가 될 생각이 전혀 없더라도요.

"우리 근로자들이 스스로 단결해서 조직한 단체예요, 근로3권을 보장하려고."

노동조합 사무실에서 민호가 들은 답입니다. 조합원 사무실에 다른 사람이 있었다고 하더라도 답변은 크게 다르지 않았을 거예요. '근로 3권'과 '자주성'. 노동조합을 설명하는 핵심이자 기본인 이 두 가지 키워드는 누가 설명하더라도 꼭 포함됐을테니까요. 「헌법」은 근로조건의 향상을 위하여 근로자가 가지는 단결권, 단체교섭권, 단체행동권, 이른바 근로 3권을 제33조에 규정하고 있습니다. 헌법재판소는 근로 3권을 보장하기 위해서는 단순히 국가나 사용자로부터 근로자가 부당한 침해를 받지 않는 것에 그쳐서는 안 되고, 근로자가 사용자의 간섭 없이 노동조합을 자주적으로 조직하여 노사간의 세력균형이 이루어질 수 있도록 입법자가 필요한 법적 제도와 법규범을 마련할 의무가 있음을 확인합니다[60].

'방해만 안 하면 되지 뭐' 하고 국가가 단순히 내버려두는 데서 그칠 게 아니라 근로자가 근로 3권을 충실히 누릴 수 있도록 제도적인 도움을 줘야 한다는 뜻입니다. 이러한 배경에서 근로 3권을 실질적으로 보장하기 위해 제정된 「노동조합법」은 노동조합을 다음과 같이 정의합니다. 근로자가 주체가 되어 **자주적**으로 단결하여 근로조건의 유지·개선 기타 근로자의 경제적·사회적 지위의 향상을 도모함을 목적으로 조직한 단체.

근로자들이 스스로 힘을 모아 결성했다는 점을 강조한 조합원의 답변과 다르지 않죠? 근로자들이 단결권을 행사해 조직된 노동조합은 태생적으로 사용자로부터 독립된 존재일 수밖에 없는 겁니다.

노동조합의 가장 큰 특징, 자주성. **법원은 자주성을 갖추지 못한 노동조합은 노동조합이 아니라고 말합니다.** 비노조 경영 방침을 고수해 온 A그룹. A그룹은 그룹 내 B사에서 자발적인 노조 설립 움직임이 있자, 이를 방해하기 위해 사용자의 전적인 계획과 주도하에 어용노조를 설립합니다. 노조 위원장은 물론, 노조원의 수까지 사용자가 개입해서 관리하는 상황이었죠.

법원은 어용노조가 7년에 달하는 기간 동안 사용자와 대립하는 노조 활동을 펼친 적이 없다는 사실을 지적하며 판결문에 이렇게 적었습니다.

실질적 교섭 없이 사용자 측의 의도대로 임금협약과 단체협약을 체결해 온 어용노조는 자주성과 독립성을 갖추지 못했고, 따라서 근로 3권을 향유할 수 있는 주체인 노동조합의 지위도 갖지 못한다[61].

법률 한 토막

「헌법」

제33조 ① 근로자는 근로조건의 향상을 위하여 자주적인 단결권·단체교섭권 및 단체행동권을 가진다.

누구나 노동조합에 가입할 수 있나요?

그럼 누구든지 노동조합에 가입할 수 있을까요? **계약직 근로자**도요? 「노동조합법」은 근로자라면 누구나 자유롭게 노동조합에 가입할 수 있고, 노동조합을 조직할 수 있다고 하며 노동조합 참가에 별다른 제한을 두지 않습니다. 계약직도 근로자인 이상 노동조합 활동에 대한 법적인 제약은 없는 거죠.

하지만 각각의 노동조합이 스스로 정한 규약에서 계약직 근로자의 조합 가입을 배제하는 경우가 더러 있습니다. 내부 합의를 통해 조합원 가입 자격과 요건을 자율적으로 정했다면 계약직의 노조 가입을 제한하는 규약이 그 자체로 위법하지는 않아요.

그럼 흔히 사측으로 분류되는 **인사팀장**은 어떨까요? 「노동조합법」은 ① 그 사업의 근로자에 관한 사항에 대하여 사업주를 위하여 행동하는 자와 ② 항상 사용자의 이익을 대표하여 행동하는 자의 노동조합 참가를 금지합니다. 노동조합의 자주성을 확보하기 위해서죠. ① **사업주를 위하여 행동하는 자**를 법원은 근로자의 인사, 급여 등 근로조건을 결정하거나 업무상 명령 등을 하는 데 있어 사업주로부터 일정한 권한과 책임을 부여받은 자로 보고, ② **이익대표자**는 직무상 의무와 책임이 인사, 급여, 징계 등 근로관계 결정과 관련되어 조합원으로서의 의무와 책임에 직접적으로 저촉되는 위치에 있는 자라고 설명합니다.[62]

직책의 이름만 놓고 볼 것은 아니지만, 통상적으로 인사팀장이 담당하는 업무의 내용에 비추어 보면 인사팀장이 일반 근로자들로 구성된 노동조합에 가입하기는 어려울 겁니다.

법률 한 토막

「노동조합법」

제2조(정의) 이 법에서 사용하는 용어의 정의는 다음과 같다.

1. "근로자"라 함은 직업의 종류를 불문하고 임금·급료 기타 이에 준하는 수입에 의하여 생활하는 자를 말한다.

2. "사용자"라 함은 사업주, 사업의 경영담당자 또는 그 사업의 근로자에 관한 사항에 대하여 사업주를 위하여 행동하는 자를 말한다.

4. "노동조합"이라 함은 근로자가 주체가 되어 자주적으로 단결하여 근로조건의 유지·개선 기타 근로자의 경제적·사회적 지위의 향상을 도모함을 목적으로 조직하는 단체 또는 그 연합단체를 말한다. 다만, 다음 각목의 1에 해당하는 경우에는 노동조합

> 으로 보지 아니한다.
>
> 가. 사용자 또는 항상 그의 이익을 대표하여 행동하는 자의 참가를 허용하는 경우
>
> **제5조(노동조합의 조직·가입·활동)** ① 근로자는 자유로이 노동조합을 조직하거나 이에 가입할 수 있다. 다만, 공무원과 교원에 대하여는 따로 법률로 정한다.

아무리 귀한 목적이라도

천륜. 하늘이 정해 준 인연이라는 부모 자식 사이에서도, 또 아무리 사이좋은 부부 사이에서도 갈등이 없을 수는 없습니다. 하물며 임금, 근로시간, 복지 등 다양한 근로조건을 두고 다퉈야 하는 근로자와 사용자 사이라면 어떻겠어요. 애초에 노동조합은 갈등과 분쟁을 전제로 한 집단입니다. 「노동조합법」 제2조, 정의 조항만 봐도 알 수 있어요. 당장 여기에서부터 근로조건의 결정에 관한 주장의 불일치로 인하여 발생한 분쟁상태를 뜻하는 **노동쟁의**와 노동관계 당사자가 그 주장을 관철하거나 이에 대항하기 위해 업무의 정상적인 운영을 저해하는 **쟁의행위**를 설명하고 있습니다.

바로 이러한 점 때문에 「노동조합법」은 파업·태업·직장폐쇄와 같은 쟁의행위로 사용자의 업무를 방해했다고 할 지라도 「노동조합법」의 목적을 달성하기 위해 정당한 방법과 절차를 따른 경우에는 근로자를 처벌하지 않아요.[63] 나아가 정당한 쟁의행위 과정에서 불가피하게 발생한 손해라면 사용자가 근로자에게 그 배상을 청구할 수도 없죠. 문제는 정당하지 않은, 위법한 쟁의행위가 심심찮게 발생한다는 점입니다. 어떠한 경우에

도 폭력이나 파괴행위를 저질러서는 안 된다는 점을 망각한 겁니다.

완성차 제조업체 C사. C사가 노동조합원들을 상대로 손해배상을 청구했던 사건의 배경에도 **위법한 쟁의행위**가 있습니다. C사가 사내하청업체에 소속된 D 등의 근로자들로 구성된 노동조합과의 단체교섭을 거부하자, D 등이 C사 공장 일부를 점거하며 생산라인 가동을 전면 중단시킨 사안이었죠. 생산라인이 중단된 시간은 1라인이 290.12시간, 2라인은 278.27시간이었습니다. '아무리 바르고 마땅한 목적이라도 폭력이 수반된 반사회적인 수단까지 정당화할 수는 없다.'며 각급 법원의 판단이 모두 일치했어요. 법원은 D 등이 공장을 점거하고 그 가동을 중단시킨 것은 C사의 자유로운 의사결정을 방해하거나 법질서의 기본원칙에 반하는 폭력을 행사한 것으로 사회통념상 용인될 정도를 넘어선 반사회적 행위에 해당한다고 봤습니다[64].

이 사건에서 법원은 위법한 쟁의행위에 가담한 정도에 따라 조합원 개인의 책임을 각각 따로 따져봐야 한다고 지적합니다. 노동조합에 의해 결정되고 진행되는 쟁의행위의 특수성을 고려한 겁니다. 일반 조합원 입장에서 생각해볼까요? 다수결에 의해 일단 방침이 정해진 이상, 설령 쟁의행위의 정당성에 의심이 간다고 하더라도 조합의 지시를 따르지 않는 건 쉬운 일이 아니겠죠? 부장부터 대리까지 다 짜장만 시키고 있는데 사원이 따로 손을 들어 잡채밥을 주문한다는 게… 말이 쉽지, 사실은 참 힘든 일입니다.

게다가 급박한 쟁의행위 상황에서 조합원 개인에게 쟁의행위의 정당성 여부를 일일이 판단할 것을 요구하는 건 자칫 「헌법」이 보장한 근로자의 단결권과 단체행동권을 약화시킬 우려도 있고요. 노동조합에서 어떤 지위와 역할을 맡았고, 손해에 기여한 정도는 어땠는지를 살펴 조합원의 책임을 제한하자는 이 판결은 쟁의행위의 특수한 현실을 반영했다는 점에서 의미가 있습니다.

법률 한 토막

「노동조합법」

제2조(정의) 이 법에서 사용하는 용어의 정의는 다음과 같다.

5. "노동쟁의"라 함은 노동조합과 사용자 또는 사용자단체간에 임금·근로시간·복지·해고 기타 대우 등 근로조건의 결정에 관한 주장의 불일치로 인하여 발생한 분쟁상태를 말한다. 이 경우 주장의 불일치라 함은 당사자간에 합의를 위한 노력을 계속하여도 더이상 자주적 교섭에 의한 합의의 여지가 없는 경우를 말한다.

6. "쟁의행위"라 함은 파업·태업·직장폐쇄 기타 노동관계 당사자가 그 주장을 관철할 목적으로 행하는 행위와 이에 대항하는 행위로서 업무의 정상적인 운영을 저해하는 행위를 말한다.

제3조(손해배상 청구의 제한) 사용자는 이 법에 의한 단체교섭 또는 쟁의행위로 인하여 손해를 입은 경우에 노동조합 또는 근로자에 대하여 그 배상을 청구할 수 없다.

제4조(정당행위) 형법 제20조의 규정은 노동조합이 단체교섭·쟁의행위 기타의 행위로서 제1조의 목적을 달성하기 위하여 한 정당한 행위에 대하여 적용된다. 다만, 어떠한 경우에도 폭력이나 파괴행위는 정당한 행위로 해석되어서는 아니된다.

3장

평온한 일상을 지키는 법

Episode 17

그렇게 급하면 어제 출발하지 그랬어

보복운전과 모욕죄

3줄 요약

- 보복운전은 누군가를 콕 집어 보복한다는 점에서 난폭운전과 다르다.
- 보복운전은 특수상해·특수손괴 등 중범죄로 이어지기 쉽다.
- 모욕죄는 개인의 기분이 아닌 사람의 명예를 보호하기 위해 처벌한다.

    상쾌한 금요일 아침! 오늘은 특별히 더 기분이 좋습니다. 오후 반차를 쓰고 강릉으로 놀러 가는 날이거든요. 강릉에 갈 때면 한 번씩은 꼭 먹는 얼큰

얼큰한 짬뽕 순두부를 저녁으로 먹으려고 차를 끌고 출근하는 길입니다. 차가 막히기 전에 서울을 나서려면 집에 들르지 말고 회사에서 바로 출발해야 하거든요. 오랜만의 출근길 운전. 끼어드는 차들이 많지만 바쁜 일이 있겠거니 기분 좋게 양보해 줍니다. 오후 반차를 쓴 사람은 부처님만큼 너그러운 법이죠.

2차로의 좁은 길에 들어섰습니다. 1차로는 직진과 좌회전이고 2차로는 직진과 우회전이 가능한 곳입니다. 빨간불을 보고 2차로 첫 줄에 멈추어 서는데 기다렸다는 듯이 뒤차가 경적을 울립니다. 혹시 구급찬가 싶어 룸미러를 들여다봤는데 그렇지도 않네요. 멈출 줄 모르고 계속되는 경적과 상향등 파티, 아주 그냥 난리가 났습니다. 독일 사람들이 그렇게 질서를 잘 지킨다는데, 바다 건너온 독일차는 그렇지도 않은가 봅니다.

제 입장에서는 가만히 있는 게 맞습니다. 1차로로 가자니 이미 차가 빽빽하고, 정지선을 넘어 횡단보도를 침범하면서까지 뒤 차량의 우회전을 도와야 할 의무는 없거든요. 사고라도 나면 어쩌려고요.

'미친놈은 피하는 게 상책이지.'

애써 꾹 참고 경적과 상향등을 모른 척합니다.

신호가 바뀌고 차분히 직진하는데, 호들갑을 떨던 하얀색 외제차가 우회전하지 않고 저를 따라옵니다. 어느새 바로 옆에서 나란히 달리고 있는 흰색 BMW. 옆으로 눈길도 주지 않자 제 앞으로 끼어들며 시비를 겁니다. 잔뜩 화가 난 뒷모습에 불길한 예감이 들어 속도를 늦춥니다. 아니나 다를까 BMW의 기습적인 급정거! 급브레이크를 밟고 비상등을 켰습니다. 천만다행으로 앞차와 부딪히기 직전에 제 차도 멈췄습니다.

이제는 짬뽕 순두부가 문제가 아닙니다. 출근길 서울 도로라는 아수라장에서 일단 살아남는 게 먼접니다. 하얀색 차와 어울리지 않는 요란한 문신을 뽐내며 다가오는 사내. 어찌나 목소리가 큰지 창문을 내리지 않았는데도 욕설이 들립니다.

"이 개만도 못한 새끼야. 니 애비가 운전 그렇게 하라고 시키디? 너 몇 살이야?"

화가 치밀어 오르지만 절대로 문을 열고 내려서는 안 됩니다. 심호흡을 하고 창문만 살짝 내린 채 대답합니다.

"그 따위로 운전한 건 그쪽인데요, 나이 먹은 게 자랑입니까?"

괜스레 팔을 걷어 문신을 드러내며 위협하던 아저씨가 외려 저보다 먼저 경찰을 부릅니다. 경찰이 도착하니 상대방은 더욱 뻔뻔하게 나옵니다. 제가 먼저 난폭운전을 했다느니, 모욕죄로 저를 잡아가라느니. 일부러 제 앞에서 급정거한 문신 아저씨야말로 보복운전한 거 아닌가요? 저도 잘한 건 아니지만, 모욕죄를 저지른 건 제가 아니라 신호 좀 지켰다고 부모님 욕을 한 아저씨 아닌가요?

보복운전? 난폭운전이랑 뭐가 다를까?

우선 민호가 난폭운전을 했다는 문신 아저씨의 주장은 완전히 틀렸습니다. 잘못한 사람이 할 말이 없어서 그냥 하는 말이니까 귀 기울여 들을 가치도 없어요. 그럼 난폭운전이 무엇인지 어디서 알 수 있느냐? 몇 번은 들어 보셨을 거예요, 「도로교통법」. 도로에서 일어나는 교통상의 위험 방지와 원활한 교통 확보를 목적으로 만들어진 법입니다. 도로에서 발생하는 사건·사고가 워낙 많은데다 갖가지 블랙박스 영상이 사람들의 관심을 끌다 보니, 어느새 우리에게 굉장히 친숙한 법이 되었죠.

「도로교통법」은 **난폭운전**을 다음과 같이 설명해요. 자동차 운전자가 신호위반, 중앙선침범, 정당한 사유 없는 소음 발생, 급제동 금지 위반과 같은 **위험한 행위를 연이어 반복해서 위협을 가하거나 위험을 발생시키는 운전**이라고요.

쉽게 말해, 운전자가 도로에서 함부로 신호와 속도를 위반하거나, 그래야 할 이유가 없는데도 괜히 심통이 나서 경적을 시끄럽게 눌러대고, 방향지시등도 켜지 않고 마구 끼어들기를 반복해서 다른 운전자들이 위협을 느꼈다면 그 모두가 난폭운전에 해당합니다. 그저 빨간불을 보고 신호에 맞게 멈춰 섰을 뿐인데 난폭운전 운운하는 소리를 들었으니 민호는 억울할 만도 합니다. 상식적으로도 그렇고, 법대로도 그렇죠.

하지만 민호와 달리 문신 아저씨가 한 위험한 운전은 이야기가 완전히 다릅니다. 문신 아저씨가 신경질적으로 눌렀던 경적의 의미를 풀어서 쓰면 이렇습니다. "나 우회전할 거거든? 당장 비켜. 정지선을 넘든 말든.

횡단보도를 침범하든 말든. 그건 내 알 바 아니고." 어때요, 말도 안 되죠? 억지도 이런 억지가 없습니다. 이렇게 떼를 쓰고 경적을 울리다 못해, 끝끝내 민호를 쫓아와 적반하장으로 시비를 걸며 급정거한 문신 아저씨야말로 난폭운전을 한 겁니다.

　반복적인 경적과 상향등, 신호위반, 앞지르기 방법 위반, 마지막으로 금지된 급제동까지. 문신 아저씨의 운전은 그야말로 난폭운전의 교과서라고 해도 손색없습니다. 그런데 문신 아저씨의 운전은 난폭운전인 동시에 보복운전이기도 합니다. 모든 난폭운전이 보복운전이 되는 건 아닌데, 둘의 가장 큰 차이는 ① **특정한 누군가를** ② **보복하려는 의사**가 있느냐 없느냐입니다.

　난폭한 운전이 도로 위 일반 운전자들에게 무차별적인 위협이 되는 것과 달리, 보복운전은 말 그대로 보복할 목적으로 자동차를 이용해 특정한 누군가를 위협하는 겁니다. 아직 「도로교통법」이나 「형법」에서 보복운전이 정확히 무엇이라고 정해두지는 않았지만, 도로교통공단에서 보도자료를 통해 알기 쉽게 보복운전을 설명했습니다. **도로 위에서 작은 시비로 인해 자동차를 고의적으로 난폭하게 움직여 상대방이 위협감이나 공포심을 느끼게 하는 행위**라고요.

법률 한 토막

「도로교통법」

제46조의3(난폭운전 금지) 자동차등의 운전자는 다음 각 호 중 둘 이상의 행위를 연달아 하거나, 하나의 행위를 지속 또는 반복하여 다른 사람에게 위협 또는 위해를 가하거나 교통상의 위험을 발생하게 하여서는 아니 된다.

1. 제5조에 따른 신호 또는 지시 위반
2. 제13조제3항에 따른 중앙선 침범
3. 제17조제3항에 따른 속도의 위반
4. 제18조제1항에 따른 횡단·유턴·후진 금지 위반
5. 제19조에 따른 안전거리 미확보, 진로변경 금지 위반, 급제동 금지 위반
6. 제21조제1항·제3항 및 제4항에 따른 앞지르기 방법 또는 앞지르기의 방해금지 위반
7. 제49조제1항제8호에 따른 정당한 사유 없는 소음 발생
8. 제60조제2항에 따른 고속도로에서의 앞지르기 방법 위반
9. 제62조에 따른 고속도로등에서의 횡단·유턴·후진 금지 위반

제93조(운전면허의 취소·정지) ① 시·도경찰청장은 운전면허를 받은 사람이 다음 각 호의 어느 하나에 해당하면 행정안전부령으로 정하는 기준에 따라 운전면허를 취소하거나 1년 이내의 범위에서 운전면허의 효력을 정지시킬 수 있다.
5의2. 제46조의3을 위반하여 난폭운전을 한 경우
10의2. 운전면허를 받은 사람이 자동차등을 이용하여 「형법」 제258조의2(특수상해)·제261조(특수폭행)·제284조(특수협박) 또는 제369조(특수손괴)를 위반하는 행위를 한 경우

자동차: 도로에서 가장 '위험한 물건'

난폭운전과 보복운전 모두 형사처벌의 대상이지만 보복운전에 대한

처벌이 훨씬 강합니다. **난폭운전**을 한 사람에 대한 처벌은 「**도로교통법**」에 따라 1년 이하의 징역이나 500만 원 이하의 벌금에 그치지만, 보복에 초점을 둔 **보복운전**은 「**형법**」에 따라 처벌되고 그 수위도 훨씬 높습니다.

왜냐고요? 따지고 보면 당연합니다. 운전 중인 사람이 다른 운전자의 행동에 불쾌감을 느끼고 앙갚음하려고 한다? 필연적으로 도로에서 가장 위험한 물건인 **자동차**를 이용해서 범죄를 저지를 것이기 때문입니다.

우리 「**형법**」은 가해자의 의도와 행위의 내용, 발생한 결과를 고려해 처벌의 정도를 정하는데, 방망이·쇠망치·유리병·자동차 등 사용방법에 따라 사람을 죽이는 데 쓰일 수 있는 물건은 **위험한 물건**으로 판단해서 가중 처벌합니다.

단순 상해보다는 방망이로 사람을 다치게 한 특수상해가, 단순한 협박보다는 쇠망치를 들고 윽박지른 특수협박이 더 무거운 죄로 평가받는 거죠.

실제로 분을 이기지 못한 운전자가 자동차를 이용해 아찔한 범죄를 일으킨 사건에서 법원은 위와 같은 지적을 합니다. 자기보다 새파랗게 어린 운전자가 빌딩 지하주차장에서 자신을 추월했다는 사실이 괘씸하다며 보복운전을 했던 사례였어요.

SUV 차량을 운전하던 가해자는 주차장은 물론 바깥 도로로 나가서까지 자신을 추월한 경차를 쫓습니다. 여러 차례 경적을 울리며 피해자를 따라가던 SUV 운전자는 편도 1차로의 도로에서 중앙선을 넘어 피해자의 승용차를 추월한 뒤 급정거했고, 이를 피하지 못한 피해자가 SUV 차량의 뒷부분을 부딪치게 만들어 사고를 일으켰습니다.

법원은 가해자가 SUV 차량을 이용해 피해자에게 상해를 입히고, 피해자의 차량을 손상한 사실이 자칫 **더 큰 피해를 발생시킬 수 있는 위험한 행동**이라고 강조하며 특수상해죄와 특수손괴죄를 인정했습니다[65].

> **법률 한 토막**
>
> 「형법」
> **제258조의2(특수상해)** ① 단체 또는 다중의 위력을 보이거나 <u>위험한 물건</u>을 휴대하여 제257조제1항 또는 제2항의 죄(상해, 존속상해)를 범한 때에는 1년 이상 10년 이하의 징역에 처한다.
>
> **제369조(특수손괴)** ① 단체 또는 다중의 위력을 보이거나 <u>위험한 물건</u>을 휴대하여 제366조의 죄(재물손괴등)를 범한 때에는 5년 이하의 징역 또는 1천만 원 이하의 벌금에 처한다.

기분상해죄? 그런 거 없어

일상에서 무시당하거나 수치스러운 일을 겪었을 때, 우리는 흔히 '모욕을 당했다'거나 '모욕적인 일을 겪었다'고 말합니다. 민호가 출근길에 겪은 사건의 발단이 전적으로 문신 아저씨 탓인 것과는 별개로, "나이 먹은 게 자랑이냐"는 민호의 말을 듣고 문신 아저씨가 모욕감을 느꼈다고 하더라도 그 자체로 문제가 되는 건 아닙니다.

당연히 기분 나쁠 수 있죠. 하지만 이 말 때문에 민호가 모욕죄로 처벌받는 일은 없을 겁니다.

비슷한 사건이 있었어요. 아파트 입주자대표회의의 감사로 일하던 피고인. 피고인은 외부 감사 문제로 언쟁을 벌이던 중, 자기보다 12살이나 많은 관리소장에게 "야, 이따위로 일할래. 나이 처먹은 게 무슨 자랑이냐"고 말했습니다. 1심 유죄, 2심도 유죄. 하지만 대법원의 판단은 달랐습니다. 그러한 발언이 상대방을 불쾌하게 할 수 있는 **무례하고 저속한 표현이기는 하지만** 객관적으로 관리소장의 인격적 가치에 대한 **사회적 평가를 저하시킬 만한 모욕적 언사에 해당한다고 보기는 어렵다**고 판단했어요[66].

왜냐하면 모욕죄가 보호하려는 법익은 개인의 기분이 아니라, 사람의 명예이기 때문입니다. 다시 말해, 그 말을 듣고 내 기분이 상했다고 하더라도 무례한 정도로는 죄가 되지 않고, 피해자의 사회적 평가와 명예를 저하시킬 만한 표현이라야 국가가 처벌할 만큼의 죄가 된다는 뜻입니다.

실제 사례를 보면 이해가 더 쉬운데요, 국민첫사랑으로 유명세를 얻고, 청순한 이미지의 대명사가 된 여배우를 **국민호텔녀**로 지칭한 경우 사회적 평가를 저하시킬 수 있기 때문에 모욕죄가 성립했습니다[67].

그러나 택시기사와 요금 문제로 다투던 피고인이 현장에 늦게 출동한 경찰관에게 "아이 씨발!"이라고 말한 것은 구체적으로 상대방을 지칭하지 않은 채 단순히 자신의 불만이나 분노한 감정을 표출하기 위하여 흔히 쓰는 말로서 무례하고 저속한 표현이기는 하지만, 직접적으로 경찰관의 사회적 평가를 저해시킨 것은 아니므로 모욕죄가 될 수 없다고 봤습니다[68].

창문을 올리고 음악을 크게 틀자

도로에서 모욕죄가 되는지 아닌지 다툼이 되는 또 하나의 쟁점은 바로 **공연성**公然性 입니다. 국립국어원 표준국어대사전에서 '공연하다'를 찾아보면 '세상에서 다 알만큼 뚜렷하고 떳떳하다'라고 나오는데, 이 뜻과 크게 다르지 않게, 법원은 공연성을 **불특정 또는 다수인이 인식할 수 있는 상태**라고 설명합니다.

아까 모욕죄가 보호하려는 것이 개인의 기분이 아니라 사람의 명예였던 거 기억하시죠? 그렇기 때문에 모욕죄로 인정될 만큼 사회적 평가를 저해할 우려가 있으려면 불특정 다수가 인식하거나, 최소한 그들에게 전파될 가능성이 있어야 한다는 사실로 자연스럽게 연결되는 겁니다.

그래서일까요? 보복운전 후 실컷 욕설을 내뱉은 가해자들은 공연성이 충족되지 않았다는 점을 빌미로 처벌을 피해 가려는 시도를 많이 합니다. 도로에 본인과 피해자 단둘밖에 없었기 때문에 아무도 들은 사람이 없어서 죄가 안 된다는 변명이죠.

차선 변경을 시도하던 중 가해자와 피해자 차량의 사이드미러끼리 부딪히면서 시비가 붙었던 사건에서도 그랬습니다. 차에서 내린 뒤 피해자의 차량에 다가가 "이 양반아, 차례차례 들어가야지, 임마, 정신 나가,

개새끼가, 뭐"라고 외친 가해자. 그러나 가해자는 발언 당시 자신만 차량 밖으로 나와 있고, 피해자를 비롯해 피해자 차량 근처에 서 있는 사람이 아무도 없었기 때문에 공연성을 충족하지 못해 모욕죄가 될 수 없다고 주장했어요.

하지만 법원은 ① 사건 현장은 차량의 통행이 많고 다수인이 왕래하는 공개된 장소인 점, ② 도로 한복판에 세워 둔 가해자의 차량 때문에 통행에 지장이 생긴 차량들이 속도를 낮추어 가해자와 피해자 바로 옆을 지나가기도 하였으며, 이때 창문을 열고 운행한 차량들도 다수 있었던 점, ③ 촬영된 영상에 의하면 이 사건 발언 당시 버스정류장에 있던 2명의 사람이 가해자를 바라보고 있었던 점을 근거로 모욕죄를 인정했습니다[69].

다른 사건에서도 법원은 모욕죄가 성립되기 위한 요건 중 하나인 공연성을 불특정 또는 다수인이 인식할 수 있는 상태이기만 하면 일관하여 인정하고 있습니다.

모욕죄는 피해자의 명예가 침해될 위험성만으로도 충분히 성립되기 때문에 표현 당시에 제3자가 이를 인식할 수 있는 상태에 있으면 되지 반드시 제3자가 인식할 필요는 없고, 피해자가 그 장소에 있을 필요나 이를 인식할 필요도 없다는 거죠[70]. 민호가 후배 현우와 단둘이 있을 때 이진국 과장 모르게 이진국 과장을 모욕한 경우에도 모욕죄가 성립할 수 있는 거예요.

대한민국 도로에 이상한 운전자가 어디 한둘이겠습니까? 도로에서 돌발상황을 겪으며 쫓기듯 운전하다 보면 나도 모르게 욕이 나오기도 해요. 하지만 욕을 할 때 하더라도 남에게 들려줄 필요는 없습니다.

정 욕을 하고 싶거든 창문을 올리고 음악을 크게 트세요. 그리고 나지막이 외치세요. 나만 들리게. 대신 속 시원하게!

법률 한 토막

「형법」

제311조(모욕) 공연히 사람을 모욕한 자는 1년 이하의 징역이나 금고 또는 200만 원 이하의 벌금에 처한다.

Episode 18

여기 내 자리라고, 넘어오지 말라고!
정당방위와 죗값

✏️ **3줄 요약**

- 캐슬 독트린. 내 집에 침입한 범죄자는 즉각적으로 응징할 수 있다는 법리다.
- 정당방위는 현재의 부당한 침해로부터 자기 또는 타인의 법익을 방위하는 행위다.
- 정당방위가 인정되려면 방위행위가 사회관념상 허용될 수 있는 상당한 수준이어야 한다.

"뭐 하러 사람 많은 데 가서 고생하냐? 집에서 편하게 보는 게 낫지."

일리 있는 말입니다. 축구를 좋아하는 친구들도 막상 축구를 보러 경기장에 가자고 하면 오가는 시간이 아깝다고 거절하는 경우가 많아요. 하지만 축구장에 가야만 느낄 수 있는, 직관의 맛이 있습니다. 푸르른 잔디, 가슴을 울리는 북소리, 관중석까지 전해지는 선수들의 투지. 라이벌 팀과의 경기가 있는 날은 더 그렇습니다. 경기장으로 가는 지하철에서부터 전쟁은 시작돼요. 상대 팀 유니폼을 입은 사람들이 많은 칸은 왠지 피하게 되고, 우리 팀 유니폼을 입은 사람들은 괜히 반갑죠.

설레는 마음으로 홈팀 응원석에 자리를 잡습니다. 중요한 경기에 맞게 챙겨온 게 많아요. 참치김밥과 치킨, 홈런볼과 맥주. 경기장에 오면 다 좋은데 자리가 비좁은 게 참 아쉽습니다. 제가 많이 먹는 탓도 있지만 앞뒤로도, 또 양옆으로도 짐을 둘 공간이 부족한 건 다들 공감할 거예요.

"지금 뭐 하는 겁니까?"
갑자기 뒤쪽에서 큰 소리가 들립니다.

"어차피 비었는데 우리도 짐 좀 둡시다."
"이거 제 돈 주고 산 제 자린데요."
"사람도 없잖아요. 같이 좀 씁시다."
"아니, 내 자리라고요. 넓게 쓰려고 내가 산 내 자리."
"하아… 더럽게 치사하네. 이기적인 새끼."

두 명이 좌석 네 개를 사서 쓰고 있는데, 옆 사람이 빈자리에 짐을 두려다

시비가 붙었나 봅니다. 분위기가 심각합니다.

"야, 너 지금 뭐라 그랬냐?"
"이기적인 새끼라 그랬다 왜."

오, 빠르고 간결한 왼손 스트레이트! 좌석 네 개를 산 남자는 왼손잡이 였네요. 그에 반해 상대방은 체급으로 승부하는 타입입니다. 기습적인 스트레이트를 얼굴에 맞고도 금방 자세를 회복합니다.

"네가 먼저 친 거다? 정당방위야."

아? 자리를 침범한 남자가 팔꿈치로 공격합니다. 단 한 번의 반격만으로도 뿜어져 나오는 고수의 풍모, 화려합니다. 승패가 궁금해지기까지 했던 둘의 아찔한 대결은 보안요원에게 끌려 나가는 순간까지 계속됩니다.

"사람을 쳐? 너는 더 맞아야 돼!"
"네가 먼저 내 자리 넘어왔잖아!"

이런 걸 직관하려고 온 건 아닌데… 끌려 나가는 두 남자의 뒷모습을 보고 있자니 문득 그 말이 맞는지 궁금해집니다. 네가 먼저 때렸으니까 나도 때려도 된다는 논리. 정말로 그래도 되는 건 아니겠죠?

나의 성, 나의 공간: 캐슬 독트린

미국 오클라호마, 사라 맥킨리와 태어난 지 3개월 된 그녀의 아들만이 살고 있는 집. 12월 31일인데도 새해를 맞는다는 설렘은 없었습니다. 하필이면 일주일 전 크리스마스에 남편이 폐암으로 숨졌기 때문이죠.

아들을 위해서라도 꿋꿋하게 한 해의 마지막 날을 보내고 있던 사라가 급히 전화를 건 상대는 가족도, 친구도 아닌 911이었습니다. 칼을 든 두 명의 강도가 당장에라도 문을 부수고 침입하려는 긴박한 상황이었죠.

경찰의 출동이 늦어지자 사라는 다급한 목소리로 묻습니다.
"강도가 침입하면 총을 쏴도 될까요?"
911 상담원이 조심스럽게 대답합니다.
"그렇게 하라고 말할 순 없지만, 스스로와 아이를 보호하기 위해 당신은 할 수 있는 모든 일을 해야 합니다."

한 손에는 아이를 안고, 다른 한 손에는 총을 든 채 화장실에 숨어 있던 사라는 기어이 문을 부수고 들어온 강도를 향해 방아쇠를 당겼습니다. 사라가 쏜 총에 맞아 강도 한 명이 사망했지만, 사라의 행동은 정당방위로 인정됐습니다.

정당방위가 폭넓게 인정되는 미국에서도 치명적인 힘 Deadly force 의 행사는 원칙적으로 제한됩니다. 치명적인 힘을 행사하지 않고도 안전하게 자리를 피할 수 있다면 치명적인 힘을 행사할 것이 아니라 후퇴부터 해야 한다는 후퇴할 의무 Duty to retreat 가 우선하죠.

하지만 나만의 공간인 나의 집에 누군가 침입했다면 그때는 이야기가 다릅니다. 절대적으로 지켜져야만 하는 나의 집은 성과 같으므로, 함부로 침입한 범죄자에겐 즉각적으로 대응해도 된다는 원칙. 이게 바로 캐슬 독트린Castle Doctrine 입니다.

「미국 오클라호마주 형법」
제21-1289.25조 (침입자에 대한 물리적 또는 치명적인 힘)
의회는 오클라호마주 시민이 자신의 주거 또는 사업장에서 절대적인 안전을 기대할 권리가 있음을 확인한다.

그럼 우리나라는 어떨까요? 강원도 원주의 한 단독주택. 1층에는 외할머니와 외할아버지가, 2층에는 A와 A의 어머니가 생활하고 있었습니다. 어느 날 새벽 3시, 친구들과 술자리를 마치고 돌아오던 A의 발걸음이 빨라집니다. 2층 거실과 방에 불이 켜져 있는 게 아무래도 의아했기 때문이죠. 아니나 다를까, 2층 현관문을 열었을 때 A가 마주한 건 훔칠 물건을 찾고 있던 50대의 절도범 B였습니다.

A는 B를 폭행했고, 그 자리에서 의식을 잃고 쓰러진 B는 9개월 뒤 사망합니다. A의 행동도 정당방위였을까요? 범죄자가 집에 침입한 것도, 가족을 보호하려고 했던 것도 사라 맥킨리 사건과 다를 게 없잖아요?

잘못했으면 죗값을 치러야지?

결론부터 말하자면 A의 폭행은 정당방위로 인정되지 않았습니다. 법원이 왜 그렇게 판단했는지를 알려면 그날 2층에서 어떤 일이 있었는지 구체적으로 확인할 필요가 있어요.

출동한 경찰이 촬영한 현장사진 속에는 2차례로 나누어 피해자에게 가해진 폭행의 수위를 넉넉히 짐작할 수 있는 모습이 담겨 있었습니다. 쓰러져 있던 B의 얼굴과 옷에는 물론, 거실 바닥에도 피가 흥건했죠.

법원은 2층에서 B를 발견하고 A가 가했던 **최초의 폭행**은 자신과 가족을 지키기 위한 **부득이한 행위**라고 봤습니다. 늦은 밤, B가 A의 집에 침입하여 훔칠 물건을 뒤지고 있던 건 틀림없는 사실이니까요.

문제는 이어진 추가 폭행이었습니다. A를 맞닥뜨리자 별다른 저항이나 공격을 전혀 하지 않고 주춤거리며 도망가려던 B를 A는 손쉽게 제압합니다. 주먹으로 얼굴을 세게 맞은 B가 눈가에 피를 흘리며 쓰러지자 다시 주먹과 발로 여러 번 가격했죠.

B가 쓰러진 것을 확인하고 경찰에 신고하기 위해 전화기가 있는 1층으로 내려가던 A는 그새 B가 기어서 도망가려는 것을 확인합니다.

이때부터 2차 폭행이 시작되었습니다. 신고를 마칠 때까지 B가 도망치지 못하도록 해야겠다고 마음먹은 A는 운동화를 신은 채로 B의 뒤통수를 수 차례 걷어차고, 알루미늄 빨래 건조대로 쓰러져 있는 B를 여러 차례 내리칩니다.

계속해서 자신이 차고 있던 가죽 벨트를 풀어 버클을 잡고 띠 부분으로 반복해서 B를 때렸죠. B를 완전히 제압한 후에도 A는 어떤 응급조치나 구조 요청을 하지 않았습니다.

119에 사고가 접수된 건 시끄러운 소리를 듣고 올라온 외할머니의 신고로 출동한 경찰이 사태를 파악하고 난 뒤였습니다. 곧바로 응급실로 옮겨진 B의 진단명은 폐쇄성 비골 골절, 안와벽 골절, 외상성 경막하 출혈이었습니다.

낯설고 무서운 이름의 진단을 받고 중환자실로 옮겨진 B는 9개월 뒤 사망할 때까지 의식을 되찾지 못했습니다.

법원은 B가 야간에 A의 주거에 침입하여 물건을 훔치려 한 사실은 인정하면서도, 최초의 폭행을 통해 제압당한 이후로는 B가 A 또는 A 가족의 생명·신체에 급박한 위험을 초래할 만한 행동을 하지 않은 점을 지적합니다. 애초에 B는 흉기가 될 만한 어떤 물건도 소지하지 않았고, 하다못해 주먹 한번 휘두르지 않았죠.

제압당해 쓰러진 B가 몸을 반쯤 일으켜 기어가듯 이동한 거리는 고작 세 걸음 남짓이었습니다. 단순히 B가 도망가지 못하게 하려는 목적이었다면 A는 차고 있던 허리띠로 B를 때리는 대신 손발을 묶어 둘 수도 있었을 겁니다. 소리를 질러 1층에 있는 가족이나 이웃 주민들에게 신고를 부탁할 수도 있었겠죠.

다른 수많은 선택지를 두고도 이미 쓰러져 있는 B를, 하필이면 급소인 머리 부위를 집중하여 때리고, 의식을 잃을 때까지 빨래 건조대와 허리띠로 거듭 폭행한 A. 이때부터 A가 B에게 가한 폭력은 자신과 자신의 가족을 지키려는 것이 아니라 B를 공격하려는 것으로 바뀝니다.

'아무런 저항도 없이 도망가려는 절도범을 제압하는 수단치고는 불필요하고 과도한 것이 아닐 수 없다. A의 행위는 상당한 이유 없이 B를 무자비하게 구타한 행위로서 정당방위가 될 수 없다.' 법원이 정당방위를 인정하지 않은 이유입니다[71].

함부로 남의 집에 침입해 도둑질하려던 B의 행동을 옹호할 생각은 없습니다. 야심한 밤, 평소와 달리 환히 켜져 있는 2층 거실의 불빛을 확인하고 집으로 달려오던 A는 얼마나 불안했을까요? 또 얼마나 가슴이 뛰었을까요? 하지만 누군가가 범죄를 저질렀다고 해서 피해자가 가해자를 죽을 때까지 때려도 되는 건 아닙니다.

침입자의 부당한 침해로부터 자신과 가족을 지키려는 것을 넘어 이미 제압한 침입자를 감정을 실어 공격하는 순간, 바로 그 순간이 **피해자와 가해자가 뒤바뀌는 순간**입니다.

범행을 완전히 단념하고 도망치는 침입자를 뒤쫓아가 흉기로 공격했다? 우리나라는 물론, 정당방위를 상대적으로 폭넓게 인정하는 미국에서도 이러한 행동이 정당방위로 판단될 가능성은 매우 낮을 겁니다. 그건 더 이상 나를 지키기 위한 게 아니라 정당방위를 내세워 상대방을 공격하는 행동이니까요.

> **법률 한 토막**
>
> 「형법」
> **제21조(정당방위)** ① 현재의 부당한 침해로부터 자기 또는 타인의 법익을 방위하기 위하여 한 행위는 상당한 이유가 있는 경우에는 벌하지 아니한다.

사회관념상 허용될 수 있는 상당성

위의 「형법」 제21조에서 말하듯이 정당방위란, 현재의 부당한 침해로부터 자기 또는 타인의 법익을 방위하기 위하여 한 상당한 이유가 있는 행위입니다. 그럼 우리 법원은 어떤 경우에 정당방위를 인정했고, 또 어떤 경우에 정당방위를 부정했을까요?

정당방위에 해당하는지를 따질 때 흔히 문제가 되는 것은 방위행위가 사회관념상 허용될 수 있는 상당한 수준인가입니다. 얼핏 비슷해 보이지만 서로 다른 결론을 냈던 판결을 비교하면 법원의 판단 기준을 어느 정도 짐작해 볼 수 있어요.

정당방위를 부정한 첫 번째 사건, 시작은 아내와 처남 사이의 말다툼이었습니다. 다툼이 계속되자 흥분한 처남이 아내의 머리채를 잡고 폭행하기 시작했습니다. 이 모습을 본 남편은 폭발했고 이어서 남편과 처남의 싸움이 시작됩니다.

몸무게가 20kg 이상 더 나갔던 처남이 남편의 가슴 위에 올라타 목부분을 누르자 안간힘을 쓰던 남편은 옆에 놓여 있던 과도로 처남의 허벅지를 찔러 전치 2주짜리 상해를 입힙니다.

법원은 남편의 행위가 처남의 부당한 공격을 방위하기 위한 것이라기보다는 **서로 공격할 의사로** 싸우다가 먼저 공격을 받고 대항하는 과정에서 처남을 찌른 것이라고 평가했습니다. 싸움의 가해행위는 방어행위인 동시에 공격행위의 성격을 가지므로 **정당방위로 볼 수 없다는** 결론이었죠[72].

그런데 두 번째 사건, 또 다른 싸움에서는 정당방위가 인정되었습니다. 자기 남편과 불륜관계를 맺고 있다고 C를 의심한 아내가 아들을 포함한 여럿을 데려가 C를 함께 구타한 사건에서, 법원은 C가 상황을 모면하기 위해 손을 휘저으며 발버둥 치다가 상대방에게 상해를 입힌 행위가 정당방위라고 판단했습니다.

겉으로는 서로 싸움을 하는 것처럼 보이더라도 실제로는 한쪽 당사자가 일방적으로 위법한 공격을 가하고 상대방은 이러한 공격으로부터 **자신을 보호**하고 이를 벗어나기 위한 저항수단으로서 유형력을 행사한 경우에는 그 행위가 새로운 적극적 공격이라고 평가되지 않는 한, 이는 **사회관념상 허용될 수 있는 상당성**이 있다는 판단입니다[73]. 단순히 싸움이라고 묶어서 보기에는 첫 번째 사건과 두 번째 사건의 구체적인 사정이 너무나 다르죠.

세 번째 사건에서는 이혼 소송 중인 남편이 찾아와 아내를 가위로 폭행하고 변태적 성행위를 강요했습니다. 이에 격분한 아내는 칼로 남편의 배를 찔렀고 그 자리에서 남편은 사망했어요.

정당방위는 인정되지 않았습니다. 남편이 폭행하고 협박한 정도에 비추어 보더라도, 칼로 남편의 배를 찌른 아내의 행동은 방위행위로서의 한도를 넘어선 것으로 **사회통념상 용인될 수 없다**는 것이 판결의 주된 취지였습니다[74].

결국 법원이 반복하여 설명하듯, 방위행위가 사회적으로 상당한 것인지는 침해행위에 의해 침해되는 법익의 종류와 정도, 침해의 방법, 침해행위의 완급, 방위행위에 의해 침해될 법익의 종류와 정도 등 구체적 사정들을 참작하여 판단할 수밖에 없습니다[75]. 참 어려운 일이죠. 하지만 정당방위의 성립 여부를 적확하게 따지는 일은 그만큼 중요한 일입니다.

필연적으로 발생할 수밖에 없는 공권력의 공백. 법원의 판결은 그 여백의 순간에 우리 사회 구성원들이 어떻게 행동해야 하는지를 알려주는 하나뿐인 신호등입니다. 1만큼의 죄를 저지른 사람에게 10만큼, 100만큼의 사적 제재를 가하기 위한 면죄부로 정당방위가 악용되어서는 안 됩니다.

반대로 정당방위를 인정하는 데 지나치게 인색했다간 곤경에 처한 사람을 보더라도 모두가 못 본 척, 그냥 지나치고 말 거예요. 둘 다 우리가 원하는 사회의 풍경은 아니겠죠? 우리 법원이 이 사실을 꼭 기억하고 더욱더 정의롭고 세심한 판결을 내려 주길 바랍니다.

> **법률 한 토막**
>
> 「형법」
>
> **제21조(정당방위)** ① 현재의 부당한 침해로부터 자기 또는 타인의 법익을 방위하기 위하여 한 행위는 <u>상당한 이유가 있는 경우</u>에는 벌하지 아니한다.

Episode 19

명품매장에 줄 서 있는 나를 찍겠다고?
국민의 알 권리? 개인의 초상권!

✏️ **3줄 요약**

- 언론사의 촬영 요구는 당연히 거절할 수 있다.
- 국민의 알 권리가 개인의 초상권보다 우월한 권리는 아니다.
- 취재에 반드시 응해야 할 의무는 없다. 사진 등에 나타난 내 모습은 내가 결정한다.

평소라면 한창 잠에 빠져 있을 시간. 오늘은 새벽같이 일어나 청담에 왔습니다. 팔자에 없을 줄만 알았던 명품 매장 오픈런을 제가 하게 될 줄은 미처 몰랐네요. 보이기만 하면 순식간에 팔린다는 가방이 드디어 입고됐다는 소식을 듣고 쏜살같이 달려왔어요. 접이식 의자랑 보조배터리, 담요에 초콜릿도 챙겼습니다. 매장에 들어가려면 지금부터 얼추 6시간 정도는 기다려야 하니까 고생은 고생이죠. 그렇지만 제 동생이 했던 고생에 비하면 별거 아닙니다.

동생 민희는 참 열심히 살았습니다. 되지도 않는 공무원 시험을 부여잡고 시간만 낭비하고 있는 저를 대신해 일찌감치 취업했죠. 못난 오빠가 답답해 보일 법도 한데 지나가는 말로도 구박 한번 한 적이 없어요. 도리어 용돈도 챙겨주고 치킨도 많이 사줬습니다. 동생이라고 하고 싶은 일이 왜 없었겠어요. 대리 승진을 앞두고, 그러니까 제가 뒤늦게 자리를 잡은 즈음 동생이 말했습니다.

"오빠. 나 로스쿨 갈래."

민희가 정말로 변호사가 되기까지 그로부터 3년이 흘렀습니다. 짧다면 짧은 시간이지만 하나뿐인 오빠로서는 한없이 길게만 느껴졌던 수험 기간에도 동생에게 대단한 도움이 되어 주지는 못했습니다. 민희한테 제가 받았던 것의 반의반도 돌려주지 못했죠. 길고 긴 터널 같은 시간을 지나 번듯하게 변호사가 된 동생에게 어떤 선물이 좋을까? 제일 먼저 가방이 떠올랐습니다. 예쁜 가방이요. 3년간 온갖 책을 이고 다니느라 닳고 닳은 백팩 말고 오로지 예쁘기만 한 가방을 사주고 싶었습니다. 동생을 위해 까짓것 6시간 기다리는 건 일도 아니죠.

'찰칵찰칵.'

난데없이 카메라 소리가 들립니다. 험상궂게 생긴 남자가 대포처럼 큰 카메라로 찍고 있는 건 바로 저였습니다. 어안이 벙벙해서 따져 묻습니다.

"저를 왜 찍으시는 거예요?"

"기잡니다. 매장 동의 받았습니다."

"저를 찍는 데 매장 동의가 뭐가 중요해요. 제 동의가 중요하지."

"그냥 보도용이에요, 보도용. 명품 열풍 소개하는 단순한 기삽니다."

"제 사진 없으면 기사를 못 씁니까? 사진 다 지우시고 명함 주세요. 기사에 제 사진 실리면 소송할 겁니다."

꼭두새벽부터 계속된 실랑이 끝에 가까스로 사진을 지운 건 확인했지만 여전히 찝찝함은 남습니다. 삭제한 사진을 복원할 수도 있고, 몰래 휴대전화로 찍어둔 사진을 쓸지도 모르죠. 최소한 앞으로 며칠은 제 사진이 기사에 실리는 건 아닌지 몇 번이고 검색해 봐야 할 것 같습니다. 억울합니다. 언론사 명함만 있으면 막무가내로 사진 찍어도 되는 건가요? 뭐라고 따져야 할까요?

촬영을 거절할 권리, 초상권

언론사의 촬영 요구, 당연히 거절할 수 있습니다. 꼭 연예인이나 정치인이 아니라도 우리 모두에게는 초상권이 있고 초상권은 촬영거절권을 포함한 권리이기 때문입니다. 우리나라 어느 법에도 초상권이 어떤 권리라고 명확히 정해두지는 않았지만, 법원은 인간의 존엄과 가치를 선언한

「헌법」 제10조에서 그 근거를 찾습니다.

모든 사람은 초상肖像 즉, 사진 등에 나타난 자신의 모습에 대한 자기결정권을 갖기 때문에 자신임을 식별할 수 있는 신체적 특징에 관하여 ① 함부로 촬영 또는 그림으로 묘사되거나(**촬영거절권**), ② 공표되지 아니하며(**공표거절권**), ③ 영리적으로 이용당하지 않을 권리(**초상영리권**)를 갖는다는 겁니다. 만약, 나의 초상권이 침해된다면? 소유권과 같은 다른 권리가 침해됐을 때와 마찬가지로 손해가 인정되고 그에 따른 배상도 청구할 수 있습니다. 설령, 진실과 정의를 찾기 위한 과정에서 발생한 초상권 침해라고 해도 그렇습니다.

강원도 원주를 지나는 고속도로. 트럭이 승용차를 들이받는 교통사고가 발생했습니다. 승용차에는 여행을 떠나는 온 가족이 타고 있었는데, 천만다행으로 크게 다친 사람은 없었습니다. 차들이 쌩쌩 달리는 고속도로에서 발생한 사고였기 때문에 적지 않은 보험금을 지급할 각오는 했지만, 트럭 운전사의 자동차보험사는 생각보다도 더 큰 금액을 지급해야만 했습니다. 교통사고로 인해 후유장해를 입었다는 피해자 가족의 진단서가 결정적인 역할을 했죠.

보험사는 피해자 가족이 사실은 후유장해를 입지 않았다는 사실을 증명하고 싶었습니다. 그래서 다소 무리한 결정을 내려요. 8일 동안 가족을 미행하며 몰래 사진을 찍은 겁니다. 총 54장. 쓰레기를 버리고 도로를 뛰어다니며 평소와 다름없이 생활하는 8일간의 모습을 54장의 사진에 차곡차곡 기록했어요.

동의도 없이 피해자 가족의 일상에 침범해 초상권과 사생활을 침해했다는 가족들의 주장에 대한 보험사의 답변은 한결같았어요. 촬영은 오로지 업무를 위한 것이었으며 법원에 증거로만 제출했을 뿐이다, 촬영장소도 주차장과 같이 공개된 실외의 장소였으며 명백한 진실을 밝혀 정의를 구현하려는 의도였을 뿐 다른 뜻은 없었다.

법원은 보험사가 특정한 목적을 가지고 피해자들을 미행하고 감시하면서 사진을 촬영한 점을 지적하며 피해자 가족의 손을 들어줍니다. **소송에서의 진실 발견**이라는 이익이 피해자 가족의 **인격적 이익보다 우월하다고 단정할 수 없고**, 공개된 장소라고 할지라도 사진촬영 과정에서 미행·감시당함으로써 **일상생활이 타인에게 노출되는 피해가 결코 작다고 할 수 없다**[76]는 거였죠. 진실 발견이라는 이익과 개인의 초상권. 법원은 두 가지 소중한 가치를 양쪽 저울에 나란히 올려 신중하게 무게를 쟀고, 모든 사정을 종합한 끝에 적어도 이 사건에서는 초상권의 보호 가치가 더 크다고 판단한 겁니다.

법률 한 토막

「헌법」
제10조 모든 국민은 인간으로서의 존엄과 가치를 가지며, 행복을 추구할 권리를 가진다. 국가는 개인이 가지는 불가침의 기본적 인권을 확인하고 이를 보장할 의무를 진다.

국민의 알 권리도 몰라요?

카메라를 들이미는 기자와 다투면서도 민호는 속으로 계속 불안했을 거예요. 혹시나 기자가 국민의 알 권리 운운하며 뻔뻔하게 나오면 뭐라고 대답하는 게 좋을지 고민이 됐을 테니까요. 더러 기자입네 행세하는 못된 사람들이 국민의 알 권리를 전가의 보도, 무적의 치트키처럼 남발하는 경향도 있지만 **언론의 자유**가 우리 사회를 지탱하는 소중한 가치라는 걸 부정하는 사람은 없을 겁니다.

법원의 입장도 같아요. 개인의 초상권도 국민의 알 권리도 모두 소중하기 때문에 그때그때 발생한 문제를 꼼꼼하게 살펴서 상황에 맞게 구체적으로 판단해야 한다는 객관적인 입장을 취하고 있는 거죠. 그리고 법원이 이 둘의 가치를 가늠할 때 사용하는 일반적인 기준은 여러 판결에서 반복적으로 쓰이고 있습니다.

판결 한 토막

특히 언론보도로 인한 초상권 침해가 문제되는 사건에서 그 피해자가 공적 인물인지 일반 사인인지, 공적 인물 중에서도 공직자나 정치인 등과 같이 광범위하게 <u>국민의 관심과 감시의 대상이 되는 인물인지</u>, 단지 특정 시기에 한정된 범위에서 관심을 끌게 된 데 지나지 않는 인물인지, 그 <u>보도된</u> 내용이 피해자의 공적 활동 분야와 관련된 것이거나 공공성, 사회성이 있어 <u>공적 관심사</u>에 해당하고 <u>공론의 필요성</u>이 있는지, 그리고 공적 관심을 불러일으키게 된 데에 피해자 스스로 관여한 바 있는지 등은 위와 같은 이익형량에 중요한 고려요소가 될 수 있다[77].

　여러분이 결혼을 앞두고 상견례를 했는데 이런 기사가 떴다면 기분이 어떨까요? 몹시 불쾌하겠죠. 당장 기사를 내리고 싶을 거예요. 조금 더 상상력을 발휘해서 여러분이 유명한 재벌 2세라고 생각해 보세요. 그러면 어때요? 재벌 2세인 나도 나지만, 재벌이 아닌 내 배우자는 어떻게 달래야 할까요? 법원은 재벌 부부의 상견례 현장을 몰래 촬영하고 엿들은 뒤 대화 내용까지 상세히 보도한 기사가 부부 모두의 사생활과, 재벌 2세 배우자의 초상권을 침해했다고 판단했습니다.

　같은 판결문에서 법원은 개인의 사생활의 비밀에 관한 사항은 그것이 공공의 이해와 관련되어 **공중의 정당한 관심**의 대상이 되는 사항이 아닌 한, 비밀로서 보호되어야 한다고 썼습니다[78]. 아무리 유명한 사람이라고 하더라도 결혼을 앞두고 상견례 현장에서 나누는 세세한 대화까지 대중의 정당한 관심사가 될 수는 없다는 지적이었죠.

　그럼 공중의 정당한 관심의 대상이 아닌, 일반인의 초상권은 무한정보호해야 할까요? 일반인의 SNS 사진을 훔쳐다가 사칭 계정을 운영하거나, 상업적인 목적으로 악용하는 경우라면 당연히 보호받아야겠죠. 그렇다면 이런 경우는 어떨까요? ① 여행지 사진 명소에서 한참을 기다려 인생사진을 찍었는데 뜻하지 않게 다른 사람도 함께 찍혔다면? ② 축구 경기장에서 프리킥 장면을 촬영하는데 마침 앞사람이 고개를 돌려서 그 모습이 찍힌 경우는요? 의도치 않게 찍힌 사람을 흐리게 블러 처리해서 누구인지 알아볼 수 없게 만든 뒤 SNS에 올리는 건 괜찮지 않을까요? 이런 경우까지 모두 위법한 행위로 보고 과도한 책임을 묻는다면 초상권을 지나치게 보호하려다가 정작 또 다른 권리를 침해하게 될지도 모릅니다.

법원 판결 중에는 공원, 개방된 등산로, 스포츠 경기장, 시위·집회 현장 등 누구나 촬영할 수 있고, 촬영이 예상되는 공공장소에서의 촬영, 초상의 작성은 촬영거절권을 침해한 것이 아니라고 본 사례도 있습니다[79]. 시위·집회 현장과 같이 의사표시를 목적으로 나선 사람과 단순히 집 앞 공원을 산책하러 나온 사람의 초상권을 동일하게 보는 것은 선뜻 동의하기 어렵지만, 일반인이라고 하더라도 촬영이 예상되는 장소에서 초상권의 보호범위가 줄어들 수 있다는 지적은 타당해 보입니다.

앞에서 말한 ①, ②의 사례에서와 같이 사진 등이 촬영된 구체적인 경위에 따라 일반인의 초상권을 어디까지 보호해야 할지 고민하고, 그 기준에 따라 초상권이 침해됐는지를 개별적으로 따져 볼 필요가 있겠습니다.

당당하게 거절하자

악의적인 언론보도로 피해를 입었다는 사례를 종종 보고 듣습니다. A라는 뜻을 밝히려고 인터뷰에 응했는데, 내가 한 말을 마구잡이로 자르고 붙여 난데없이 B를 지지하는 사람처럼 소개됐다는 억울한 사연도 적지 않습니다. 다시 청담 명품 매장 앞으로 돌아가 볼까요?

자그마치 6시간이나 기다린 민호는 줄을 지켜야 해서 자리를 뜰 수도, 카메라로부터 숨을 수도 없습니다. 만약 카메라를 든 사람이 고약한 마음을 품고 함부로 사진을 찍었다면 어떨까요? 명품 열풍을 소개하기 위한 보도용일 뿐이라던 그 사진은 마음먹기에 따라 서로 다른 제목의 다양한 기사에 쓰일 수 있을 겁니다.

<"이번엔 꼭 사야 해.", 나올 때마다 줄 서는 가방 뭐길래>
<"어제부터 줄 섰어요.", OO 브랜드 오픈런 인파 몰린다>
<왜 줄 서나 했더니, 되팔이들의 변명>
<명품에 미친 사람들, 이대로 괜찮은가>

카메라를 든 사람이 어떤 의도를 담느냐에 따라 민호는 동생을 끔찍이 아끼는 따뜻한 오빠도 될 수 있고, 명품에 미친 정신 나간 속물이 될 수도 있을 겁니다. 대통령도, 재벌 2세도 아닌 민호가 굳이 뉴스의 주인공을 자처할 필요는 없습니다. 무엇보다 우리에게는 **나의 초상을 스스로 결정할 권리가 있고, 언론의 취재에 응해야 할 의무는 없기 때문입니다.**

몇몇 언론사는 공공장소에서 일반인을 촬영할 때 따라야 할 윤리규범 가이드라인을 운영하고 있습니다. '누군가를 촬영할 때 상대방의 동의를 얻어야 한다. 촬영 중단을 요구하면 곧바로 종료해야 한다.' 지극히 상식적인 취재 윤리입니다. 몇몇 언론사만이 아닌 모든 언론인의 상식이 되기를 바랍니다.

법률 한 토막

「한국기자협회 인권보도준칙」

제2장 인격권

1. 언론은 개인의 인격권(명예, 프라이버시권, 초상권, 음성권, 성명권)을 부당하게 침해하지 않는다.

    가. 공인이 아닌 개인의 얼굴, 성명 등 신상 정보와 병명, 가족관계 등 사생활에 속하는 사항을 공개하려면 원칙적으로 당사자의 동의를 받아야 한다.

    나. 공인의 초상이나 성명, 프라이버시는 보도 내용과 관련이 없으면 사용하지 않는다.

    다. 취재 과정에서 인격권 침해와 개인 정보 유출이 일어나지 않도록 주의한다.

「조선일보 윤리규범 가이드라인」

제7장. 사생활 침해 제2조. 초상권 등의 보호

③ 공공장소의 배경에 나오는 사람들이 프라이버시 침해를 이유로 촬영 중단을 요구하면 곧바로 종료해야 한다.

④ 특정 개인을 촬영할 때는 상대방의 동의를 얻어야 한다.

⑤ 불특정 다수를 공공장소에서 촬영하는 경우 촬영 사실을 알 수 있게 해야 한다.

Episode 20

손님 아니면 가요, 여기 주차 못 해요
가게 앞 주차와 불법적치

✒ 3줄 요약

- 내 가게 앞 도로가 내 땅은 아니다. 함부로 물건을 쌓아두지 말자.
- 회전 차량과 보행자 보호를 위해 도로 모퉁이 5m 이내에는 주차하지 말자.
- 장사를 방해할 생각으로 가게 입구를 막고 주차했다가 업무방해죄로 처벌받은 사례가 있다.

저는 금요일을 사랑합니다. 다음 날 출근 걱정에 일요일은 저녁부터 소화가 안 되고, 토요일은 주중에 못 한 대단한 뭔가를 해야만 할 것 같은 부담이 있거든요. 비록 출근은 하지만 그래도 퇴근과 동시에 주말이 시작된다는 해방감! 일주일 중 어떤 시간도 금요일 오후만큼 설레지는 않죠.

금요일이 기다려지는 또 다른 이유는 바로 치맥입니다. 고된 한 주를 마친 나를 위한 최고의 선물이죠. 윤기가 흐르는 기름진 치킨 한 입과 묵은 짜증까지 씻어주는 차가운 맥주 한 모금. 치킨과 맥주만 있다면, 목요일 정도까지는 금요일만큼 행복하게 보낼 자신이 있습니다.

5성 호텔 쉐프가 구워 주는 최고급 스테이크도, 갓 잡은 생선으로 곱게 뜬 사시미도 내 집에서 잠옷 바람으로 편하게 먹는 치맥을 대신할 수는 없어요. 하지만 금요일 밤의 소박한 이 행복을 요즘은 매주 챙기기 어렵습니다. 하필이면 단골 치킨집이 앞장서서 가격을 올린 거 있죠?

배달비를 받겠다고 할 때도 오랜 팬심으로 그러려니 했는데… 자기들만 비싼 재료를 쓰는 것도 아니면서 매번 1등으로 가격을 올리는 이유를 도통 모르겠습니다. 다른 치킨으로 넘어가지 못하는 제 입맛을 탓해야죠 뭐. 그래도 도저히 끊지는 못해서 배달 대신 포장을 해다 먹고, 어쩌다 지출이 많은 달에는 2주에 한 번 먹는 걸로 버티고 있어요.

다행히 오늘은 축구 국가대표 경기가 있는 날! 포장하면 5천 원을 깎아 준다길래 퇴근길에 차를 몰고 신나게 달려갑니다. 오랜만의 행사가 대단하긴 한가 봐요. 6시 땡 하자마자 퇴근하고 달려왔는데 벌써 매장 앞은 사람들로 북적이네요. 주문이 잔뜩 몰릴까 봐 일부러 홀이 없는 작은 가게를 골라 주문했는데도 그렇습니다. 미리 주문을 해둬서 오래 기다릴 것 같진 않은데 주차가 걱정입니다. 보도와 차도가 구분되지 않은 좁은 골목길은 주문을 기다리는 차와 사람들로 발 디딜 틈도 없네요.

치킨집 앞을 한참 지나 가까스로 빈 자리를 찾았습니다. 포장한 치킨을 받아만 오면 되니까 잠깐만 세워 두려는데 폐타이어와 화분, 물이 가득 찬 물통까지 아주 난리가 났습니다. 가게 앞은 물론 그 맞은 편까지 꼼꼼하게도 맡아 뒀네요. 비상등을 켜고 차를 세워 물통부터 치우려는데 고함이 들립니다.

"우리 가게 왔어요?"
"아… 저 치킨만 받고 바로 갈 거예요."
"치킨집 앞에 대요 그럼."
"자리가 없어서요. 잠깐이면 됩니다."
"손님 아니면 가요. 여기 주차 못 해요."

자기 가게 앞이라고 자기만 쓰란 법이 있나요? 심지어 가게 맞은편까지 다 자기 땅이라고요?

내 가게 앞 도로는 내 맘대로 써도 될까?

내 가게 앞이라고 다 내 땅인 건 아닌데. 가게 앞 도로를 매장을 찾은 손님만 이용할 수 있도록 뻔뻔하게 막아두는 경우가 많습니다. 명확한 사유지로 가게 안에 딸린 별도의 주차장도 아니고, 심지어 아직 가게 문을 연 것도 아닌데 말이죠. 원칙적으로 도로는 누구나 사용할 수 있는 공공재입니다. 따라서 누구나 이용할 수 있는 도로의 특정부분을 고정적으로 특별사용하려면 도로관리청으로부터 도로점용허가를 받아야 하고, 그에 따른 점용료를 납부해야 합니다.

"아우, 알았어. 누가 너 쓰지 말래? 너도 써. 그래도 가게 앞이니까 우리가 쓰기 편하게 조금만 바꿔 둘게." 법원은 이런 경우에도 도로점용허가를 받아야 한다고 말합니다. 차도와 인도 사이의 경계턱을 없애고 인도 부분을 완만한 오르막 경사로 만들어 주유소나 건물에 드나드는 차량의 출입통로로 썼던 사건에서 법원은, 여전히 인도 부분을 오갈 수 있다고 하더라도 일반 보행자들이 불편을 감수해야 하는 이상 이와 같은 행위는 도로의 특별사용에 해당한다고 봤습니다[80].

도로점용허가를 받아 그에 따른 정당한 값을 치른 것도 아니면서, 내 가게 앞이라는 이유만으로 가게 주인이 공공재인 도로를 누구는 쓸 수 있다, 없다 함부로 정할 수는 없습니다. 오히려 손님이 아닌 사람의 주차를 막기 위해 폐타이어나 물통, 돌덩어리 등을 도로에 함부로 쌓아 두었다면 그런 행동이야말로 불법입니다. 「도로법」에 따른 원상회복의무를 질 뿐만 아니라 경우에 따라서는 형사처벌을 받게 될 수도 있어요.

보도와 차도가 구분되지 않은 주택가의 좁은 골목길, 통상 이면도로나 생활도로라고 불리는 곳에서 주차 갈등은 더욱더 흔하게 발생합니다.

아무래도 주차구획선이나 특별한 노면 표시가 없는 경우가 많고, 도로 폭이 넓지 않다 보니 주차해도 되는지 헷갈리는 경우가 많기 때문이겠죠.

하지만 매장 앞 이면도로라고 해서 주차가 완전히 금지되는 건 아닙니다. 특히, 흰색 실선이 그어져 있고, 교통을 방해하지 않는다면 당연히 주차할 수 있습니다. 가게 사장님이 아무리 큰소리를 치더라도 이 사실이 변하지는 않아요.

> **법률 한 토막**
>
> 「도로법」
>
> **제61조(도로의 점용 허가)** ① 공작물·물건, 그 밖의 시설을 신설·개축·변경 또는 제거하거나 그 밖의 사유로 도로를 점용하려는 자는 도로관리청의 허가를 받아야 한다. 허가받은 기간을 연장하거나 허가받은 사항을 변경하려는 때에도 같다.
>
> **제66조(점용료의 징수 등)** ① 도로관리청은 도로점용허가를 받아 도로를 점용하는 자로부터 점용료를 징수할 수 있다.
>
> **제73조(원상회복)** ② 도로관리청은 도로점용허가를 받지 아니하고 도로를 점용한 자에게 상당한 기간을 정하여 도로의 원상회복을 명할 수 있다.
>
> **제75조(도로에 관한 금지행위)** 누구든지 정당한 사유 없이 도로에 대하여 다음 각 호의 행위를 하여서는 아니 된다.
> 1. 도로를 파손하는 행위
> 2. 도로에 토석, 입목·죽(竹) 등 장애물을 쌓아놓는 행위
> 3. 그 밖에 도로의 구조나 교통에 지장을 주는 행위

주·정차 위반 과태료, 다시는 내지 말자

ATM 입·출금 수수료와 더불어 세상에서 가장 아까운 돈이 주·정차 위반 과태료입니다. 배달비를 아끼려고 치킨을 포장하러 가던 고생을 한 순간에 부질없게 만들어 버릴 만큼 금액도 커요. 순전히 내 잘못이라 누구 탓을 할 수도 없어서 과태료 한번 내고 나면 한동안은 차를 끌고 나가기도 싫어집니다. 그럼 주·정차가 금지된 구역은 구체적으로 어떤 곳들일까요?

주·정차 금지구역은 「도로교통법」에 상세히 정해져 있습니다. 보행자가 통행하는 **보도와 횡단보도, 교차로 모퉁이와 버스정류소, 어린이 보호구역과 안전지대 등**이 대표적이죠.

노란색 사다리 모양의 안전지대는 비상시 보행자의 피난처로 활용되는 차량 진입 금지구역인데요, 말로 설명하니까 낯설게 느껴지지만 눈으로 보면 익숙한 표시일 거예요. **안전신문고나 서울스마트불편신고** 앱을 통해 손쉽게 확인할 수도 있습니다. 「도로교통법」에 따라 금지되는 불법 주·정차 위반유형을 정확한 사진과 함께 안내하고 있어서 헷갈리지 않고 단번에 이해할 수 있어요. 시민들의 공익신고가 나날이 늘어가고 있는 건 정부의 이런 보이지 않는 노력 덕분이겠죠?

노면 표시까지 함께 알아두면 더 이상 불법 주·정차로 과태료 물 일은 없을 겁니다. 차도와 인도를 구분하는 **흰색 실선은 주·정차 모두 가능**하고, **황색 점선은 5분 이내 정차만 가능**합니다. 황색 실선은 주·정차 금지구역을 나타낸다는 게 상식인데요, 한 줄짜리 황색 실선은 요일이나 시간대에 따라 탄력적으로 주·정차가 허용되는 경우도 있으니까 주변에 관련 표지판이 있는지 살펴봐도 좋습니다. **두 줄짜리 황색 실선**은 24시간 주·정차 절**대 금지구역**입니다. 잠깐의 정차도 허용되지 않으니까 급한 일이 있더라도 이 구역에 차를 세우는 일은 꼭 피하세요.

서울 스마트 불편 신고 앱

법률 한 토막

「도로교통법」

제32조(정차 및 주차의 금지) 모든 차의 운전자는 다음 각 호의 어느 하나에 해당하는 곳에서는 차를 정차하거나 주차하여서는 아니 된다. 다만, 이 법이나 이 법에 따른 명령 또는 경찰공무원의 지시를 따르는 경우와 위험방지를 위하여 일시정지하는 경우에는 그러하지 아니하다.

1. 교차로·횡단보도·건널목이나 보도와 차도가 구분된 도로의 보도(「주차장법」에 따라 차도와 보도에 걸쳐서 설치된 노상주차장은 제외한다)
2. 교차로의 가장자리나 도로의 모퉁이로부터 5미터 이내인 곳
3. 안전지대가 설치된 도로에서는 그 안전지대의 사방으로부터 각각 10미터 이내인 곳
4. 버스여객자동차의 정류지(停留地)임을 표시하는 기둥이나 표지판 또는 선이 설치된 곳으로부터 10미터 이내인 곳. 다만, 버스여객자동차의 운전자가 그 버스여객자동차의 운행시간 중에 운행노선에 따르는 정류장에서 승객을 태우거나 내리기 위하여 차를 정차하거나 주차하는 경우에는 그러하지 아니하다.
5. 건널목의 가장자리 또는 횡단보도로부터 10미터 이내인 곳
6. 다음 각 목의 곳으로부터 5미터 이내인 곳
   가. 「소방기본법」 제10조에 따른 소방용수시설 또는 비상소화장치가 설치된 곳
   나. 「소방시설 설치 및 관리에 관한 법률」 제2조제1항제1호에 따른 소방시설로서 대통령령으로 정하는 시설이 설치된 곳
7. 시·도경찰청장이 도로에서의 위험을 방지하고 교통의 안전과 원활한 소통을 확보하기 위하여 필요하다고 인정하여 지정한 곳
8. 시장등이 제12조제1항에 따라 지정한 어린이 보호구역

세상은 넓고 나쁜 사람은 많다

가게 앞 주차 갈등이 극에 달하면 반드시 듣게 되는 말이 있습니다. 주차하려는 사람이 "이 땅이 당신 땅이야?"라고 외치면 가게 주인은 기다렸다는 듯이 언성을 높이죠. "당신 이러는 거 영업 방해야!"라고요.

가게 주인의 주장도 일리가 있습니다. 「형법」 제314조는 허위사실을 유포하거나 위계 또는 위력으로 업무를 방해하는 행위를 **업무방해죄**로 처벌하고 있기 때문입니다. 물론, 가게 앞에 주차해서 간판을 조금 가리거나, 손님이 매장에 출입하는 데 약간의 불편함을 초래한 것만 가지고 업무방해죄가 성립되지는 않아요. 우리가 일상에서 경험하고 목격하는 대부분의 상점 앞 주차가 여기에 해당될 거고요.

이와 달리 매장 입구를 틀어막는 고약한 방식으로 주차를 반복했던 사안에서 법원은 가해자의 업무방해죄를 인정하며 200만 원의 벌금을 선고하기도 했습니다.

가해자 피고인은, 편의점을 운영하는 피해자와 같은 건물에서 다른 업종의 장사를 해오던 사람입니다. 평소에도 건물 주차장 이용 문제로 피해자와 심한 갈등을 빚어오던 가해자는 7월 15일을 시작으로 22일과 23일에, 또 27일과 30일까지 **여러 차례에 걸쳐 반복적으로** 편의점 뒷문 출입구에 자신의 벤츠 차량을 대각선 방향으로 주차했습니다. **출입문 전체를 가로막는 방식으로 주차**해서 손님이 출입할 수 없게 만들어 피해자의 업무를 방해한 거죠.

재판에서 피고인은 편의점 뒷문만 막았을 뿐, 편의점 앞문을 통해서는 여전히 고객 출입과 물품 반입이 가능했기 때문에 업무방해죄가 성립할 수 없다고 반박했습니다.

하지만 법원의 생각은 달랐습니다. 편의점 뒷문과 달리 앞문은, 도로보다 높은 곳에 있어서 그 앞에 계단이 설치되어 있었습니다. 뒷문을 이용하지 못할 경우 계단을 거쳐 가야 하는 앞문으로는 무겁고 부피가 큰 물품의 반입이 곤란하고, 거동이 불편한 고객의 방문 역시 제한될 수밖에 없었죠. 이러한 판단 아래 법원은 피고인이 자신의 행위로 인해 **피해자의 편의점 운영 업무가 방해**된다는 점을 **쉽게 예측**할 수 있었을 거라고 지적했어요[81].

가게 앞 도로를 내 땅인 양 뻔뻔하게 독점해서도 안 되겠지만, 그렇다고 상대방을 괴롭히려는 명백한 악의를 품고 심술을 부려서도 안 됩니다. 우리 법이 그렇게 헐렁하지 않아요. 나쁜 사람은 다 처벌받게 되어 있습니다.

법률 한 토막

「형법」

제314조(업무방해) ①제313조의 방법 또는 위력으로써 사람의 업무를 방해한 자는 5년 이하의 징역 또는 1천500만 원 이하의 벌금에 처한다.

Episode 21

금연 아파트에서 담배를 피워도 된다고?

노력과 의무 사이, 공동주택관리법

3줄 요약

- 금연 아파트라고 모든 공간이 금연구역은 아니다.
- 경비 아저씨도, 관리사무소도 세대 내 흡연을 완전히 막을 방법은 없다.
- 흡연권은 혐연권을 침해하지 않는 범위에서 인정된다.

먼 훗날. 혹시라도 신이 나타나 제게 살면서 잘한 일이 무엇이냐고 묻는다면? 평범한 인생이지만 그래도 몇 가지 자랑거리는 있습니다. 3위는 금연이고 2위는 가망 없는 공무원 시험을 그만둔 것, 대망의 1위는 작으나마 서울 아파트를 구입한 일이죠. 내 사랑 나의 집, 홈 스위트 홈. 대리가 되고 난 뒤 흥청망청 돈을 쓰는 제게 동생 민희는 말했습니다.

"오빠, 그럴 바엔 작은 아파트를 사."
"아파트 사려면 돈 엄청 많아야 하는 거 아니야?"
"여기 들어가 봐."

대리 한번 됐다고 뭘 그렇게 술을 사고 다니냐는 핀잔만 벌써 여러 번. 마침 억지로라도 돈을 묶어 둬야겠다고 생각하던 무렵이기는 했습니다. 하지만 그럴 때마다 통장 잔고를 보면 고민이 사라졌죠.

'이것밖에 없는데 집은 무슨.'

똑똑한 동생 말이니까 일단 알겠다고는 했지만 민희가 보내준 링크로 부동산 카페에 가입할 때까지도 제 생각엔 변함이 없었어요.

'내 주제에 집은 무슨.'

부동산 카페는 완전히 새로운 세상이었습니다. 승진과 회식, 보고와 고과만이 전부였던 제게 진짜 중요한 건 고작 그런 게 아니란 걸 알려줬죠. 시끄러운 시장통 같기도 했다가, 총알이 날아드는 전쟁통 같기도 했다가. 하지만 정신없이 쏟아지는 말들도 나름의 논리는 갖추고 있었습니다. 간혹 금요일 저녁 같은 황금시간대에 운이 좋으면 매수론자와 관망론자의 품격 있는 토론이 댓글로 달리는 걸 실시간으로 구경할 수도 있었고요.

매수론 : 실거주 한 채는 진리. 매수해라. 서울 집값은 무조건 우상향이다!

관망론 : 오를 만큼 올랐다. 기회는 또 온다. 전·월세로 버티면서 관망해라!

북극과 남극만큼이나 멀고 먼 입장 차이. 신기한 건 양극단의 의견도 하나씩 뜯어보면 다들 설득력이 있고 제법 그럴싸했다는 겁니다. 한 번 들어 보실래요?

먼저 매수론자에게 물었습니다.

"출산율이 또 떨어졌습니다. 아파트는 늘고 인구는 줄어드는데 아무리 서울이라도 집값이 마냥 오르기만 할까요?"

매수론자께서 답하셨습니다.

"너는 정말 하나만 알고 둘은 모르는구나. 학생 수가 줄어든다고 서울대 가기가, 의대 가기가 어디 쉬워지더냐. 알짜배기는 다른 법이니라."

매수론자에게 다시 물었습니다.

"사실 저는 분합니다. 화가 나요. 그저 시기를 잘 태어났을 뿐인 어른들에게 힘들게 모은 제 돈을 뺏기는 기분입니다."

매수론자께서 답하십니다.

"측은한 자여, 미로에 갇힌 자여. 2002년 월드컵 때 3천 원 하던 짜장면을, 너는 어찌 오늘 점심에 7천 원이나 주고 사 먹었느냐. 남기지도 않고 잘 먹더구나. 과거를 돌아보지 말고 오늘을 살거라."

이번엔 관망론자에게 물었습니다.

"재료비에, 인건비에 물가가 천정부지로 치솟는데. 아파트라고 가만히 있겠습니까?"

관망론자는 미소로 답합니다.

"형제여, 2008년과 2012년의 대규모 미분양 사태를 잊었는가. 할인 분양! 파격 분양! 길거리에 현수막이 그득했지. 역사는 반복되는 법이라네."

관망론자를 다시 한번 다그쳐 봅니다.

"하지만 결국 부동산 가격은 회복한다는 걸. 결국은 우상향하고 만다는 걸 우리나라 사람들은 이미 학습하지 않았습니까?"

관망론자가 이번에는 껄껄 웃습니다.

"부동산은 시장이고, 시장을 굴러가게 하는 것은 평범한 사람들이라네. 그들의 가처분소득이 늘기만 할까? 심리는 또 어떻고. 논리는 공포를 이기지 못해. 매수세가 무섭듯 하락세도 무서울 걸세."

고민 끝에 저는 잔뜩 빚을 내 아파트를 샀습니다. 20년 치 차트를 분석했냐고요? 국제 경제와 미국 대통령 선거까지 고려한 합리적인 결정이었냐고요? 아뇨. 중고 거래하려고 찾아간 아파트였는데, 단지 곳곳에 광복절 태극기처럼 당당하게 휘날리는 금연 아파트 현수막을 보고 반해버렸거든요. 금연을 했다고는 하지만 이따금 끓어오르는 흡연 욕구! 금연 아파트에서라면 개미지옥같이 끈질긴 담배의 유혹에서 벗어날 수 있을 것 같았습니다.

그래서 샀어요. 그 뒤로 집값이 꽤 올라서 이자를 감안해도 남는 장사가 됐죠. 지금까지의 제 인생에서 제일 잘한 일 같습니다. 출근하기 싫은 월요일 아침에도 눈을 떴을 때 보이는 천장이 내 집이라는 게 위로가 된다니까요, 글쎄.

그런데 이게 웬걸. 재활용 쓰레기를 버리고 오는 길에 자랑스러운 우리 아파트에서 불쾌한 냄새를 맡았습니다. 제발 담배만큼은 아니길 바랐는데, 킁킁. 냄새를 추적하면 추적할수록 의심은 확신으로 바뀌었습니다. 흡연자가 떠나고 담배 연기는 날아가도 도무지 사라지지 않는 지독한 담배 냄새. 나무 기둥에 담배를 비벼 끈 흔적까지 확인하니 견딜 수가 없었어요.

다음 날 아침. 근무시간이 되기만을 기다려 관리사무소에 전화를 걸었습니다.

"선생님, 안녕하세요. 아침부터 전화드려서 죄송합니다."
"아이고, 아닙니다. 편하게 말씀하세요."
"101동 앞에 상습적인 흡연구역이 있던데요. 조치가 가능할까요?"
"그… 저희가 특별히 할 수 있는 조치가 없습니다."

아니, 금연 아파트에서 담배를 피우는데 막을 방법이 없다고요?

금연 아파트에서 담배를 피워도 된다고?

네, 맞습니다. 금연 아파트라도 담배를 피울 수 있습니다. 단지 내 몇몇 금연구역만 아니라면 얼마든지 담배를 피울 수 있어요.

'금연 아파트니까 단지 내에서는 전부 다 금연이겠지?'

펄럭이는 현수막을 보고 지레짐작했던 민호의 생각이 사실은 완전한 착각이었던 겁니다.

「국민건강증진법」에 따라, 아파트에 살고 있는 세대의 절반 이상이 **복도와 계단, 엘리베이터와 지하 주차장**을 금연구역으로 신청하면 그 부분만 **금연구역**으로 지정되는 겁니다.

물론, 위와 같은 금연구역에서 담배를 피운다면 10만 원 이하의 과태료가 부과되지만 분리수거장, 산책로, 야외 테라스 등 단지 내 대부분의 공간에서 흡연이 가능하다 보니 금연 아파트라고 홍보한다는 게 사실은 민망한 일이죠. 금연 아파트라는 말만 믿고, 금연구역이 아닌 곳에서 담배를 피우고 있는 사람에게 담배를 끄라고 했다가는 괜히 시비만 붙기 쉽습니다.

법률 한 토막

「국민건강증진법」

제9조(금연을 위한 조치)

⑤ 공동주택의 거주 세대 중 2분의 1 이상이 그 공동주택의 복도, 계단, 엘리베이터 및 지하주차장의 전부 또는 일부를 금연구역으로 지정하여 줄 것을 신청하면 그 구역을 금연구역으로 지정하고, 금연구역임을 알리는 안내표지를 설치하여야 한다.

제34조(과태료)

③ 다음 각 호의 어느 하나에 해당하는 자에게는 10만 원 이하의 과태료를 부과한다.

2. 제9조제8항을 위반하여 금연구역에서 흡연을 한 사람

도와줘요, 경비 아저씨!

'혹시 경비 아저씨라면, 최소한 관리사무소라면 담배를 피우지 못하도록 큰소리 칠 수 있지 않을까?'

아쉽지만 이번에도 꽝입니다. 법이 그래요. 아파트와 같은 공동주택의 관리에 대한 내용을 정해둔「공동주택관리법」. 이 법에서 경비 아저씨에게 쥐여준 권한이라고는 흡연으로 피해를 주는 사람에게 흡연을 중단

할 것을 **권고**하는 수준에 그치거든요.

아파트에 살고 있는 흡연자들에게는 그저 간접흡연으로 이웃들에게 피해를 주지 않도록 **노력하여야** 한다고 정하고 있을 뿐입니다.

해야만 한다는 의무가 아니라 조별 과제를 앞두고 '우리 한번 파이팅 해보자!' 격려하며 외치는 당부나 부탁 같은 느낌이죠? 그렇기 때문에 특별한 권한이 없는 경비 아저씨에게 다짜고짜 화만 내서는 안 되는 겁니다. 중간에서 얼마나 힘들겠어요.

그럼 다른 방법은 정말 없을까요? 아랫집에서 담배를 뻑뻑 피워대는 통에 연기에 냄새까지 피해가 이만저만이 아닌데, 법적으로 대항할 방법이 뭐라도 있어야 하는 거 아니냐고요? 있기는 있습니다.

「민법」에는 매연 등으로 이웃의 생활에 고통을 주지 말아야 한다는 의무가 정해져 있기는 합니다. 하지만 간접흡연으로 어려움을 겪고 있다고 하더라도 지나치게 추상적인 이 조항만을 근거로 대응하는 건 몹시 어려운 일입니다.

윗집에서 화장실 리모델링 공사를 하다가 배관을 잘못 건드려 누수가 발생해 아래층 천장이 젖었다? 이런 경우는 차라리 쉽습니다. 부주의한 리모델링 공사라는 원인도 명확하고, 천장 청소 및 도배 비용의 발생이라는 손해의 내용과 범위도 뚜렷하거든요. 피해를 끼친 세대가 억지를 부려도 잘잘못을 따지기 쉽고 실제로 재판에서 승소하는 경우도 많습니다[82].

하지만 간접흡연 문제는 이야기가 달라요. 흡연 현장을 바로 적발하지 않는 이상 ① 흡연 세대를 특정하기가 어렵고, ② 간접흡연으로 인해 정확히 어떤 피해를 입었는지 입증하기는 더더욱 어렵습니다. ③ 피해의 내용과 범위를 구체적으로 산출했다고 가정하더라도 해당 세대의 흡연으로 발생한 피해라는 사실, 즉 흡연과 피해 사이의 인과관계를 밝히는 건 현실적으로 불가능에 가깝습니다.

매캐하게 올라오는 담배 연기를 따져 물으러 아랫집에 내려갔는데 생선을 구웠을 뿐이라고 변명한다면? 딱히 손쓸 도리가 없습니다. 두 눈 동그랗게 뜨고 뻔뻔하게 거짓말하는 아랫집을 설득하기 위한 비용과 노력까지 감안하면 차라리 이사하는 게 빠르고 쉬운 해결책일지도 몰라요.

금연 아파트라고 하더라도 자기 집에서 자유롭게 담배를 피울 수 있다는 건 알겠습니다. 하지만 자기만 쓰는 공간이 아닌, 많은 사람이 오가는 길거리라면 어떨까요? 극단적으로 말해 길을 걸으며 아이들 앞에서 담배를 피워도 책임이 없을까요?

안타깝지만 이번에도 그렇습니다. 주변의 눈총은 살지언정, 법으로 정해둔 죄는 아니기 때문에 따로 처벌받지는 않습니다.

흡연이 법적으로 문제가 되는 건 크게 두 가지 경우입니다. **첫 번째, 금연 구역에서 담배를 피운다**. 이때는 위에서 봤던 「국민건강증진법」에 따라 10만 원 이하의 과태료가 부과됩니다. **두 번째, 담배꽁초를 함부로 버린다**. 이때는 「경범죄처벌법」이나 「도로교통법」, 「폐기물관리법」 등에 따라 처벌받습니다.

물론, 두 경우 모두 신고 대상이기는 한데 실효성이 높지는 않습니다. 아무래도 현장을 적발하기가 어렵고, 담배꽁초를 투기하는 모습을 사진에 담더라도 신원을 특정하는 건 더욱 힘든 일이니까요.

2020년 환경부가 주관해 발표한 자료에 따르면 우리나라 길거리에 버려지는 담배꽁초가 하루에만 1,246만 개비, 연간 45억 개비라는데… 처벌 수위를 높이면 좀 나아질까요?

법률 한 토막

「공동주택관리법」

제20조의2(간접흡연의 방지 등)

① 공동주택의 입주자등은 발코니, 화장실 등 세대 내에서의 흡연으로 인하여 다른 입주자등에게 <u>피해를 주지 아니하도록 노력하여야</u> 한다.

② 간접흡연으로 피해를 입은 입주자등은 관리주체에게 간접흡연 발생 사실을 알리고, 관리주체가 간접흡연 피해를 끼친 해당 입주자등에게 일정한 장소에서 <u>흡연을 중단하도록 권고</u>할 것을 요청할 수 있다. 이 경우 관리주체는 사실관계 확인을 위하여 세대 내 확인 등 필요한 조사를 할 수 있다.

「민법」

제217조(매연 등에 의한 인지에 대한 방해금지) ① 토지소유자는 매연, 열기체, 액체, 음향, 진동 기타 이에 유사한 것으로 이웃 토지의 사용을 방해하거나 <u>이웃 거주자의 생활에 고통을 주지 아니하도록 적당한 조처를 할 의무</u>가 있다.

흡연권과 혐연권

푹푹 찌는 한여름의 토익 시험장. 방학과 휴가철이 겹쳐 취업을 준비하는 대학생과 이직을 꿈꾸는 직장인이 빽빽이 자리를 채웠습니다. 시험 시작 직전, 창가에 앉은 학생이 손을 듭니다.

"듣기평가 시간에는 에어컨 좀 꺼주세요."

암요, 꺼야죠. 듣기평가는 한번 놓치면 끝이니까.

문제는 그다음입니다. 듣기평가를 마치고 에어컨을 다시 켜려는데 새된 목소리가 들립니다.

"춥고 시끄러워요, 켜지 마세요."

여름철 에어컨이 켜져 있는 시험장이 춥게 느껴진다면 에어컨을 끄는 대신 추운 사람이 한 겹 더 껴입는 게 상식입니다. 겨울철 히터가 틀어진 도서관이 덥게 느껴진다면 히터를 끄는 대신 더운 사람이 한 꺼풀 더 벗는 게 기본이고요.

담배는 어떨까요? 자유롭게 담배를 피울 권리. 해로운 담배 연기에서 벗어날 권리. 두 권리가 충돌할 때 어떤 권리를 우선해야 할 지 헌법재판소가 이미 판단했던 적이 있습니다. 금연구역을 지정한 「국민건강증진법 시행규칙」 관련 조항. 청구인은 이 조항이 흡연자의 행복추구권 등을 침해하는 위헌적인 조항이라며 헌법재판소의 문을 두드렸습니다.

국가는 흡연자들이 낸 세금으로 마땅히 흡연구역을 증설하고 편의시설을 제공해야 하는데도 이 조항은 도리어 흡연장소를 제한하고 비흡연자들의 권익만을 보호하고 있다는 것이 주장의 핵심이었죠.

헌법재판소는 결정문에서 우선 흡연권과 혐연권이 무엇인지 확인하고, 그 헌법적 근거를 설명합니다. 나아가 사생활의 자유에 기반한 흡연권은 사생활의 자유뿐만 아니라 생명권과도 연결되는 혐연권보다 우선할 수 없으므로, 결국 **흡연권은 혐연권을 침해하지 않는 선에서 인정되어야** 한다고 지적합니다.

더불어 흡연은 비흡연자들 개개인의 권리를 침해할 뿐만 아니라 흡연자 자신의 건강은 물론 환경까지 해친다는 점에서 사회적 비용을 유발한다는 점까지 꼬집죠.

결국 청구인이 위헌이라고 주장한 「국민건강증진법」 관련 조항은 공공의 이익을 위해 흡연자의 권리를 제한한 것으로 헌법에 합치된다는 게 헌법재판관 모두의 일치된 의견이었습니다.

판결 한 토막

흡연자가 비흡연자에게 아무런 영향을 미치지 않는 방법으로 흡연을 하는 경우에는 기본권의 충돌이 일어나지 않는다. 그러나 흡연자와 비흡연자가 함께 생활하는 공간에서의 흡연행위는 필연적으로 흡연자의 기본권과 비흡연자의 기본권이 충돌하는 상황이 초래된다. 그런데 흡연권은 위와 같이 사생활의 자유를 실질적 핵으로 하는 것이고 혐연권은 사생활의 자유뿐만 아니라 생명권에까지 연결되는 것이므로 <u>혐연권이 흡연권보다 상위의 기본권</u>이라 할 수 있다. 결국 흡연권은 혐연권을 침해하지 않는 한에서 인정되어야 한다.

흡연은 비흡연자들 개개인의 기본권을 침해할 뿐만 아니라 흡연자 자신을 포함한 국민의 건강을 해치고 공기를 오염시켜 환경을 해친다는 점에서 개개인의 사익을 넘어서는

> 국민 공동의 공공복리에 관계된다. 따라서 공공복리를 위하여 개인의 자유와 권리를 제한할 수 있도록 한 「헌법」 제37조 제2항에 따라 흡연행위를 법률로써 제한할 수 있다. 나아가 국민은 「헌법」 제36조 제3항이 규정한 보건권에 기하여 국가로 하여금 흡연을 규제하도록 요구할 권리가 있으므로, <u>흡연에 대한 제한</u>은 <u>국가의 의무</u>라고까지 할 수 있다.[83]

담배 한 갑의 가격은 4,500원입니다. 그 가운데 건강증진부담금과 담배소비세를 포함한 제세부담금은 모두 3,323원으로 담뱃값의 74%에 달합니다. 흡연이 초래하는 사회적 비용을 정확히 알지는 못하지만 흡연공간이 부족하다는 흡연자들의 볼멘소리를 어느 정도는 이해할 수 있는 금액과 비율입니다.

적지 않은 세금을 낸다는 사실이 타인에게 간접흡연을 강요할 면죄부가 될 수는 없을 겁니다. 하지만 비흡연자를 위해서라도 흡연자가 타인에게 피해를 주지 않고 흡연할 수 있는 장소를 마련해야 할 필요는 있습니다. 다른 사람의 권리를 존중해야 나의 권리도 온전히 누릴 수 있는 법이니까요.

민호의 자랑거리인 금연 아파트. 아파트 단지 앞에 멀끔한 흡연구역이 마련된다면 단지 내에서 담배를 피우는 흡연자도 조금은 줄어들지 않을까요?

법률 한 토막

「경범죄처벌법」

제3조(경범죄의 종류) ① 다음 각 호의 어느 하나에 해당하는 사람은 <u>10만 원 이하의</u> 벌금, 구류 또는 과료의 형으로 처벌한다.

11. (쓰레기 등 투기) <u>담배꽁초</u>, 껌, 휴지, 쓰레기, 죽은 짐승, 그 밖의 더러운 물건이나 못쓰게 된 물건을 <u>함부로 아무 곳에나 버린 사람</u>

「도로교통법」

제68조(도로에서의 금지행위 등) ③ 누구든지 다음 각 호의 어느 하나에 해당하는 행위를 하여서는 아니 된다.

5. 도로를 통행하고 있는 차마에서 <u>밖으로 물건을 던지는 행위</u>

Episode 22

902호 청년은 어쩌다 스토커가 됐을까?

층간소음과 스토킹처벌법

✎ 3줄 요약

- 바뀐 「주택법」은 아파트를 짓고 난 후 층간소음을 실제로 검사하는 사후확인제를 도입했다.
- 층간소음 피해를 보복소음으로 되갚으려다 어느새 내가 가해자가 될 수도 있다.
- 상대방에게 불안감과 공포심을 주는 행위를 반복한다면 스토킹범죄로 처벌받을 수 있다.

"민호야, 현우 좀 깨워라."

오늘만 벌써 두 번째입니다. 밥때를 놓치는 것 말고는 좀처럼 화내는 법이 없는 과장님도 슬슬 짜증이 나나 봅니다. 이럴 때는 자리를 피하는 게 상책입니다. 비몽사몽 정신없는 현우를 데리고 사무실을 나섭니다. 지금까지 늘 좋은 모습만 보여준 현우지만 이번 일은 꼭 짚고 넘어가야겠습니다. 근무 시간에 꾸벅꾸벅 졸지를 않나, 고작 1페이지짜리 간단한 보고서를 오타로 가득 채우지를 않나.

최악은 어제 오후였습니다. 우리 팀을 먹여 살리다시피 하는 단골 거래처와 통화를 하다가 세상에, 다른 회사 이름을 잘못 부르는 거 있죠? 지옥의 입구까지 다녀온 기분이었습니다. 그 일도 큰소리 안 내고 넘어갔는데 오늘만 두 번을 졸아? 아무리 현우라도 더는 두고 볼 수 없습니다. 이야기를 하다 보면 저도 모르게 큰 소리를 낼 것 같아서 옥상으로 가는 비상계단으로 현우를 끌고 왔습니다.

"왜 그러는데. 무슨 일인 건데."
"죄송합니다. 제가 잠을 못 잤습니다."
"너 또 축구 봤냐? 나도 보고 싶어, 근데 참는 거야. 출근해야 하니까."
"그건 아니고요. 윗집이…"
"윗집?"
"새로 이사 온 사람이 매일같이 파티를 해요. 밤새도록, 쿵쿵…"

생각지도 못한 답변에 말문이 막힙니다. 놀란 제 표정을 보고 마음이 놓였는지 현우가 꾹꾹 참아왔던 하소연을 늘어 놓습니다.

"처음엔 저도 좋게 이야기했어요. 웃으면서 이야기도 해보고, 관리실 통해서도 이야기하고. 근데 조용히 좀 해달라고 말한 다음 날이면 꼭 소음이 더 심해지더라고요. 기싸움하는 것도 아니고 유치하게. 휘둘리기도 싫고 며칠 지나면 괜찮아지겠거니 싶어서 귀마개도 껴보고, 이어폰 끼고 자보기도 했는데. 무슨 수를 써도 잠을 잘 수가 없더라고요. 그래서 저도 복수 좀 했죠."

"복수? 어떻게?"

"층간소음 복수를 위한 플레이리스트가 있어요. 우는 소리, 악쓰는 소리, 귀신 소리. 듣기 싫은 소리만 계속 반복되는 건데 스피커 사다가 화장실 환풍구에 대고 내내 틀었죠, 뭐."

"와… 너도 맘 단단히 먹고 덤볐구나. 힘들었겠다. 야. 그래서? 조용해졌어?"

"조용해지긴 했는데… 그제 현관문에 포스트잇을 붙여놨더라고요. 그걸 보고 난 뒤로 한숨도 못 자고 있어요."

"뭐라고 적혀 있었길래?"

> 화장실에서 귀신 소리 내는거 다 압니다.
> 902호 당신. 스토커로 고소합니다.
> 경찰서에서 봅시다.

현우는 이렇게 스토커가 되고 마는 걸까요?

층간소음, 왜 이렇게 심한 걸까?

폭행, 협박, 주거침입, 공무집행방해, 심지어 살인까지. 모두 층간소음을 계기로 발생한 범죄입니다. 단순히 예민한 개인의 문제로 치부하기에는 층간소음으로 인한 갈등의 골이 지나치게 깊고, 범위도 너무 넓습니다. 지역과 세대를 가리지 않아요.

실제로 전문가들은 층간소음의 첫 번째 원인으로 아파트 구조를 꼽습니다. 우리나라 아파트의 상당수는 '벽식 구조'를 택하고 있는데, 기둥과 보로 구성된 '라멘Rahmen 구조(기둥식 구조)'와 달리 벽체로 하중을 지지하는 방식입니다.

벽식 구조는 장점이 많아요. 상대적으로 공간 구성이 쉽고 효율적인데다, 공사 기간도 짧아서 경제적이기까지 합니다. 벽식 구조가 우리나라 아파트의 표준이 되기까지는 오랜 시간이 걸리지 않았습니다. 더 빨리, 더 많이 지을 수 있었으니까요. 문제는 벽식 구조가 라멘 구조에 비해 층간소음에 취약하다는 점입니다. 충격을 완화해 주는 기둥과 보가 없어서 진동과 소음이 벽을 타고 위아래로 퍼져나가기 쉽거든요.

그럼 정부는 이 지독한 층간소음 문제를 나 몰라라 하며 방관만 하고 있었느냐? 그렇지는 않습니다. 1991년 「주택건설기준규정」에 '바닥충격음(층간소음)'이라는 표현이 처음으로 등장합니다. '공동주택의 바닥은 각 층간의 바닥충격음을 충분히 차단할 수 있는 구조로 하여야 한다.' 구체적인 기준을 제시했다기보다는 선언에 가까웠던 이 규정은 소음 기준(dB, 데시벨)과 두께 기준(콘크리트 슬래브 두께)을 도입하며 더욱 발전했습니다.

사전인정제도 오랫동안 운영되었는데, 문제는 소음 기준을 충족하는 것으로 사전에 인정받은 바닥 구조로 시공하기만 했다면 아파트를 다 짓고 나서 실제로 소음 기준을 만족하는지 확인하지 않아도 된다는 거였죠. 당연히 층간 소음은 사라지지 않았습니다.

아파트가 다 지어진 뒤에 이사 온 주민 입장에서는 답답할 수밖에 없었어요. 뒤늦게 층간소음 문제를 파악했다 한들 관할 기관으로부터 멀쩡히 사용검사도 받았겠다, 다른 주민들의 입주도 끝났겠다, 달리 뾰족한 수가 없었죠. 설계 당시 승인해 준 대로 규정에 맞게 지었다는 아파트의 소음 원인을 입주민 개개인이 살펴서 피해를 규명하느니 차라리 이사를 가는 게 훨씬 빠르고 현실적인 대안이었습니다.

이와 같은 규정에도 불구하고 층간소음 문제가 해결되기는커녕, 우리 사회의 고질적인 문제로 자리 잡자 또다시 법이 바뀝니다. 2022년 「주택법」은 **사후확인제**를 신설합니다. 사전인정제의 한계를 극복하기 위해 사용검사를 받기 전에 바닥충격음 성능을 검사받고, 그 결과에 따라 사용검사권자가 보완시공이나 손해배상을 권고할 수 있도록 한 게 핵심이었죠.

제도의 실효성을 높이기 위해 24년에는 성능검사 결과를 입주예정자에게도 알리게 만드는 채찍과 바닥 두께를 기준보다 두껍게 지으면 아파트의 높이 제한을 완화해 주는 당근까지 반영한 또 한 번의 법 개정을 마칩니다. 이번엔 어떨까요? 지긋지긋했던 층간소음. 이번에야말로 끝장낼 수 있을까요?

법률 한 토막

「주택법」
제41조(바닥충격음 성능등급 인정 등)
⑧ 사업주체가 대통령령으로 정하는 두께 이상으로 바닥구조를 시공하는 경우 사업계획승인권자는 「국토의 계획 및 이용에 관한 법률」 제50조 및 제52조제1항제4호에 따라 지구단위계획으로 정한 건축물 높이의 최고한도의 100분의 115를 초과하지 아니하는 범위에서 조례로 정하는 기준에 따라 건축물 높이의 최고한도를 완화하여 적용할 수 있다.

제41조의2(바닥충격음 성능검사 등)
⑤ 사업주체는 제15조에 따른 사업계획승인을 받아 시행하는 주택건설사업의 경우 제49조에 따른 사용검사를 받기 전에 바닥충격음 성능검사기관으로부터 성능검사기준에 따라 바닥충격음 차단구조의 성능을 검사받아 그 결과를 사용검사권자에게 제출하여야 한다.
⑥ 사용검사권자는 제5항에 따른 성능검사 결과가 성능검사기준에 미달하는 경우 대통령령으로 정하는 바에 따라 사업주체에게 보완 시공, 손해배상 등의 조치를 권고할 수 있다.
⑧ 사업주체는 제5항에 따라 사용검사권자에게 제출한 성능검사 결과 및 제7항에 따라 사용검사권자에게 제출한 조치결과를 대통령령으로 정하는 방법에 따라 입주예정자에게 알려야 한다.
⑩ 바닥충격음 성능검사기관은 제5항에 따른 성능검사 결과를 토대로 대통령령으로 정하는 기준과 절차에 따라 매년 우수 시공자를 선정하여 공개할 수 있다.

너 호구야? 참지 마, 복수해!

온라인 쇼핑몰에서 층간소음을 키워드로 검색하면 진풍경이 펼쳐집니다. 한쪽에는 층간소음을 줄일 수 있는 소음저감매트가, 다른 한편에는 층간소음 해결사를 자처하며 보복소음을 부추기는 상품들로 가득하거든요. 가장 잘 팔리는 상품은 우퍼 스피커입니다. 소리는 물론 진동도 커서 위층으로 **보복소음**을 틀림없이 전달할 수 있어서 인기가 많습니다. 상품만 파느냐? 아닙니다, 대한민국에서 장사하는데 당연히 서비스도 있죠. 귀신 소리나 울부짖는 소리와 같이 보복소음이라는 표현에 딱 들어맞는 불쾌한 소리를 모아 음원도 제공해요.

이런 상품을 사고파는 것은 불법이 아니지만, 광고에서처럼 윗집에 보복할 용도로 사용한다면 법을 어기게 될 수도 있습니다. 층간소음으로 고통받던 안타까운 피해자가 순식간에 악독한 가해자로 바뀌는 거죠.

두 번의 재판 끝에 무죄가 확정된, 지금 소개할 사건의 피고인도 처음부터 가해자는 아니었습니다. 윗집에 사는 피고인은 아랫집과의 층간소음 문제를 해결하기 위해 노력했어요. 아파트에 있는 층간소음관리위원회의 중재는 물론, 환경분쟁조정위원회의 조정 절차를 거치기까지 했으니까요. 그럼에도 불구하고 갈등이 해소되지 않자 피해자가 의도적으로 소음을 낸다고 믿은 피고인은 아랫집을 찾아가 욕을 하며 출입문을 걷어찼습니다.

마침 피해자의 아들이 귀가하며 어쩔 수 없이 아랫집이 문을 열자 피고인은 오른쪽 발과 다리로 출입문을 막아 닫지 못하게 한 후 현관 입구까지 들어가 피해자의 주거에 침입했고요. 법원은 피고인이 피해자의 주거에 침입하여 주거의 평온을 해쳤다는 사실은 인정하면서도, 피고인의 행동이 정당행위에 해당하므로 죄가 되지는 않는다고 판단했습니다.

법원은 ① 피고인과 피해자가 오랜 기간 다퉈온 층간소음 갈등의 주된 책임이 피해자에게 있고, ② 소음 중단을 요청하러 갔다가 마침 문이 열려 항의한 것이 허용되지 않는다고 보기 어려운 데다, ③ 층간소음을 중단할 즉각적인 수단이 없는 현행 제도상 피고인의 행위가 사회상규에 위배되지 않는다고 설명했습니다[84].

이 사건에서는 피고인의 특별한 사정 등이 참작되어 무죄가 선고되었지만, 층간소음에 단순히 항의하는 것을 넘어 보복하다가 죄를 저질러 평생 전과를 안고 살아가야 하는 사람이 수도 없이 많습니다[85]. 내가 윗집이든 아랫집이든, 절대로 감정적으로 행동해서는 안 돼요.

> **법률 한 토막**
>
> 「형법」
>
> **제319조(주거침입, 퇴거불응)** ① 사람의 주거, 관리하는 건조물, 선박이나 항공기 또는 점유하는 방실에 침입한 자는 3년 이하의 징역 또는 500만 원 이하의 벌금에 처한다.
>
> **제20조(정당행위)** 법령에 의한 행위 또는 업무로 인한 행위 기타 사회상규에 위배되지 아니하는 행위는 벌하지 아니한다.

층간소음과 강력범죄

이 외에도 층간소음이 강력범죄로까지 번진 사례도 있습니다. 이쯤 되면 더 이상 윗집과 아랫집만의 문제가 아니에요. 주변 이웃과 경비원, 경찰과 공인중개사까지 분쟁에 휘말리는 경우도 제법 있습니다.

2021년, 서울 서대문구의 한 아파트에서 끔찍한 사건이 벌어졌습니다. 층간소음 중재 문제로 불만을 품고 아파트 경비원과 갈등을 빚어오던 가해자가 피해자 경비원을 사망에 이르게 한 겁니다.

피해자의 나이는 71세. 가해자는 피해자의 머리를 15회 이상 발로 밟고 범행 현장인 경비실에서 나왔다가, 다시 경비실 안으로 들어가 바닥에 쓰러져 방어할 수도 없는 피해자를 재차 가격했습니다. 사건의 정황이 담긴 판결문은 아무리 심호흡을 해도 잘 읽히지 않습니다.

> **판결 한 토막**
>
> 그러나 무엇보다도 존엄한 가치인 사람의 생명을 침해하는 살인죄는 그 이유를 불문하고 절대 용인될 수 없는 중대한 범죄인 점, 범행수법이 매우 잔혹하고, 피해자가 입은 외상의 부위와 정도, 이 사건 범행 직후 현장의 모습 등에 비추어 피해자가 이 사건 범행 도중에 형언할 수 없는 공포심과 고통을 느꼈을 것으로 보이는 점, 특히 피해자의 유족은 여전히 상당한 정신적 고통을 호소하고 있으며, 피고인을 엄벌에 처해달라는 호소를 여러 차례 한 점, 이 사건 범행으로 인한 피해가 전혀 회복되지 않은 점, 이 사건 범행은 사회적 약자라 할 수 있는 고령의 경비원을 대상으로 한 것으로 비난 가능성이 큰 점 등을 고려할 때, 피고인에 대하여 중형의 선고가 불가피하다[86].

나 너 안 좋아해, 스토커 아니야!

902호 현우가 시끄러운 1002호 사람을 좋아할 리는 없을 거예요. 그럼에도 1002호가 현우를 스토커로 고소하겠다고 큰소리친 데는 나름의 이유가 있습니다. 막연히 뉴스나 영화를 통해 우리가 주로 접했던 스토킹은 짝사랑을 하다못해 선을 넘어버린 위험한 사람들이 저지르는 죄였습니다.

하지만 스토킹 범죄는 반드시 연애 감정이나 이성 간의 관계를 전제로 삼지는 않아요. 실제로 「스토킹처벌법」은 스토킹 행위를 다음과 같이 정의합니다. '상대방의 의사에 반(反)하여 정당한 이유 없이 상대방에게 다음 각 목의 어느 하나에 해당하는 행위를 하여 상대방에게 불안감 또는 공포심을 일으키는 것.' 각 목에 열거된 행위의 면면을 보면 ① 피해자를 따라다니거나, ② 피해자를 주변에서 기다리거나 지켜보는 행동, ③ 글이나 이미지, 영상 등을 피해자에게 전달하는 행동 등 스토킹 하면 떠오르는 전형적인 행위를 포함하고 있지만, 어디에도 성별이나 호감, 연애감정 등을 요건으로 정해두지는 않았어요.

결국, 902호 현우가 1002호 **사람의 의사에 반하여** 불쾌감을 주는 귀신 소리를 **지속적**이고 **반복적**으로 전달하는 방식으로 1002호의 **불안감**과 **공포심**을 유발했다면 「스토킹처벌법」에 따라 처벌을 받더라도 이상할 게 없는 거죠.

층간소음과 기타 주변 소음에 대한 불만으로 보복소음을 냈던 A의 사례가 있습니다. 사람들이 곤히 잠든 새벽, A는 도구로 벽과 천장을 때려 쿵쿵 소리를 내고 음향기기로 찬송가를 크게 틀었습니다. 이런 행동이 수

개월에 거쳐 반복되자 이웃들은 대화를 시도했지만 A는 이웃들과의 대화를 거부한 것은 물론, 대화를 시도한 이웃을 스토킹 혐의로 고소하기까지 했어요. 신고요? 당연히 했죠. 하지만 A는 출동한 경찰관에게 "영장 들고 왔냐?"면서 대화와 출입을 거부했습니다. 이후 압수·수색·검증영장에 따라 확인한 A의 집 천장에는 보복소음을 내는 과정에서 파인 것으로 보이는 흔적이 발견되기도 했고요.

A의 불복으로 3번이나 계속된 재판에서 A는 모두 유죄 판결을 받았습니다. 대법원은 A의 행위에 정당한 이유가 없다는 점을 지적했습니다. A의 행동은 층간소음의 원인과 해결 방안을 찾기 위한 행위로 볼 수 없는 데다가, 객관적으로 상대방에게 불안감과 공포심을 일으키기에 충분했다는 것이 판결의 핵심이었습니다.[87]

"아무리 그래도 나는 아니겠지, 설마…" 당장 저만 해도 그렇게 생각합니다. 많고 많은 사람들 가운데 하필 이렇게나 고약한 사람을 이웃으로 만나기도 쉽지 않을 거예요. 판결문에 적혀 있는 것처럼 ① 곤히 잠든 새벽 시간을 골라 ② 짧은 기간 동안 반복적으로 ③ 지독할 정도로 큰 보복소음을 내는 사람을 만난다? 정말이지 낮은 확률일 겁니다.

하지만 분쟁에 대처하는 최소한의 지식을 갖춰 둔다면 결정적인 순간에 나와 내 가족을 보호하기 쉽고, 뜻하지 않게 범법자가 되는 상황을 피하는 데 큰 힘이 될 겁니다. 쌓이고 쌓인 화가 잘못 터져버리면 강력범죄로 번지기 쉬운 층간소음의 특수성을 고려하면 더욱 그렇고요. 902호 현우처럼 곤란한 일을 겪지 않으려면 나도 언제든 가해자가 될 수 있다는 점을 기억하고, 「스토킹처벌법」의 처벌 범위가 넓다는 점도 잊지 말아야겠습니다.

윗집에 조용히 좀 해달라고 여러 차례 좋은 말로 부탁했는데도 차도가 없다? 그때는 위층을 찾아가 문을 두드리기보다 제3자의 도움을 구하는 게 현명합니다. 먼저 관리사무소나 층간소음 이웃사이센터에 중재를 요청하고, 못 견딜 정도로 소음이 심하다면 「경범죄처벌법」을 근거로 경찰에 신고해 도움을 받는 방법도 있습니다. 즐거운 나의 집에서 조용하고 쾌적하게 생활할 권리. 대단한 욕심은 아니지만, 그렇다고 만만치도 않습니다. 모쪼록 우리 모두의 소중한 일상이 평온하길, 층간소음 없는 세상이 찾아오길 간절히 바랍니다.

법률 한 토막

「스토킹처벌법」

제2조(정의) 이 법에서 사용하는 용어의 뜻은 다음과 같다.
1. "스토킹행위"란 상대방의 의사에 반(反)하여 정당한 이유 없이 다음 각 목의 어느 하나에 해당하는 행위를 하여 상대방에게 불안감 또는 공포심을 일으키는 것을 말한다.
2. "스토킹범죄"란 지속적 또는 반복적으로 스토킹행위를 하는 것을 말한다.

「경범죄처벌법」

제3조(경범죄의 종류) ① 다음 각 호의 어느 하나에 해당하는 사람은 10만 원 이하의 벌금, 구류 또는 과료의 형으로 처벌한다.
21. (인근소란 등) 악기·라디오·텔레비전·전축·종·확성기·전동기 등의 소리를 지나치게 크게 내거나 큰소리로 떠들거나 노래를 불러 이웃을 시끄럽게 한 사람

진짜 간짜장은 소리부터 다르다
공사장 소음과 참을 한도

✒️ **3줄 요약**

- 「헌법」제35조는 쾌적한 환경에서 생활할 권리와 환경을 보호할 의무를 함께 정해두었다.
- 법이 정한 소음 기준을 지켰더라도 상대방에게 '참을 한도'가 넘는 피해를 입혔다면 손해를 배상해야 할 수 있다.
- 공해지역인 걸 알면서도 위험을 감수하고 이주했다면 환경피해를 일으킨 사람의 책임이 줄어들 수도 있다.

새해 첫날 아침. 직장인의 가장 큰 관심사는 연애도, 다이어트도 아닙니다.

'올해 휴일은 얼마나 되나?'

이것부터 확인하지 않으면 다른 어떤 계획도 세울 수 없죠. 처음 달력을 봤던 새해 첫날부터 내내 기다려 온 평일의 공휴일, 오늘은 부처님 오신 날입니다. 부처님의 사랑이 얼마나 크고 깊은지! 잦은 결혼식으로 지친 5월 한복판에 꿀맛 같은 휴일을 선물해 주네요. 이런 날은 그냥 푹 쉬라는 게 부처님의 뜻이겠지요.

새벽까지 영화를 보다가 느지막이 일어나 시계를 보니 어느새 11시입니다. 침대에서 좀 더 빈둥거리다 모자를 눌러쓰고 동네 중국집으로 향합니다. 이사 온 첫날, 전입신고를 하러 주민센터에 가는 길에 아무런 기대 없이 들렀다가 단골이 된 식당입니다. 만들어 둔 소스와 면을 따로 내기만 하면서 간짜장이라고 주장하는 어떤 식당과는 다르게, 주문을 받으면 비로소 춘장과 양파를 볶는 소리가 들려요. 곧 사장님이 김이 나는 간짜장을 내오시면 그릇을 가득 채운 양파가 저를 반깁니다. 미리 만들어둔 소스 통 속에서 힘을 잃고 흐물흐물해진 양파와는 격이 다른 싱싱한 양파부터 한 입 건져 올리면 아삭아삭 씹히는 소리가 입 안 가득 울려 퍼지죠. 진짜 간짜장은 소리부터 다르다는 말이 괜한 말이 아닙니다.

그런데 오늘은 애타게 기다렸던 간짜장이 평소만큼 맛있지 않습니다. 소리. 어떤 소리 때문입니다. 춘장 볶는 소리도, 양파 씹는 소리도 모두 묻어버릴 만큼 시끄러운 공사장 소음! 길 건너에 으리으리한 쇼핑몰을 지을 거라는 이야기를 듣기는 했는데… 벌써부터 이렇게 큰 소음이 들릴 줄은 몰랐습니다. 핸드폰도 보지 않고 조용히 간짜장에만 집중해 보려고 노력하기를 여러 번. 결국 포기하고 사장님께 떼를 씁니다.

"공사하는 내내 이렇게 시끄럽대요?"
"그러니까 말이에요. 죄송합니다, 손님."
"저야 30분만 참으면 되는데, 사장님은 괜찮으세요?"
"솔직히 미치겠습니다. 요리하는데 집중도 안 되고, 손님들 볼 낯이 없어요."
"민원은 넣어 보셨어요?"
"다 했죠. 시청에도 전화하고 공사장에 찾아가서 사정도 해보고. 근데 자기들은 할 거 다 했대요. 애초에 여기가 상업지역이라 소음 규제 기준도 낮은데, 추가로 방음벽까지 세워줬으면 됐지 뭘 더 해줘야 하냐고 오히려 화를 내더라고요."

공사가 끝나려면 족히 2, 3년은 걸릴 텐데. 인생 최고의 간짜장 집을 이렇게 잃고 마는 걸까요? 법이 정한 소음 기준을 지켰다는 공사장 사람들에게 사장님은 더 이상 아무런 말도 할 수 없는 걸까요?

북극곰? 무슨 뚠구를 잡는 소리야

"아직도 안 가라앉았어?" 몰디브로 신혼여행을 떠나는 후배를 볼 때마다 이렇게 말하던 선배가 있었습니다. "내가 결혼할 때도 가라앉기 전에 마지막으로 가봐야 한댔는데. 아직 잘 있냐?" 다행히 아직 몰디브는 물에 잠기지 않았어요. 그렇지만 이대로 해수면 상승이 계속된다면 바닷속으로 사라지는 최초의 나라는 아마 몰디브가 될 겁니다. 환경을 보호해서 몰디브를 구하고 북극곰을 살리자는 구호가 뜬구름 잡는 소리처럼 들릴 때가 많습니다. 너무 먼 나라 이야기니까요.

하지만 너무 익숙해서 그렇지, 우리는 일상생활에서도 쾌적한 환경의 중요성을 매 순간 느끼고 있습니다. 출근길 지하철에 들어설 때 코를 찌르는 땀 냄새, 점심시간에 산책을 마치고 마시는 차가운 물, 일을 하다 문득 고개를 들었을 때 창밖으로 보이는 뿌연 미세먼지.

'환경'이라는 게 꼭 북극의 얼음이나 몰디브의 바닷물처럼 보호해야 할 것들만 말하는 게 아니더라고요. 막연히 생각했던 것보다 환경은 훨씬 더 넓은 개념이고, 훨씬 더 중요한 개념입니다. 얼마나 중요한지, 조문이 130개밖에 되지 않는 「헌법」에서도 선언적이나마 인간의 기본적인 권리로 **환경권**을 들고 있을 정도니까요.

법률 한 토막

「헌법」

제35조 ① 모든 국민은 건강하고 쾌적한 환경에서 생활할 권리를 가지며, 국가와 국민은 환경보전을 위하여 노력하여야 한다.
② 환경권의 내용과 행사에 관하여는 법률로 정한다.

「헌법」 제35조는 문장 구성이 조금 특이합니다. 국민들이 건강하고 쾌적한 환경에서 생활할 권리를 강조하면서 동시에 환경을 보호하기 위해 노력해야 한다는 의무도 부여하고 있어요. 기억하시죠? 재판이라는 건 결국 권리와 의무를 다투는 과정이라는 거. 권리와 의무를 더불어 강조한 이 조문을 통해 우리는 환경을 둘러싼 사람들 사이의 분쟁이 끊이지 않으리라는 걸 쉽게 짐작할 수 있습니다.

이에 더해 헌법재판소는 ① 환경권의 보호대상이 되는 환경에는 지하나 지상의 자연환경뿐만 아니라 일상적 생활환경도 포함된다는 점을 명확히 한 뒤, ② 환경피해로 중요한 기본권 침해가 발생할 수 있으므로 ③ 환경침해의 허용 범위를 입법자가 정할 필요가 있다고도 강조했습니다.[88]

법만 지키면 장땡일까?

위 결정에서 헌법재판소가 인용한 「환경정책기본법」은 환경을 굉장히 넓게 정의하고 있습니다. 땅, 바다, 하늘과 같은 자연환경과 폐기물, 소음, 악취, 햇볕 등 일상생활과 관련된 생활환경까지 모두 포함하죠. 단 한 가지 법 안에 이 모든 걸 정해둘 수는 없겠죠? 그랬다가는 필요한 조문이 어디에 있는지 찾느라 시간을 다 쓰고 말 겁니다. 그래서 우리 「환경법」은 「헌법」 제35조를 최상위법으로 삼고 그 아래 「환경정책기본법」을 통해 뼈대를 세운 뒤, 오염 매체에 따른 각각의 개별 환경법을 만들어 환경 분쟁을 관리하고 있습니다. 「소음·진동관리법」, 「물환경보전법」, 「폐기물관리법」, 「대기환경보전법」, 「토양환경보전법」.

　오염 분야에 따라 세밀하게 마련된 우리나라의 「환경법」 체계는 나날이 복잡해지고 어려워져만 가는 환경 분쟁을 해결하는 데 없어서는 안 될 핵심적인 기준이 되었고요. 그럼 법에서 정해둔 기준만 따르면 아무런 문제가 없을까요? 도저히 못 견딜 정도로 힘들어도요? 우리 법원은 그렇지 않다고 말합니다.

　A는 상업지역에 있는 지상 건물 3층과 4층에서 앵무새를 사육하고 판매해 왔습니다. 매장 운영 5년 차를 맞이했을 무렵, 바로 옆 부지에서 지하 4층, 지상 15층짜리 건물을 짓는 공사가 시작됐습니다. 공사 현장에서 발생하는 소음과 진동으로 앵무새가 이상증세를 보이다 죽기까지 하자, 건설사와 시청에 여러 차례 민원을 제기한 끝에 A는 건설사를 상대로 소송을 제기합니다. 304마리의 앵무새가 폐사한 데 따른 4억 원에 달하는 손해를 물어내라는 거였죠. 하지만 A는 패소를 거듭합니다.

법원이 밝힌 패소의 결정적인 근거는 크게 3가지였습니다. ① 앵무새 판매장은 애초에 소음 규제 기준이 비교적 낮은 상업지역에 있고, ② 건설사는 앵무새 판매장이 위치한 상업지역의 소음·진동 규제기준을 준수한 데다가 ③ 시청의 행정지도에 따라 A의 매장이 있는 건물 높이까지 추가로 방음벽을 설치하기까지 했으므로 시공 과정에서 크고 작은 소음이 있었다고 하더라도 법을 위반한 수준은 아니라는 거였죠. 자연히 건설사의 손해배상 책임도 인정하지 않았습니다[89].

하지만 대법원의 판단은 달랐어요. 법원은 우선 사람이 사회생활을 하는 이상 다른 사람이 피해를 준다고 하더라도 어느 정도까지는 이를 참아내야 하는, 이른바 **참을 한도**가 있다고 말합니다. 만약, 참을 한도를 넘어서까지 다른 사람에게 피해를 입혔다면? 그때는 **설령 법을 지켰다고 하더라도** 위법한 행위가 될 수 있다고 설명해요.

법원은 A가 입은 피해가 참을 한도를 넘었는지 제대로 살피기 위해서는 판매장이 위치한 지역의 구체적인 이용현황도 고려해야 한다고 말합니다. 비록 판매장이 상업지역에 있다고 하더라도 이 지역에는 상가뿐만 아니라 오피스텔 등 사람들이 먹고 자고 생활하는 주거가 광범위하게 분포되어 있는 데다, 이 사건 신축공사 전까지는 안정적으로 판매장을 운영해 온 게 사실이니까요. 특히, 공사 소음으로 인한 앵무새의 폐사와 산란율 저하가 A가 주장하는 피해의 핵심인만큼, 그 손해를 따지자면 상업지역의 생활소음 규제기준 뿐만 아니라 더 엄격한 기준인 가축피해 인정 기준도 함께 살펴야 한다고 지적하죠[90].

> **법률 한 토막**
>
> 「환경정책기본법」
>
> **제3조(정의)** 이 법에서 사용하는 용어의 뜻은 다음과 같다.
>
> 1. "환경"이란 자연환경과 생활환경을 말한다.
> 2. "자연환경"이란 지하·지표(해양을 포함한다) 및 지상의 모든 생물과 이들을 둘러싸고 있는 비생물적인 것을 포함한 자연의 상태(생태계 및 자연경관을 포함한다)를 말한다.
> 3. "생활환경"이란 대기, 물, 토양, 폐기물, 소음·진동, 악취, 일조, 인공조명, 화학물질 등 사람의 일상생활과 관계되는 환경을 말한다.
> 4. "환경오염"이란 사업활동 및 그 밖의 사람의 활동에 의하여 발생하는 대기오염, 수질오염, 토양오염, 해양오염, 방사능오염, 소음·진동, 악취, 일조 방해, 인공조명에 의한 빛공해 등으로서 사람의 건강이나 환경에 피해를 주는 상태를 말한다.

다 알고 온 거 아니었어?

참을 한도를 넘는 피해가 발생했는지를 따질 때 법원은 이른바 **종합적 판단설**을 따릅니다. 법에서 정한 규제 기준을 지켰는지를 확인하는 것은 기본이고, 여기에 더해 침해된 이익의 성질과 정도, 가해행위의 종류와 구체적인 모습, 가해행위가 얼마만큼의 공공성을 띠는지, 가해자가 피해 방지를 위한 노력은 얼마나 했는지 등을 종합적으로 고려해서 판단한다는 뜻입니다. 환경분쟁이라고 단순하게 뭉뚱그려 채점하기에는 갈등과 피해의 양상이 너무나 다양하기 때문일 겁니다.

앵무새 폐사 사건은 물론, 유리로 된 건물이 반사한 햇빛이 인근 주민들의 시야를 방해한 사건이나[91], 절에서부터 불과 6m 떨어진 곳에 고

층빌딩을 지으려는 사람에게 조용하고 쾌적한 종교적 환경 침해 등을 이유로 16층 이상의 공사를 금지한 사건에서도[92] 법원은 각각의 상황별 특수성을 꼼꼼히 살펴 종합적인 판단을 해왔습니다.

참을 한도를 넘는 피해가 발생했을 때 법원이 고려하는 것이 또 있습니다. 이른바 **위험에의 접근 이론**입니다. 쉽게 말해, 환경 피해를 입은 피해자가 그러한 피해가 발생할 수 있다는 것을 **알았거나**, 적어도 **알 수 있었음에도** 불구하고 **위험을 감수**하고 이주했다면 가해자의 책임을 줄여 줘야 하는가에 대한 이론입니다. 아파트 바로 옆에 초고층 빌딩이 있어서 굳이 들어가 살아보지 않더라도 햇볕이 잘 들지 않을 거라고 쉽게 예상된다거나, 인근에 커다란 변전소가 있어서 차를 타고 지나만 가도 윙 하는 소음이 들리는 경우를 떠올릴 수 있겠네요.

이 사실을 다 알고 이사 온 사람이 피해를 봤다고 주장한다면 빌딩 주인과 변전소 사장은 100% 모든 책임을 져야 할까요? 2005년에 법원은 김포공항에서 발생하는 소음으로 인해 인근 주민들이 입은 피해는 참을 한도를 넘는 피해로서, 대한민국이 이를 배상해야 한다고 판단했습니다. 판결에 앞서 김포공항의 소유자인 대한민국은 주민들에 대한 손해배상 책임을 면하게 해달라는 주장을 펼쳤어요. 1993년, **이미** 김포공항 주변을 **소음피해지역 및 소음피해예상지역**으로 분류해서 **알렸기 때문에** 책임이 없다는 거였죠.

하지만 대법원은 그러한 사실만으로 김포공항을 설치·관리하는 대한민국의 손해배상책임이 소멸되는 것은 아니라면서 주민들이 입은 피해에 대한 국가의 책임을 인정했습니다. 대신 손해배상액을 산정할 때 대한민국이 주민들에게 지급해야 하는 **위자료**를 **일부 감액**해 주었죠[93]. 또 언론 보도 등을 통해 공군 사격장의 소음 피해가 널리 알려진 이후 사격장 인근으로 이주해 온 주민들에 대해서는, 대한민국이 지급해야 할 손해배상액의 30%를 줄여줬고요[94].

민호의 단골 중국집 옆에 지어지는 건물이 공항이나 사격장이 아닌 걸 다행으로 여겨야겠죠? 공사 시간을 조정하고 더 튼튼한 방음벽을 세우면 양파 씹는 소리와 함께 간짜장 맛도 원래대로 돌아올 테니까요. 하지만 환경에도 값이 매겨지는 요즘, 이 값비싼 환경을 둘러싸고 얼마나 많은 사람들이 얼마나 복잡하게 얽혀 있는지 좀 더 고민해 볼 필요는 있겠습니다. 정말로 몰디브가 바다에 잠겨서 신혼여행의 추억이 사라져 버린다면, 너무 안타깝지 않을까요?

> **법률 한 토막**
>
> 「환경정책기본법」
> **제7조(오염원인자 책임원칙)** 자기의 행위 또는 사업활동으로 환경오염 또는 환경훼손의 원인을 발생시킨 자는 그 오염·훼손을 방지하고 오염·훼손된 환경을 회복·복원할 책임을 지며, 환경오염 또는 환경훼손으로 인한 피해의 구제에 드는 비용을 부담함을 원칙으로 한다.

Episode 24

대중교통에서 성추행범을 봤다고?
공중밀집장소추행죄와 무죄추정의 원칙

3줄 요약

- 많은 사람이 모이는 곳에서 사람을 추행한 사람은 공중밀집장소추행죄로 처벌한다.
- 성범죄 피해자의 특별한 사정을 무시한 채 피해자의 진술을 함부로 배척해서는 안 된다.
- 피고인은 유죄 판결이 확정될 때까지는 무죄로 추정된다.

동생 민희는 벌레를 참 싫어했습니다. 말로만 듣던 빨간 압류 딱지가 집 안에 붙어도 눈 하나 깜빡 않던 내 동생. 그런데 참 희한하죠? 별것도 아닌

벌레는 끔찍이 싫어해서 벌레가 팔에 앉기라도 하면 온 세상이 떠나가라 떠들썩한 비명을 질렀어요. 여름에 같이 길을 걸으면 바닥에 떨어진 벌레를 보고, 하도 소리를 질러대는 통에 덩달아 저도 깜짝 놀라 휴대폰을 떨어뜨렸다가 액정을 깨 먹은 적도 있어요.

민희의 벌레 혐오 역사가 시작된 건 아이러니하게도 저와 함께 떠났던 생애 첫 해외여행에서였습니다. 마음 같아서는 종아리가 터지도록 오랫동안 비행기를 타고 멀리멀리 신기한 나라로 동생을 데려가고 싶었는데, 제한된 예산 범위에서 이것저것 따지다 보니까 선택지가 별로 없더라고요.

부자들은 초밥만 먹고 싶어도 주말에 슝- 하고 가볍게 다녀온다는 일본은 일단 제외. 그리고 나서도 몇 날 며칠을 고민하다 고르고 고른 게 결국 홍콩이었습니다.

"잘 됐다. 〈중경삼림〉 촬영했던 곳도 갈 수 있겠네!"

화려한 유럽이 아니라 내심 아쉬울 텐데도 눈빛 연기는 양조위가 최고라느니, 장국영의 단골 딤섬 맛집은 꼭 가야 한다느니. 못난 오빠 기죽지 말라고 좋은 말만 늘어놓는 동생을 위해 〈중경삼림〉을 촬영했다는 충킹맨션 근처로 숙소를 잡았습니다.

우리나라의 불볕더위와는 또 다른 홍콩의 지독한 습도에 놀라며 침사추이 한복판을 지나는데, 걸을 때마다 빠각 빠각 소리가 들렸습니다. 허름한 호텔에 도착해서 캐리어를 호텔 바닥에 풀 때야 소리의 정체를 알게 됐죠. 캐리어 바퀴에 덕지덕지 붙어 있는 벌레의 잔해…

'아. 빠각- 했던 게 캐리어에 바퀴벌레가 으스러지는 소리였구나.'

똑똑한 동생이 냉혹한 현실을 받아들일 때까지 걸린 시간은 5초. 그 5초의 정적 뒤에 이어진 동생의 비명이 아직도 가끔 기억납니다. 얼마나 싫었던 걸까요. 모르고 들었다면 화재 경보라고 착각할 정도였죠.

그리고 오늘, 야근을 마치고 평소보다 한참 늦게 올라탄 퇴근길 버스에서 저는 그때의 폭풍전야와도 같은 정적을 다시 보고 있는 걸지도 모르겠습니다. 벌레가 많아 민희가 그렇게도 싫어하는 여름.

에어컨을 틀어도 푹푹 찌는데 맨 뒷자리에 앉은 제 또래 남성의 행동이 수상합니다. 팔짱을 끼고 자기 팔을 쓰다듬는 척하면서 반팔 교복을 입은 옆자리 여학생의 팔뚝을 만지는 것 같습니다. 아무리 봐도 손가락이 움직이는 모양새가 심상찮은데… 벌레만도 못한 성추행범이 아니기를 바라면서, 일단은 좀 더 지켜보기로 합니다.

마침 여학생 오른쪽 사람이 내리고 여학생이 그 자리로 한 칸 이동합니다. 어? 남자도 여학생을 따라 한 칸 이동하네요? 이 더운 날, 자리도 남았는데 굳이? 의심이 더욱 커집니다. 어쩌면 저 여학생은 캐리어 바퀴에 붙은 바퀴벌레 조각을 보고 얼어붙은 동생처럼, 말하고 싶어도 말하지 못 하는 상황이 아닐까요? 신고를 해야 할지, 당장 호통부터 쳐야 할지 생각만 많아집니다.

한편으론 괜히 생사람 잡는 건 아닐까 걱정도 돼요. 정말로 그냥 가려워서 팔을 쓰다듬는 거면 어떡하죠? 여학생 본인도 가만히 있는데 제가 나서는 게 맞는지 모르겠습니다. 성추행의 기준을 정확히 몰라서 너무 답답합니다.

저는 어떻게 해야 할까요?

밀집하는 vs. 밀집한

「성폭력처벌법」 제11조 공중밀집장소추행죄. 이름만 들어도 무슨 죄인지 어느 정도 짐작은 가지만 조금 특이하게 느껴지기도 합니다. 죄명에 장소가 포함된 것도 신기하고, 「형법」에 있는 **강제추행죄**와는 뭐가 다른지도 궁금해지죠. 실제로 조문을 구체적으로 들여다보면 둘 사이에 큰 차이가 있다는 걸 알 수 있어요.

강제추행죄와 달리 **공중밀집장소추행죄**는 **폭행 또는 협박**으로 사람을 추행할 것을 요건으로 삼지 않습니다. 이건 애초에 공중밀집장소추행죄를 별도의 죄로 규정해 벌하는 취지를 알면 쉽게 이해할 수 있습니다. 출·퇴근길 지하철이나 비 오는 날의 만원 버스를 떠올려 보세요. 사람들이 어찌나 **빽빽하게** 들어차 있는지 생각만 해도 숨이 막히네요. 잠깐 방심했다가는 인파에 휩쓸려 출구까지 가지도 못하고 내려야 할 정류장을 지나치기도 하니까요.

이렇게 **많은** 사람이 오가는 공공연한 장소에서는 가해자가 피해자에게 다가가기도 쉽고, 사람들로 둘러싸인 **피해자가 적극적으로 저항하거나 회피하기 어려운 상황**을 악용해서 뚜렷한 폭행이나 협박 없이도 추행 행위를 저지르기 쉽습니다. 따라서 강제추행죄와는 다른 양상을 띠는 범죄를 처벌하기 위해 별개의 죄를 규정할 필요가 있었던 거예요.

> **법률 한 토막**
>
> 「성폭력처벌법」
>
> **제11조(공중 밀집 장소에서의 추행)** 대중교통수단, 공연·집회 장소, 그 밖에 공중이 밀집하는 장소에서 사람을 추행한 사람은 3년 이하의 징역 또는 3천만 원 이하의 벌금에 처한다.
>
> 「형법」
>
> **제298조(강제추행)** 폭행 또는 협박으로 사람에 대하여 추행을 한 자는 10년 이하의 징역 또는 1천500만 원 이하의 벌금에 처한다.

그런데 공중밀집장소추행죄를 조금 고치는 게 어떠냐는 의견도 있습니다. '대중교통수단, 공연·집회 장소, 그 밖에 공중이 **밀집하는** 장소'라고 되어 있는 현재의 조문을 '대중교통수단, 공연·집회 장소, 그 밖에 공중이 **밀집한** 장소'로 바꾸자는 겁니다.

실제로 대법원까지 갔던 사건에서 유사한 주장이 재판의 중요한 쟁점이 되기도 했습니다. 대구의 한 찜질방 5층 수면실에서 50대의 남성이 잠을 자고 있던 20대 여성을 추행했습니다. 찜질방 CCTV 화면도 증거로 확보했기 때문에 가해자가 피해자를 추행한 사실 자체에 대해서는 큰 다툼이 없었어요.

대신, 피고인의 변호인은 찜질방 수면실은 공중이 밀집하는 장소가 아니라는 주장을 펼쳤습니다. 공중밀집장소추행죄에서 예로 들고 있는 대중교통수단, 공연·집회 장소와 같이 공중이 밀집하는 장소는 단순히 사람들이 많이 모이는 곳이 아니라 실제로 사람들이 빽빽이 들어서서 사람과 사람 사이에 공간이 좁아 신체적 접촉이 이루어지기 쉬운 곳만 해당한다고 해석해야 한다는 게 요지였습니다.

하지만 대구고등법원과 대법원 모두 이 주장을 받아들이지 않았습니다. 애초에 법을 만들 때 '밀집한' 장소가 아니라 '밀집하는' 장소로 정해 둔 까닭을 고려해서 해석해야 한다는 거였죠. ① 입법취지와 ② 조문의 내용, ③ 예시로 든 장소들을 종합적으로 따진 끝에 대법원이 내린 판단은 다음과 같습니다. 문장이 조금 기니까 천천히 읽어 볼게요.

> **판결 한 토막**
>
> 도시화된 현대사회에서 인구의 집중으로 다중이 출입하는 공공연한 장소에서 추행 발생의 개연성 및 그에 대한 처벌의 필요성이 과거보다 높아진 반면, 피해자와의 접근이 용이하고 추행장소가 공개되어 있는 등의 사정으로 피해자의 명시적·적극적인 저항 내지 회피가 어려운 상황을 이용하여 유형력을 행사하는 것 이외의 방법으로 이루어지는 추행행위로 말미암아 형법 등 다른 법률에 의한 처벌이 여의치 아니한 상황에 대처하기 위한 입법취지 및 위 법률 조항에서 <u>그 범행장소를 공중이 '밀집한' 장소로 한정하는 대신 공중이 '밀집하는' 장소로 달리 규정하고 있는 문언의 내용, 그 규정상 예시적으로 열거한 대중교통수단, 공연·집회장소 등의 가능한 다양한 형태 등에 비추어 보면, 여기서 말하는 '공중이 밀집하는 장소'에는 현실적으로 사람들이 빽빽이 들어서 있어 서로간의 신체적 접촉이 이루어지고 있는 곳만을 의미하는 것이 아니라 이 사건 찜질방 등과 같이 공중의 이용에 상시적으로 제공·개방된 상태에 놓여 있는 곳 일반을 의미하고, 구체적 사실관계에 비추어 공중밀집장소의 일반적 특성을 이용한 추행행위라고 보기 어려운 특별한 사정이 없는 한 그 행위 당시의 현실적인 밀집도 내지 혼잡도에 따라 그 규정의 적용 여부를 달리한다고 할 수는 없다</u>[95].

성범죄의 특수성과 '성인지 감수성'

공중밀집장소추행죄를 통해 보호하려는 것은 사람의 성적 자기결정권이고, 자연히 죄의 성립을 따지는 기준은 가해행위가 피해자의 성적 자기결정권을 침해했는가입니다. 따라서 법원은 추행의 의미를 '일반인을 기준으로 객관적으로 성적 수치심이나 혐오감을 일으키게 하고 선량한 성적 도덕관념에 반하는 행위로서 피해자의 성적 자기결정권을 침해하는 것'이라고 설명하죠[96].

하지만 안타깝게도 피해자가 아닌 제3자가 이를 판단하기는 무척 어렵습니다. 겉으로는 웃는 거 같아도 속으로는 피눈물을 흘리는 경우가 왜 없겠어요. 게다가 적지 않은 성범죄 피해자가 2차 피해를 두려워해 가해자와 관계를 유지하며 피해 사실을 즉시 신고하지 못하거나, 신고 후에도 수사기관이나 법원에서 소극적인 태도를 보이기도 합니다[97].

너무나 안타까운 일이죠. **성범죄 피해자의 특별한 사정을 무시한 채 피해자의 진술을 함부로 배척해서는 안 된다**는 것, 이것이 성범죄의 특수성을 고려해 대법원이 강조하는 **성인지 감수성**입니다[98].

의미 있는 판결이고 취지에 공감한다는 긍정적인 의견도 많지만, 동시에 성인지 감수성이라는 추상적인 개념의 해석에 대한 우려도 있습니다. 아직 어떤 법률에서도 성인지 감수성을 명확히 정의하고 있지 않다 보니, 자칫 받아들이는 사람에 따라 전혀 다른 의미로 파악해서 오용될 여지가 있다는 지적입니다.

피해자의 특별한 사정은 어디까지 감안해야 할까요? 혹시라도 피해자의 진술에 모순이 있다면 어디까지 신뢰하는 게 적절할까요? 재판에서 쓰이는 용어와 개념은 명확해야 합니다. 받아들이는 사람에 따라 대중없이 의미가 확장되거나 축소될 우려가 있어서는 안 됩니다. 특히, 시시비비를 따져 유, 무죄를 결정짓는 형사재판에서라면 더더욱이요.

> **법률 한 토막**
>
> 「양성평등기본법」
> 제5조(국가 등의 책무) ① 국가기관등은 양성평등 실현을 위하여 노력하여야 한다.

의심스러울 때는 피고인의 이익으로

2024년 1월. 자폐성 장애를 앓고 있는 피고인이 지하철에서 10대 여성을 추행했는지를 두고 다툰 재판에서 대법원은 성인지 감수성에 관한 또 다른 기준을 제시합니다.

성범죄의 특수성을 고려하여 **피해자의 진술을 함부로 배척해서도 안 되지만**, 그렇다고 성범죄 피해자 진술의 증명력을 제한 없이 인정하여야 한다거나 그에 따라 해당 공소사실을 **무조건 유죄로 판단해야 한다는 의미는** 아니라는 설명입니다.

사건이 발생한 건 21년 여름밤, 부산 지하철에서였습니다. 유죄를 선고했던 1심과 2심은 피고인이 피해자의 옆자리에 앉아 팔을 비비고, 피해자가 자리를 한 칸 옮기자 다시 따라와 추행 행위를 계속했다는 검찰의 주장을 받아들였습니다. '그냥 닿는다는 느낌이 아니라 옆에 사람이 팔을 비빈다는 느낌이 더 많이 들었고, 팔을 비빈 시간이 대략 정거장 3~4개는 갔던 시간으로 기억한다.'는 **피해자의 진술**과 사건 당시 피고인이 피해자를 추행한다고 판단하여 추행 장면을 촬영하기까지 한 **목격자의 증언**에 기초한 판단이었죠.

피고인은 수사 단계에서부터 시종일관 추행할 생각이 없었다고 밝혔지만, 법원은 수상한 자리 이동과 의심스러운 팔 비비기를 종합하여 살핀 끝에 추행의 고의를 인정했습니다.

그러나 대법원의 판단은 달랐습니다. 유죄 판결의 근거를 비장애인의 관점에서 함부로 인정해서는 안 된다고 꼬집었죠. ① 피고인의 자리이동방식이나 이동경로가 비장애인의 관점에서 이례적이거나 이상하더라도 그 행동이 **빈자리 채워 앉기에 대한 강박행동일 가능성**을 배제해서는 안 된다는 겁니다. ② 의심스러운 팔 비비기는 자폐성 장애의 특징 중 하나인 상동행동일 수 있다는 점을 간과했다고 지적합니다.

특정한 행동을 반복적으로 되풀이하는 상동행동. 법원은 상동행동의 양상이 사람마다 매우 다양하다는 점을 강조합니다. 따라서 비장애인의 관점에서 상동행동을 특정한 유형으로 전제한 뒤, 피고인의 행동이 이와 다르다는 이유로 상동행동이 아니라고 단정해서는 안 된다고 말합니다. 이를 기초로 추행의 고의가 있었다고 함부로 짐작해서도 안 되고요. 실제로 이 사건에서 검사는 자폐성 장애인인 피고인의 평소 습관이나 행동에 대해 별다른 증명을 하지 않았습니다.

'범죄사실의 인정은 합리적인 의심이 없는 정도의 증명에 이르러야 한다. 피고인은 유죄 판결이 확정될 때까지는 무죄로 추정된다.' 대법원은 형사소송의 대원칙을 거듭 확인하고 '의심스러우면 피고인의 이익으로'라는 오래된 법언까지 인용하며 2심 법원의 판결을 파기하고, 다시 심리·판단하도록 2심 법원으로 사건을 되돌려 보냅니다. 결국 피고인에게는 무죄가 선고되었고요.

> **판결 한 토막**
>
> 피해자 진술에는 자신이 직접 경험한 사실만이 아니라 그러한 사실을 기초로 하여 피고인이 고의로 추행을 하였다고 판단한 <u>주관적 의견이나 평가</u>까지 상당히 포함되어 있는데 (중략) <u>피해자와 목격자 모두</u> 공소사실 기재 당시에는 위와 같은 사정을 전혀 알지 못한 채 피고인이 당연히 비장애인임을 전제로 하여 비장애인의 관점에서 그 행위를 평가한 점 등의 여러 정황을 더하여 보면, 피해자 진술만으로는 추행의 고의를 부인하는 피고인의 주장을 배척하기에 충분할 정도에 이르렀다고까지 단정할 수 없으므로, 공소사실에 관하여 합리적인 의심을 할 여지가 없을 정도로 확신을 가질 수 있는 경우에 해당한다고 보기 어렵다[99].

재판 과정에서 성인지 감수성이 배제된 걸로 보이지는 않습니다. 오히려 판단 기준의 하나로 명확히 명시되어 있어요. 피해자의 진술을 함부로 배척하지도 않았고, 신빙성도 인정했으니까요. 다만, 법원은 형사 사건에서 **성범죄 피해자가 처한 특수한 사정을 고려해야 하는 것과 마찬가지로, 자폐성 장애를 앓고 있는 피고인의 특수한 사정도 고려해야 한다는 점을 동시에 강조하고 있습니다. 양자택일의 문제가 아니라, 둘 모두를 아울러야 비로소 정의롭고 진실된 판결을 내릴 수 있다는 겁니다.

법률 한 토막

「형사소송법」

제275조의2(피고인의 무죄추정) 피고인은 유죄의 판결이 확정될 때까지는 무죄로 추정된다.

제307조(증거재판주의) ① 사실의 인정은 증거에 의하여야 한다.
② 범죄사실의 인정은 합리적인 의심이 없는 정도의 증명에 이르러야 한다.

Episode 25

누구나 그럴싸한 계획을 가지고 있다
헬스장 환불과 방문판매법

3줄 요약

- 헬스장 이용계약은 계속거래로 언제든지 해지할 수 있다.
- 계약서에 적혀 있으면 끝일까? 아니다. 불공정한 조항은 효력이 부정될 수 있다.
- 계약 내용에 따라 환불 금액이 바뀔 수도 있다. 계약서에 서명하기 전에 환불 규정을 꼭 확인하자.

누구나 그럴싸한 계획을 가지고 있다. 이진국 과장님도 그랬습니다. 다음

건강검진까지 정확히 4개월. 과장님은 4개월 동안 한 달에 2.5kg씩 총 10kg을 빼겠다는 그럴싸한 계획을 세웠죠. 1차는 삼겹살, 2차는 감자탕. 다이어트와의 본격적인 전쟁을 앞둔 전날 밤 가진 마지막 회식에서 한 입만 더, 한 잔만 더를 외치던 이진국 과장님은 다음 날 땀을 벌벌 흘리며 사무실까지 계단을 걸어 올라 출근했습니다. "어제 못한 3차는 뱃살과의 전쟁이다!" 이때까지만 해도 과장님은 정말로 그 다이어트 계획이 이뤄질 거라고 믿었던 것 같습니다.

어느새 3개월이 지난 오늘. 건강검진까지 딱 한 달을 남겨두고 과장님은 오랜만에 체중계에 올랐답니다. 위대한 계획을 세울 때보다 오히려 더 올라가 버린 숫자를 보고 한참을 생각하던 과장님은 벼랑 끝에 몰린 뒤에야 가까스로 현실을 받아들였습니다.

"헬스장부터 바꿔야겠지?"

사실 과장님의 다이어트가 실패할 거라는 건 누구라도 쉽게 예상할 수 있었습니다. 통풍을 오래 앓았으면서도 여전히 치킨과 맥주를 포기하지 못한 과장님이 고른 헬스장은, 정확히 집과 회사에 중간 지점에 있었거든요. 집에서도 15분, 회사에서도 15분. 과장님은 출근길이든 퇴근길이든 언제든 운동할 수 있어서 참 좋다고 말했지만, 반대로 말하자면 퇴근길이든 출근길이든 언제로 운동을 미뤄도 좋다는 뜻이기도 했으니까요. 출근길에도 퇴근길에도 들르지 않던 헬스장은 오늘 당장 환불받고 올 테니까, 내일부터 회사 앞 헬스장에서 자기랑 같이 운동하자며 두 주먹을 불끈 쥐고 퇴근했던 과장님은 다음 날 아침 두 눈에 불을 켜고 씩씩거리며 사무실로 들어섰습니다.

"민호야, 네 변호사 동생 덕 좀 보자."

"네? 무슨 일인데요?"

"헬스장에서 환불을 못 해주겠대."

"왜요? 6개월 이용권이면 아직 절반은 남은 거 아니에요?"

"이용금액 빼고, 위약금 까면 남는 게 없대."

"그게 말이 돼요?"

"내 말이 그 말이야. 정 싫으면 다른 사람한테 양도하라는데 어이가 없더라."

일단 알았다고는 했지만 매번 이런 일로 동생을 괴롭힐 순 없습니다. 제가 해보죠, 뭐. 일단 상황을 정리해 볼게요. 과장님이 맨 처음에 골랐던 헬스장의 한 달 이용료는 원래 8만 원입니다. 그걸 6개월 장기계약하는 조건으로 할인받아서 월 5만 원에 계약했죠. 결국 과장님이 헬스장에 낸 돈은 총 30만 원입니다.

그럼 얼마를 돌려받아야 할까요? 6개월의 절반인 3개월만 다녔으니까 과장님이 이용한 금액은 30만 원의 50%인 15만 원일 테고, 과장님 개인 사정으로 그만두는 거니까 위약금은 과장님이 물어야겠죠?

헬스장 약관에 적혀 있는 위약금은 전체 금액의 10%, 3만 원입니다. 결국 납부한 금액 30만 원에서 이미 이용한 3개월 치 15만 원을 빼고, 위약금 3만 원을 추가로 더 빼면 남은 돈은 12만 원이네요. 30 - (15 + 3) = 12. 그런데 헬스장 사장님은 왜 한 푼도 돌려줄 수 없다는 걸까요? 헷갈릴 것도 없는 간단한 산수인데 왜?

단순 변심으로는 환불이 안 된다고?

지난달도, 이번 달도 경기는 어렵고 물가는 하루가 다르게 높아져만 갑니다. 큰맘 먹고 들여놓은 고급 운동기구, 천국의 계단은 오늘도 텅 비어 있어요. 자영업자인 헬스장 사장님에게는 더욱더 가혹한 현실입니다. 회원 한 분, 한 분이 절실하다 보니 절박한 마음에 에둘러 환불을 거절하거나 미루는 헬스장이 더러 있습니다. 헬스장이 잘못한 것도 없는데 고객의 **단순 변심**만으로는 환불할 수 없다고 안내하는 경우죠.

하지만 그 말은 틀렸습니다. 꼭 거창한 이유가 아니라도 「방문판매법」에 따라 고객은 언제든지 헬스장 이용계약을 해지할 수 있고, 정산 결과에 따라 돌려받을 금액이 남았다면 당연히 환불도 받을 수 있습니다. 이때 헬스장 사장님 입장에서는 이런 의문이 들 수도 있어요.

"회원님, 헬스장이 방문판매라뇨. 버젓이 체육관에 오셔서 계약하셨잖아요. 방문판매법이랑은 상관이 없어요."

「방문판매법」의 정확한 명칭은 「방문판매 **등**에 관한 법률」입니다. 이 법은 방문판매뿐만 아니라 헬스장, 필라테스, 요가와 같이 1개월 이상에 걸쳐 계속적으로 또는 부정기적으로 서비스를 공급하는 계약을 **계속거래**라고 정의한 뒤, 계속거래가 공정하게 이뤄질 수 있도록 필요한 사항도 함께 규정하고 있어요.

소비자의 권익을 보호하고 시장의 신뢰도를 높이는 걸 목적으로 만들어진 법답게, 조항의 내용도 제법 구체적입니다. 계속거래 계약을 체결한 소비자는 **언제든지** 계약을 해지할 수 있고, 고객의 단순 변심과 같이 사업자에게 책임 없는 사유로 계약을 해지하더라도 사업자가 입은 손실을 현저히 초과하는 위약금을 청구하거나, 돌려줘야 할 금액이 있는데도 **부당하게 환급을 거부해서는 안 된다**고 정해두었죠.

따라서 헬스장 이용계약은 방문판매가 아니기 때문에 계약을 해지할 수 없고, 환불도 해줄 수 없다는 사장님의 변명은 억지에 가까워요.

법률 한 토막

「방문판매법」

제2조(정의) 이 법에서 사용하는 용어의 뜻은 다음과 같다.

10. "계속거래"란 1개월 이상에 걸쳐 계속적으로 또는 부정기적으로 재화등을 공급하는 계약으로서 중도에 해지할 경우 대금 환급의 제한 또는 위약금에 관한 약정이 있는 거래를 말한다.

제31조(계약의 해지) 계속거래업자등과 계속거래등의 계약을 체결한 소비자는 계약기간 중 언제든지 계약을 해지할 수 있다. 다만, 다른 법률에 별도의 규정이 있거나 거래의 안전 등을 위하여 대통령령으로 정하는 경우에는 그러하지 아니하다.

제32조(계약 해지 또는 해제의 효과와 위약금 등) ① 계속거래업자등은 자신의 책임이 없는 사유로 계속거래등의 계약이 해지 또는 해제된 경우 소비자에게 해지 또는 해제로 발생하는 손실을 현저하게 초과하는 위약금을 청구하여서는 아니 되고, 가입비나 그 밖에 명칭에 상관없이 실제 공급된 재화등의 대가를 초과하여 수령한 대금의 환급을 부당하게 거부하여서는 아니 된다.

계약서에 적혀 있으면 끝일까?

만약, 계약서에 할인 행사 가격으로 등록한 계약은 절대로 환불이 불가능하다거나, 단순 변심은 계약 해지 사유에 해당하지 않는다고 적혀 있으면 어떨까요? 고객이 확인하고 서명했으니까 무조건 따라야 하는 걸까요? 그렇지는 않습니다. 계약서에 적혀 있더라도 그 조항은 효력이 없는 조항, 즉 **무효**로 판단될 가능성이 높아요. 왜냐? **소비자에게 지나치게 불리한 조항**이기 때문입니다. 「방문판매법」 제52조. 조문의 이름은 '소비자 등에게 불리한 계약의 금지'입니다. 소비자가 계속거래 계약을 언제든 해지할 수 있다고 정한 같은 법 제31조와 그 계약의 해지에 따라 발생하는 효과를 정한 제32조 등을 위반한 계약으로서 소비자에게 불리한 것은 효력이 없다는 내용을 담고 있어요.

더불어 「약관법」도 불공정한 조항을 무효로 판단하는 근거가 될 수 있습니다. 헬스장 이용계약서는 여러 명의 새로운 회원이 올 때마다 즉시 계약을 맺을 수 있도록 헬스장에서 미리 그 내용을 준비해 두죠? 이런 걸 약관이라고 하는데, 「약관법」에서도 공정성을 잃은 채 고객에게 부당하게 불리한 조항은 그 효력을 부정하거든요.

그렇다면 무효로 판단될 정도로 고객에게 지나치게 불리한 조항으로는 어떤 것들이 있을까요? 이벤트 가격으로 제공된 이용권이기 때문에 환불은 절대로 안 되고 오로지 다른 사람에게 양도하는 것만 가능하다는 조항, 고객의 사정으로 계약을 해지할 경우 터무니없이 높은 위약금을 부과하는 조항, 무료 서비스라면서 인바디를 재고 기구 사용법을 알려줬던 한

차례의 오리엔테이션에 엄청나게 비싼 값을 매겨서 환불할 때 공제하는 조항이 대표적입니다.

　소비자는 법에 따라 계속거래 계약을 해지할 수 있는 권리, 또 정산 결과에 따라 차액을 돌려받을 수 있는 권리를 가집니다. **법으로 정해둔 소비자의 권리**를 정당한 이유도 없이 제한한다면 비록 계약서에 적혀 있다고 하더라도 다툼이 발생했을 때 법정에서 그 효력을 인정받기는 어려울 겁니다.

법률 한 토막

「**방문판매법**」

제52조(소비자 등에게 불리한 계약의 금지) 제7조, 제7조의2, 제8조부터 제10조까지, 제16조부터 제19조까지, 제30조부터 제32조까지의 규정 중 어느 하나를 위반한 계약으로서 소비자에게 불리한 것은 효력이 없다.

「**약관법**」

제2조(정의) 이 법에서 사용하는 용어의 정의는 다음과 같다.

1. "약관"이란 그 명칭이나 형태 또는 범위에 상관없이 계약의 한쪽 당사자가 여러 명의 상대방과 계약을 체결하기 위하여 일정한 형식으로 미리 마련한 계약의 내용을 말한다.

제6조(일반원칙) ① 신의성실의 원칙을 위반하여 공정성을 잃은 약관 조항은 무효이다.

② 약관의 내용 중 다음 각 호의 어느 하나에 해당하는 내용을 정하고 있는 조항은 공정성을 잃은 것으로 추정된다.

1. 고객에게 부당하게 불리한 조항

누구나 그럴싸한 계약을 가져야 한다

그럼 환불 금액은 어떻게 계산하면 될까요? 계속거래 계약을 중도에 해지할 경우의 정산 기준은 「방문판매법」, 「체육시설법」, 「소비자기본법」 등에서 규정하고 있습니다. 표현의 차이는 있지만 대체로 기준은 대동소이해요. 이용개시일 이후 사업자의 잘못 없이 소비자의 사정으로 계약을 해지하는 경우라면 ① 소비자가 납부했던 총 계약금액에서, ② 소비자가 헬스장을 이용한 만큼의 금액과 ③ 통상적으로 총 계약대금의 10%에 해당하는 위약금을 공제하는 것이 일반적입니다. 쉽게 정리하면 다음과 같아요.

환불 금액 = {총 계약금액 - (이미 이용한 금액 + 위약금)}

이제 이진국 과장이 다녔던 헬스장의 이용요금표를 함께 볼까요?

뱃살빠GYM & 피트니스 등록비 안내	
단위	금액
1일 정상가격	5,000 원
1개월 할인가격 (6개월 장기계약 시)	50,000 원
1개월 정상가격	80,000 원
★운동복, 개인로커 무료! 퍼스널트레이닝은 데스크에서 상담 신청	

이진국 과장이 다녔던 헬스장 사장님의 논리는 이렇습니다. '이진국 회원이 납부한 6개월 치 30만 원에서 이미 이용한 90일 치를 1일 정상가

격 기준인 5천 원으로 계산하면 환불해 줄 금액은 한 푼도 없다!' 당연히 억지입니다. 「방문판매법」에 따른 공정거래위원회의 「계속거래 대금 환급 기준」은 일이면 일, 월이면 월, 공급받은 단위에 따라 소비자가 부담한 금액, 즉 **단위대금을 기준으로 환급**을 청구하도록 정해 두었기 때문입니다.

월 단위 가격으로 계약한 회원의 이용료를 1일 정상가격 기준으로 정산하는 것은 누가 보더라도 납득하기 어렵죠. 실제로 공정거래위원회는 위와 같은 정산 방식으로 소비자에게 과도한 부담을 지우는 헬스장 약관을 수정하라는 시정명령을 내리기도 했습니다[100].

그러나 여전히 궁금증은 남습니다. 월 단위 가격도 정상가격과 할인가격 2가지가 있잖아요? 이진국 과장이 3개월 동안 헬스장을 이용해 온 대금은 월 단위 할인가격 5만 원을 기준으로 한 15만 원일까요, 아니면 월 단위 정상가격 8만 원을 기준으로 한 24만 원일까요? 답은 **계약에 따라 다르다**입니다.

앞서 살핀 법령들이 환불 기준을 정한 취지는 소비자가 부당한 일을 겪지 않기 위한 가이드가 되어주기 위함이지, 전국의 모든 헬스장과 모든 회원 사이의 계약이 토씨 하나 틀리지 않고 똑같아야 한다는 뜻은 아닙니다. 실제로 「체육시설법」은 이용료 반환기준을 설명하면서 사업자와 이용자가 계약을 통해 따로 정해두지 않은 경우에 한해 적용된다는 점을 명확히 하고 있고, 「방문판매법」 또한 제30조 내지 제32조를 위반한 계약으로서 소비자에게 불리한 것의 효력을 부정할 뿐 소비자와 사업자가 합의하여 체결한 계약 내용 전부를 이래라저래라 강제하지는 않습니다.

애초에 소비자와 사업자가 서로에게 이익이 되는 방향으로 자유롭게 계약을 체결했다면 그 계약을 함부로 무효라고 볼 수는 없겠죠.

법원의 판단도 계약에 따라 다릅니다. 정상가격을 기준으로 해지환급금을 정해 두었다고 볼만한 아무런 증거가 없는 사건에서, 법원은 할인가격을 기준으로 환불금액을 계산했습니다[101].

이와 달리 헬스장을 이용해 온 대금을 할인가격이 아닌 정상가격을 기준으로 계산한 사례도 있습니다. 계약을 중도에 해지할 경우, 환불 금액을 어떻게 정할지 헬스장 이용계약서에 구체적으로 정해둔 경우였습니다. 1개월 정상가격이 8만 원인 헬스장에 1년 치 이용료를 미리 납부하는 대신 할인을 받아 33만 원만 지급했던 회원이 6개월 만에 개인 사정으로 계약을 해지하면서 환불을 요청했던 사안이었어요.

법원은 할인가격이 아닌 정상가격 8만 원을 기준으로 이용 대금을 계산했습니다. **환불 시에 정상가격을 기준으로 이용 대금을 계산하겠다는 점이**

계약서에 미리 정해져 있고, 장기 계약에 따른 할인 혜택을 환불 시에 제공하지 않는 것이 불합리하거나 부당하지는 않다는 것이 판결의 요지였습니다[102].

헬스장을 이용하려는 소비자의 입장이든, 헬스장을 운영하는 사장님의 입장이든, 결국 다툼이 생겼을 때 가장 먼저 꺼내 봐야 하는 것은 둘이 체결했던 계약서입니다. 사장님 입장에서는 헬스장 이용계약서가 「방문판매법」이나 「약관법」 등을 위반하지 않도록 공정하고 명확하게 작성한 뒤 중요 내용을 회원분들께 꼼꼼하게 설명해야 합니다.

소비자는 소비자대로 현란한 광고판의 숫자 대신 사장님이 내미는 계약서의 구석구석을 상세히 읽고 중간에 계약을 해지할 경우 환불 금액이 어떻게 정해지는지 파악해야 합니다. 「방문판매법」 등에서 정해둔 것과 달리 나에게 불리한 조항이 있다면 함부로 서명해서는 안 되겠죠. 한 치 앞을 모르는 세상, 사람 속은 더더욱 알 수 없는 세상입니다. 누구에게나 그럴싸한 계약이 필요한 이유입니다.

법률 한 토막

「계속거래 등의 해지·해제에 따른 위약금 및 대금의 환급에 관한 산정기준」

제2조(정의) 이 고시에서 사용하는 용어의 뜻은 다음과 같다.

3. "단위"란 당사자 사이의 약정으로 사업자가 계약의 주된 목적에 따라 소비자에게 제공하기로 한 재화등의 이행 기본단위를 정한 것으로서 1월(月), 1일(日), 1회 또는 1시간 등이 1단위가 된다. 단위의 내용에 관하여 다툼이 있는 경우에는 사업자가 이를 입증하여야 한다.

4. "단위대금"이란 소비자가 공급받은 재화등의 단위에 대해 소비자가 부담하는 금액을 말한다

제5조(대금의 환급에 관한 기준) ① 소비자는 사업자에게 지급한 계약대금에서 계약의 해지 또는 해제의 의사표시가 사업자에게 도달한 시점까지 공급받은 단위에 해당하는 단위대금, 부가상품의 가액, 제4조에 따른 위약금을 공제한 나머지의 환급을 청구할 수 있다. 이때 소비자가 재화등을 직접 이용하지 않았으나 기한의 도래로 소비자가 이용할 수 있었던 경우에는 재화등의 공급이 있었던 것으로 본다.

「체육시설법」

제22조(체육시설업자의 준수 사항) ① 체육시설업자는 다음 각 호의 사항을 지켜야 한다.
3. 이용약관 등 회원 및 일반이용자와 약정한 사항을 지킬 것
4. 다음 각 목의 어느 하나에 해당하는 경우로서 이용료 반환사유 및 반환금액에 관하여 일반이용자와 약정하지 아니한 때에는 대통령령으로 정하는 반환기준에 따라 일반이용자로부터 받은 이용료를 반환할 것
 가. 일반이용자가 본인의 사정상 체육시설을 이용할 수 없게 된 경우
 나. 체육시설업자가 체육시설업의 폐업, 휴업 등으로 영업을 계속할 수 없는 경우

Episdoe 26

떼인 돈 받아 드립니다
내용증명과 지급명령

✒ 3줄 요약

- 우리 사이에 무슨 차용증이냐고? 돈 빌려줄 땐 유난 좀 떨어도 된다. 증거를 꼭 남겨 두자.
- 아무리 뻔뻔한 상대라도 문서를 받으면 흔들리기 마련! 작성도, 발송도 쉬운 내용증명을 활용하자.
- 돈도 아끼고, 시간도 아끼고. 최후의 수단인 소송에 앞서 지급명령을 신청해 보자.

살면서 딱 한 번, 다음날 학교에 가기 싫을 만큼 심하게 맞았던 적이 있습니다. 고등학교 2학년 체육시간이었습니다. 축구공을 던져주고는 운동장에만 있으라고 심드렁하게 말하며 뒤도 안 돌아보고 체육실로 들어가던 강두기 선생님. 선생님이 우리 반에서 공포의 깍두기라는 별명으로 불리게 된 건, 체육시간에 한 친구가 몰래 담을 넘어 짜장면을 먹으러 가다가 교통사고를 당했던 날부터였습니다.

땡땡이치는 친구를 아무도 말리지 않았다는 이유로 반 전체가 기합을 받았던 그날, 저는 두 가지 사실을 알게 됐어요. '심하게 화가 나면 사람 얼굴이 저렇게나 빨개질 수 있구나.', '야구방망이로 엉덩이를 5대만 맞아도 이렇게나 시퍼런 피멍이 드는구나.' 그때부터 체육시간은 더 이상 즐겁게 축구하는 시간이 아니게 됐습니다.

"헙."

사람이 정말 놀라면 비명을 지르기도 전에 말문이 콱 막힌다더니, 정말 그랬습니다. 맞은 날로부터 3주나 됐을까요? 아직 피멍이 다 빠지지도 않았는데 겁도 없이 체육복 챙기는 걸 깜빡한 겁니다. 더 큰 문제는 체육 시간 직전에야 이 사실을 알았다는 거고요. 운동장 집합까지 남은 시간은 고작 8분. 언덕 아래 문구점까지 다녀올 여유는 없습니다. 오늘 2학년 체육 수업은 우리 반밖에 없는데…

일단 복도를 달립니다. 아무라도 좋으니까 제발 체육복을 빌려줬으면. 더러워도 좋고 냄새나도 좋으니까 제발.

"자."

학교 밖에서 봤더라면 다른 학교에 다닌다고 속였어도 몰랐을 것 같은, 말한번 섞어본 적 없는 복도 끝 반 친구였습니다. 이름도 모르는 제게 흔쾌히 체육복을 건네준 창훈이. 추억 속의 창훈이가 참 오랜만에 연락을 줬습니다.

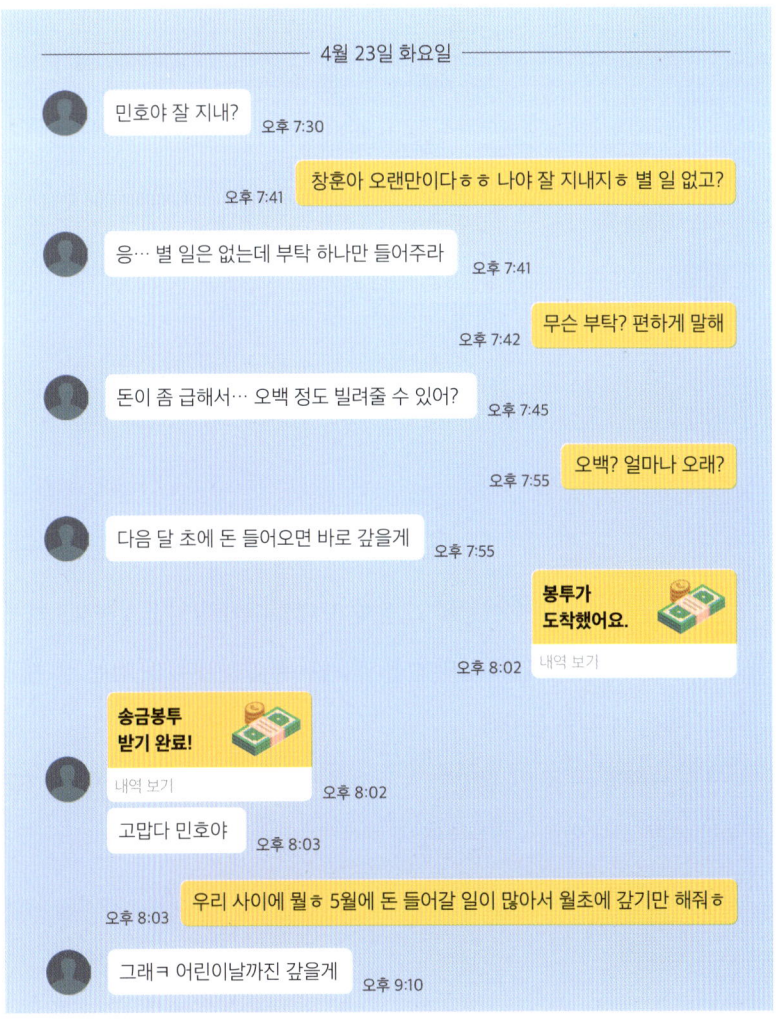

———— 5월 7일 화요일 ————

오전 11:10　창훈아 잘 지내?

———— 5월 10일 금요일 ————

오후 3:52　혹시 돈 들어왔어?

———— 5월 12일 일요일 ————

오후 9:17　창훈아, 나 이번에 가족여행 가느라 돈이 필요한데 오백 좀 갚아주라

미안미안 출장 와서 정신이 없다　오후 11:52

오후 11:54　바쁘구나 돈 언제쯤 될까?

———— 5월 13일 월요일 ————

오전 8:17　전화 좀 받아

창훈이가 이럴 친구가 아닌데. 고등학교 때랑 뭐가 달라진 걸까요? 카톡을 읽지 않는 것보다 읽고도 답이 없는 게 너무 무섭습니다. 못 받는 셈 치고 넘어가기에는 너무 큰 돈인데.

친구 사이에 돈 좀 안 갚았다고 소송을 할 수도 없고. 창훈이를 사기꾼으로 고소할 수도 없고… 저는 어떻게 해야 할까요?

유난 좀 떨어도 된다, 돈 빌려줄 땐

"아이고, 판사님. 저 놈이 거짓말을 하고 있습니다. 제가 돈을 빌려줬다는 사실은 하늘이 알고 땅이 알고 제가 알고 저 인간도 압니다." 이 말을 들으면 어떤 생각이 드나요? 안타깝다? 대부분의 법조인은 속으로 생각할 겁니다. '**판사는 모르잖아**.' 증거가 없기 때문입니다. 빌려준 돈을 받아내기 위해 소송전을 벌인 끝에 법정까지 왔다? 형님, 아우님 하며 서로를 위하던 아름다운 시절은 이젠 안녕, 그 관계는 사실상 파탄난 것과 다름없습니다.

더는 눈치 볼 필요도 없는 사이라고 판단하면 사기꾼들은 거침없이 본모습을 드러냅니다. "제가 돈을 받은 건 사실입니다. 근데 그거 받은 거예요, 빌린 게 아니라." 돈 빌려준 사람만 속이 탑니다. 가까운 사이라도 차용증을 쓰자고 말을 꺼낸다는 게 아무래도 어렵죠. 계좌이체 기록이 있으면 되지 않냐고요? 입금 기록만 가지고는 어떤 의도로 입금한 것인지 증명하기 어렵습니다. 빌려준 것인지, 그냥 준 것인지 알 수 없다는 뜻입니다. 뻔뻔한 사기꾼들은 이걸 악용합니다.

아파트 구입을 위해 장모로부터 5천만 원을 빌렸던 사위가 아내와 이혼하면서 '5천만 원은 빌린 게 아니라 받은 것'이라고 주장했던 사건이 있습니다. 2심 법원은 ① 차용증도 없고 이자를 받은 적도 없는 점, ② 장모 또한 대출을 받아 마련한 돈임에도 대출이자를 사위가 아닌 장모가 모두 부담한 점, ③ 사위는 아파트 잔금을 치르고 남은 돈으로 3천만 원 상당의 자동차를 구입했는데, 상식적으로 돈을 빌린 사람이 남은 돈을 갚지 않고 차를 산다는 것은 납득하기 어렵다는 점을 들며 돈을 빌려줬다는 장모의 주장을 믿어주지 않았습니다.[103] 다행히 대법원에서는 결과가 바로잡혔지만 무려 3번의 재판에 들인 시간과 비용, 마음고생까지 생각하면 **애초에 돈을 빌려줄 때 증거를 확보해 뒀더라면** 얼마나 좋았을까 하는 아쉬움도 남습니다.

증거라고 해서 너무 거창하게 생각할 필요는 없어요. 일단 현금으로 돈을 전달하기보다는 계좌이체를 통해 입금기록을 남겨놓는 것부터 시작하면 됩니다. 아무래도 차용증을 작성하기 어렵다면 **메신저 대화나 문자 메시지**를 통해 돈을 빌려준다는 사실과 금액, 돈을 갚을 시점을 확인해 두는 것만으로도 큰 도움이 될 겁니다. 그것도 여의치 않다면 통화를 **녹음**해 두는 것도 좋습니다. 설령 상대방이 녹음 사실을 몰랐다고 하더라도 대화하는 본인이 대화내용을 녹음하는 것은 불법이 아닙니다. 「통신비밀보호법」이 녹음을 금지하는 대상은 공개되지 않은 타인간의 대화거든요. 「통신비밀보호법」은 65쪽, 차인남 대리의 비밀 녹음 사건에서 한 번 더 다뤘죠?

법률 한 토막

「민사소송법」
제202조(자유심증주의) 법원은 변론 전체의 취지와 증거조사의 결과를 참작하여 자유로운 심증으로 사회정의와 형평의 이념에 입각하여 논리와 경험의 법칙에 따라 사실주장이 진실한지 아닌지를 판단한다.

쓰기도 쉽다, 보내기도 쉽다: 내용증명

내용증명은 발송인이 수취인에게 **어떤 내용의 문서를 언제 발송**했다는 사실을 **우체국이 증명**하는 제도를 말합니다. 간단하죠? 쉽고 간단한 만큼 그 이상의 효력이 없긴 합니다. 내용증명제도는 내용증명서에 적힌 내용 그대로 발송인이 수취인에게 문서를 보냈다는 사실을 증명해 줄 뿐, 내용증명서에 적혀 있는 사실이 정말로 있었다는 걸 증명해 주지는 못해요.

그렇지만 성실하게 살아온 탓에 법률분쟁은커녕, 법원 근처에도 가 볼 일이 없었던 대부분의 사람에게 내용증명은 매우 **효과적인 심리적 압박 수단**입니다. '잠수 타고 있으면 민호가 잊고 넘어갈 줄 알았는데… 돈 안 갚았다간 진짜로 소송할 기세네?' 돈을 갚지 않고 스리슬쩍 넘어가려던 창훈이 같은 채무자의 마음을 의외로 쉽게 돌려놓을 수도 있죠. 내용증명을 계기로 돈을 갚거나, 최소한 다시 연락이 닿게 되는 경우가 무척 많습니다.

내용증명은 보내기도 쉬워요. 우체국 홈페이지에서 온라인으로 작성해서 보낼 수도 있고, 직접 우체국에 방문해서 보낼 수도 있습니다. 우체국에 직접 접수하러 갈 때는 A4 용지로 작성한 내용증명서 3부를 가져가야 합니다. 접수우체국에서 내용이 같은 걸 확인한 뒤 1부는 돌려주고 1부는 우체국이 보관, 나머지 1부를 수취인에게 발송하거든요. 그리고 나면 정말 끝입니다. 참 쉽죠?

그럼 내용증명은 어떻게 쓰느냐? 내용증명을 작성하는 데는 별다른 제약이 없고, 반드시 따라야 하는 형식과 내용이 있는 것도 아니라서 사실관계 위주로 담백하게 작성하면 충분합니다. 민호의 사례에서처럼 빌려 간 돈을 얼른 갚으라는 취지의 내용증명이라면 얼마든지 혼자서도 쓸 수 있어요. 전화도 받지 않고 숨어버린 고등학교 친구 창훈이. '우리 사이에 어떻게 그럴 수 있냐. 네가 그러고도 친구냐?!'부터 시작해서 이래저래 할 말이 많겠지만 장황하게 감정을 늘어놓기보다 육하원칙에 따라 누가 봐도 알기 쉽게 쓰는 게 효과적입니다. 아래의 예시처럼요.

내 용 증 명
대여금 변제 청구서

발신인   도민호
주소 :   서울특별시 서대문구 연희동 연희아파트 105동 608호
전화번호 : 010-1234-5678

수신인   원창훈
주소 :   경기도 성남시 성남동 성남아파트 102동 801호
전화번호 : 010-8765-4321

1. 본인은 2020. 4. 23. 귀하에게 금 500만 원을 변제기한을 2020. 5. 5.로 하여 빌려준 사실이 있습니다.

2. 변제기일 2020. 5. 5.이 지나 본인이 여러 번 변제를 독촉했음에도 불구하고 귀하는 아직까지 대여금을 지급하지 않고 있습니다.

3. 2020. 5. 31.까지 위 대여금을 변제하지 않으면 법적조치를 취할 것을 통보합니다.

2020. 5. 17.
발신인 도민호

> **법률 한 토막**
>
> 「우편법 시행규칙」
>
> **제25조(선택적 우편역무의 종류 및 이용조건 등)** ① 법 제15조제3항에 따른 선택적 우편역무의 종류는 다음 각 호와 같이 구분한다.
>
> 4. 증명취급
>
> 가. **내용증명** : 등기취급을 전제로 우체국창구 또는 정보통신망을 통하여 발송인이 수취인에게 어떤 내용의 문서를 언제 발송하였다는 사실을 우체국이 증명하는 특수취급제도
>
> **제52조(내용문서의 증명)** ① 내용증명우편물을 접수할 때에는 접수우체국에서 내용문서 원본과 등본을 대조하여 서로 부합함을 확인한 후 내용문서 원본과 등본의 각통에 발송연월일 및 그 우편물을 내용증명우편물로 발송한다는 뜻과 우체국명을 기재하고 우편날짜도장을 찍는다.

돈도 아끼고, 시간도 아끼고: 지급명령 신청

틀림없이 내용증명을 받아 봤는데도 상대방이 아무런 반응이 없다? 소송을 하기에 앞서 고려해 볼 만한 절차가 바로 지급명령 신청입니다. '지급명령'이란 빌려준 돈을 갚으라는 채권자의 신청에 이유가 있다면 법원이 채무자에게 이를 지급하라고 명하는 것으로, 보통의 민사소송보다 빠르고 간결한 독촉절차입니다. 민호가 500만 원을 입금한 기록과 카카오톡 대화를 첨부해서 창훈이를 채무자로 법원에 지급명령을 신청하면 특별한 사정이 없는 한 법원은 신청서를 신속하게 심사한 뒤 바로 지급명령을 내려줄 거예요. 신속함과 간결함이 지급명령의 가장 큰 특징이자 장

점입니다. 보통의 소송절차와 달리 **채무자를 불러 묻지 않고, 채권자가 제출한 신청서만을 보고 판단**하기 때문에 가능한 일입니다. 법원 입장에서는 사건 처리의 효율성을 높일 수 있고, 당사자 입장에서는 대여금을 돌려달라는 취지의 민사소송을 바로 제기하는 것보다 시간과 노력, 돈을 절약할 수 있어요.

그런데 지급명령을 어차피 소송해야 되는데 괜히 시간만 끄는 거라고 보는 시각도 있습니다. 괜히 지급명령 신청 단계를 거치면서 상대방에게 소송을 준비할 시간만 벌어준다는 지적인데, 타당한 구석이 있어요. 법원이 지급명령을 결정했더라도 지급명령을 송달받은 채무자가 2주 이내에 이의신청을 한다면 그 지급명령은 이의신청 범위 내에서 효력을 잃거든요. 그때는 결국 민사소송으로 나아가게 됩니다.

하지만 채무자가 이의신청을 하지 않는다면 지급명령은 확정판결과 같은 효력을 갖는데다, 나홀로 소송이 아무리 쉬워지고 흔해졌다 한들 지급명령을 신청하는 쪽의 문턱이 훨씬 낮은 게 사실입니다. 또 민호와 창훈이의 경우처럼 친구 사이라는 관계의 특수성까지 고려하면 지급명령 신청의 필요성은 여전히 크게 느껴집니다.

법률 한 토막

「민사소송법」
제462조(적용의 요건) 금전, 그 밖에 대체물이나 유가증권의 일정한 수량의 지급을 목

적으로 하는 청구에 대하여 법원은 채권자의 신청에 따라 지급명령을 할 수 있다. 다만, 대한민국에서 공시송달 외의 방법으로 송달할 수 있는 경우에 한한다.

제467조(일방적 심문) 지급명령은 채무자를 심문하지 아니하고 한다.

제474조(지급명령의 효력) 지급명령에 대하여 이의신청이 없거나, 이의신청을 취하하거나, 각하결정이 확정된 때에는 지급명령은 확정판결과 같은 효력이 있다.

「독촉절차관련 재판업무처리에 관한 지침」

제4조 (지급명령의 발령 및 채무자 송달)
① 독촉사건을 담당하는 법원은 지급명령신청서가 접수되면 이를 신속하게 심사한 후 특별한 사정이 없으면 바로 지급명령을 발령한다.

내용증명만큼이나 지급명령 신청도 어렵지 않습니다. **대한민국 법원 전자소송포털** https://ecfs.scourt.go.kr에 접속해서 시키는 대로 빈칸만 채우면 지급명령 신청을 마칠 수 있어요. 변호사를 구할 필요도 없고, 따로 양식을 만들 필요도 없습니다. 정확히 무엇을 청구하는지를 밝히는 청구취지와, 구체적인 경위를 설명하는 청구원인을 작성하는 게 조금 까다롭기는 한데 전자소송포털의 나홀로소송 메뉴에서는 물론, 대한법률구조공단 홈페이지 법률서식 메뉴에서 다양한 작성 예시를 제공하고 있으니까 내 상황에 맞는 사례를 따라 베끼면 됩니다.

창훈이에게 5백만 원을 빌려준 민호가 법원에 제출할 지급명령 신청서는 아마 이런 내용일 거예요. 돈을 빌려 가 놓고 연락이 끊긴 친구 때문에 지급명령 신청서를 작성하는 일이 없기를 바라지만, 눈에 익혀둬서 나쁠 건 없겠죠?

지급명령신청서

채권자 도민호 (920528-1******)
주소 : 서울특별시 서대문구 연희동 연희아파트 105동 608호
전화번호 : 010-1234-5678

채무자 원창훈 (920821-1******)
주소 : 경기도 성남시 성남동 성남아파트 102동 801호
전화번호 : 010-8765-4321

청구취지

채무자는 채권자에게 아래 청구금액 및 독촉절차비용을 지급하라는 명령을 구함

1. 금 5,000,000 원

2. 위 1항 금액에 대하여 이 사건 지급명령결정정본이 송달된 다음날부터 다 갚는 날까지 연 12%의 비율에 의한 지연손해금

3. 독촉절차비용
을 지급하라

청구원인

1. 채권자는 채무자에게 2020. 4. 23. 금 5,000,000 원을 대여하면서 변제기한은 2020. 5. 5.로 정하였습니다.
2. 위 변제기일이 지나 채권자가 여러 번 변제를 독촉했음에도 불구하고 채무자는 대여금을 변제하지 않고 있습니다.
3. 따라서 채권자는 채무자로부터 위 대여금 5,000,000 원 및 이에 대한 이 사건 지급명령결정정본이 송달된 다음날부터 다 갚는 날까지는 소송촉진등에관한특례법에서 정한 연 12%의 지연손해금 및 독촉절차비용을 합한 금액을 지급하라는 지급명령을 구합니다.

첨부서류

1. 소갑 제1호증 채무자에게 송금한 내역
2. 소갑 제2호증 채무자와 나눈 카카오톡 대화 내역

2020. 5. 31.
위 채권자 도민호

수원지방법원 성남지원 귀중

Episode 27

휴대폰 찾아준 날 범죄자 취급한다고?
유실물 반환과 보상금 받을 권리

3줄 요약

- 잃어버린 물건을 주인에게 돌려줬다면 「유실물법」에 따라 보상금을 받을 수 있다.
- 유실물 반환은 선택이 아닌 의무다. 보상금을 받기 전까진 돌려주지 않겠다고 버텨서는 안 된다.
- 주인이 억지를 부리며 보상금을 주지 않는다면 민사소송으로 받아낼 수 있다.

황금 같은 주말. 지독한 교통체증을 뚫고 멀리 서울 외곽까지 차를 몰고 온 건 아울렛 세일 기간을 놓칠 수 없기 때문입니다. 사계절이 뚜렷한 자랑스러운 대한민국! 어렸을 땐 각기 다른 매력을 가진 사계절이 우리나라의 자랑이라고 배웠었는데 이제는 철마다 새 옷을 사는 게 귀찮고 번거롭기만 합니다. 그래도 여기까지 왔으니 힘을 내야죠. 이제부터는 전쟁입니다.

"조금만 더 둘러볼게요."

이렇게 할인 폭이 클 때는 불편할 정도로 적극적인 점원을 떨어뜨려 놓는 마법의 주문도 필요 없습니다. 맘에 드는 옷을 당장 집지 않고 이 가게 저 가게 둘러보기만 하다가는 그새 내 사이즈만 다 팔려 버리는 거짓말 같은 일이 꼭 벌어지고 말거든요.

40%! 60%! 마지막 사이즈! 그렇게 숫자에 홀려 한 번, 두 번 카드를 내밀수록 형형색색의 쇼핑백이 늘어갑니다. 더 이상 쇼핑백을 나눠 들 손가락이 없게 된 뒤에야 아울렛을 빠져나와 야외 주차장으로 향합니다. 무거운 짐을 얼른 차에 실으려 급하게 발걸음을 재촉하는데 어디선가 진동 소리가 들립니다.

"웅- 웅-"

거친 아스팔트 바닥 위로 주인을 잃은 최신 휴대폰이 엉엉 울고 있습니다. '귀찮아질 것 같은데…' 첫 번째 전화는 애써 외면했지만 진동이 계속될수록 바닥에 긁히는 휴대전화가 안쓰러워서 다시 울리는 전화는 결국 받고 맙니다.

"어디세요?"

"어… 아울렛 나와서 주차장 가는 길이요. 나이키 쪽 출구."

"그게 왜 거기 있지? 5분 안에 갈게요."

인사도 없이 다짜고짜 어디냐고 묻는 상대방의 태도가 조금 꺼림칙하긴 했지만 예쁜 옷도 잔뜩 샀겠다. 오랜만에 착한 일 좀 해보기로 마음먹습니다. 그렇게 10분, 15분. 슬슬 짜증이 납니다.

5분이면 온다던 사람이 도착한 건 20분이 훌쩍 넘은 뒤였습니다. 사람을 한참이나 기다리게 해놓고는 고맙다는 말도 없이 핸드폰을 낚아채 가는 상대. 제게는 눈길 한번 주지 않더니 바쁜 사람을 세워둔 채 핸드폰이 긁힌 자국을 하나씩 세고 앉았습니다.

아무래도 감사 인사를 받기는 그른 것 같아 사례금이나 달라고 했더니 갑자기 큰 소리로 악을 씁니다.

"사례금은 무슨! 여기 흠집 생긴 거 안 보여요? 물어내!"

통화할 때부터 예사롭지 않더니… 사례금은커녕 저보고 돈을 물어내라고요?

호의가 아닌 의무, 보상금!

누군가 잃어버린 물건, 유실물. 「유실물법」은 유실물을 습득한 사람에게 유실물의 주인에게 물건을 돌려주거나, 최소한 경찰서에 가져다주라는 의무를 정해 놓고 있습니다. 바쁘디바쁜 현대사회! 나 하나 챙기기도 힘든데 귀한 시간과 체력을 써가며 주인을 찾아주라니, 법이 너무 지나친 거 아니냐고요? 하지만 세상에 공짜는 없는 법! 그래서 「유실물법」은 물건을 돌려받은 주인이 잃어버린 물건을 찾아 준 습득자에게 보상금을 지급하여야 한다고도 정해 두었습니다.

물건을 돌려줬다면, **물건 가격의 5~20%**에 해당하는 금액을 법에 따라 당당히 주인에게 청구할 수 있는 거죠.

너무 속물 같아 보일까봐 걱정된다고요? 전혀요, 그렇지 않습니다. 잃어버린 물건을 찾아준 대가에 해당하는 보상금은 주인의 기분에 따라 주고 말고를 정하는 게 아니라 반드시 지급하라고 법으로 정해둔 거예요. **호의가 아니라 의무**입니다. 그러니까 쭈뼛쭈뼛 민망해할 필요는 없어요.

그럼 당장 주인을 찾지 못하면 보상금을 못 받는 거냐? 그렇지도 않습니다. 유실물을 경찰서에 제출했다면 주인이 나타나 물건을 찾아갈 때 보상금을 받을 수 있어요. 경찰서장은 제출받은 유실물을 보관하고 있다가, 유실물을 주워다 제출한 사람과 주인 사이의 보상금 협의가 완료되고 보상금이 온전히 지급된 걸 확인한 뒤에야 비로소 물건을 돌려주게 되어 있기 때문입니다.

법률 한 토막

「유실물법」

제4조(보상금) 물건을 반환받는 자는 물건가액 100분의 5 이상 100분의 20 이하의 범위에서 보상금을 습득자에게 지급하여야 한다.

제10조(선박, 차량, 건축물 등에서의 습득) ① 관리자가 있는 선박, 차량, 건축물, 그 밖에 일반인의 통행을 금지한 구내에서 타인의 물건을 습득한 자는 그 물건을 관리자에게 인계하여야 한다.

「유실물법 시행령」

제4조(습득물의 반환) ③ 제1항 및 제2항의 규정에 의하여 청구권자와 습득자간에 보

> 상금에 관한 협의가 이루어지고 그 이행이 종료되면 경찰서장 또는 제주특별자치도지사는 별지 제6호서식에의한 수령증을 받고 그 습득물을 청구권자에게 반환하여야 한다.

휴대폰 찾아준 내가 범죄자라고?

화장실 들어갈 때와 나올 때가 다른 게 사람 마음이라죠? 당장은 간절하더라도 애타게 찾던 물건을 돌려받게 되면 입을 싹 씻고 모르는 체하는 못된 사람들도 많습니다. 이렇게 흉흉한 사연을 듣다 보면 자연스럽게 이런 생각이 들기도 해요.

'어차피 보상금으로 다시 받을 건데, 애초에 그만큼 현금을 빼고 돌려주면 되잖아?'

보상금을 두고 티격태격 하느니 법에서 정한 금액만큼 미리 챙겨가겠다는 거죠. 어떨까요? 절대로 그러면 안 됩니다.

인천에서 실제로 있었던 일입니다. A는 아파트 주차장에서 현금 28만 8천 원이 든 가방을 발견했습니다. 「유실물법」에 따라 습득한 물건의 20%는 자신의 몫이라고 생각한 A는, 현금을 제외한 가방만 주인에게 돌려줬습니다. 어떻게 됐을까요? 당연히 유죄, 벌금 50만 원이 나왔습니다.

법원의 판단은 명확했습니다. 보상금은 유실물을 그대로 돌려받은 주인이 습득자인 A에게 주는 것인데, A는 현금이 든 가방을 그대로 돌려주지 않았기 때문에 「유실물법」 제4조의 보상금 관련 규정이 적용될 수 없다는 거였죠.

나아가 따로 주인이 있는 돈이란 걸 알면서도 주인 몰래 현금을 꺼내어 가진 A의 행동은 범죄라고 판단했습니다.[104] 「형법」 제360조 점유이탈물횡령죄 성립! 결국 A는 「유실물법」에 따른 보상금 대신 「형법」에 따른 벌금을 고른 셈입니다.

고마운 걸 고맙다고 말하는 사람이 보기 드문 세상입니다. 감사하다는 인사 대신 당신이 흠집 낸 거 아니냐는 원망만 들을 지도 몰라요. 하지만 상대방의 뻔뻔한 태도가 아무리 실망스럽더라도 보상금을 주기 전엔 휴대폰을 돌려줄 수 없다고 실랑이해서는 안 됩니다. 「유실물법」에 따른 보상금은 물건을 온전히 돌려줬을 때 비로소 발생하는 권리이기 때문입니다.

법률 한 토막

「형법」
제360조(점유이탈물횡령) ① 유실물, 표류물 또는 타인의 점유를 이탈한 재물을 횡령한 자는 1년 이하의 징역이나 300만 원 이하의 벌금 또는 과료에 처한다.

눈에는 눈 이에는 이, 나도 고소할래요!

민호는 얼마나 억울할까요? 귀한 주말, 피 같은 시간을 쪼개 무거운 쇼핑백을 들고 땡볕에서 한참 동안 기다렸는데, 휴대폰 주인이라는 사람은 그야말로 적반하장! 흠집이 난 것 같다느니, 고장이 난 건 아니냐느니. 누가 봐도 억지 평계를 대가며 보상금을 안 주겠다고 생떼를 부리는 꼴이라니… 하다 하다 점유이탈물횡령죄를 들먹이며 고소 운운합니다.

반대로 민호가 뻔뻔한 상대방을 고소할 수는 없을까요? 안타깝게도 그러기는 쉽지 않습니다. 고소할 죄목이 마땅치 않아요. 「유실물법」은 물건을 돌려받은 주인이 보상금을 지급하여야 한다는 의무를 정한 조항은 두고 있지만, **보상금 지급 의무를 이행하지 않는 주인을 형사처벌 한다는 조항은 따로 만들어 두지 않았기** 때문입니다. 공갈죄로든 뭐로든 고소하려면 할 수야 있겠지만 죄가 인정될 가능성이 높지는 않아요.

하지만 그렇다고 아무런 방법이 없는 건 아닙니다. 보상금 지급 의무 조항을 근거로 못된 주인에게 민사소송을 제기할 수는 있어요. 국가가 나서서 보상금을 지급하지 않는 주인을 처벌하지는 못하더라도, 휴대전화를 찾아 준 민호가 주인으로부터 법에 따른 보상금을 받을 권리가 있다는 사실만큼은 법원이 확정해 줄 수 있는 겁니다. 보통은 받게 될 금액에 비추어 일을 키우는 것 자체가 번거롭고 힘들다 보니 그냥 넘기는 경우가 많을 뿐이죠.

결국 우리가 해야 할 일은 간단합니다. 법이 정한 우리의 의무를 다하고 그에 따른 권리도 차분히 행사하면 됩니다. 그러니까 못된 주인 앞에서도 떳떳할 수 있으려면 꼭 기억하세요. 유실물을 습득했다면 7일 이내에 주인을 찾아 주거나 경찰서에 제출해야 한다는 거. 또 보상금은 물건을 돌려준 후 1개월 이내에 청구해야 한다는 것도요.

법률 한 토막

「유실물법」

제1조(습득물의 조치) ① 타인이 유실한 물건을 습득한 자는 이를 신속하게 유실자 또는 소유자, 그 밖에 물건회복의 청구권을 가진 자에게 반환하거나 경찰서 또는 제주특별자치도의 자치경찰단 사무소에 제출하여야 한다.

제6조(비용 및 보상금의 청구기한) 제3조의 비용과 제4조의 보상금은 물건을 반환한 후 1개월이 지나면 청구할 수 없다.

제9조(습득자의 권리 상실) 습득물이나 그 밖에 이 법의 규정을 준용하는 물건을 횡령함으로써 처벌을 받은 자 및 습득일부터 7일 이내에 제1조제1항 또는 제11조제1항의 절차를 밟지 아니한 자는 제3조의 비용과 제4조의 보상금을 받을 권리 및 습득물의 소유권을 취득할 권리를 상실한다.

Episode 28

무서워서 피하냐, 더러워서 피하지
전세사기와 부동산 등기부등본

3줄 요약

- 부동산의 숨겨진 사연. 등기사항증명서에 다 나와 있다.
- 깡통전세와 이중계약. 전형적인 전세사기에 당하지 말자.
- 무궁무진한 사기 수법! 표준계약서를 쓰고 전세보증금반환보증을 신청하자.

"이걸로 계산해 주세요."

주문을 마친 김마리 사원이 선뜻 민트색 체크카드를 내밉니다. 과장님도 있고, 저도 있는데 앞장서서 커피를 사겠다뇨? 무슨 좋은 일이라도 생겼냐고 물으니 싱긋 보조개를 드러내며 웃습니다.

"좋은 일 맞아요. 여쭤볼 것도 있고."

마리 씨는 뜻밖의 이야기를 꺼냈습니다. 돈이 제법 모여서 이사 갈 전셋집을 어디로 정할지 고민 중이라네요. 아직 20대 중반인데! 우리 회사에 오기 전부터 직장생활을 했다고는 들었지만 그 많은 돈을 대체 어떻게 모았는지 놀라울 따름입니다. 그 나이 때 저는 부모님 댁에 얹혀살면서 용돈 타 쓰기 바빴는데 말이죠.

감탄하고 있는 사이 과장님이 현실적인 조언을 꺼냈습니다. 목돈을 전세보증금으로 묶어 두느니 주식 투자도 해보면서 재테크 공부를 시작해 보라는 거였죠. 월세로 사는 게 더 이득 아니냐면서요.

"모아둔 돈 6천만 원에다가 은행에서 빌린 4천만 원 보태서 보증금 딱 1억 원짜리 전세 구했거든요? 2년 동안 전세 살면서 은행 빚 다 갚고 나면 나중에 이사 갈 때 돌려받는 보증금 1억 원 다 제 돈이니까 엄청 뿌듯할 것 같아요. 아직 주식은 잘 모르기도 하고, 들고 있으면 자꾸 신경 쓰여서 밤낮없이 주식 앱만 들여다볼 것 같아서요."

저는 이번 달에도 아무 생각 없이 흥청망청 돈만 썼는데···. 놀랍고 부러운 마음에 몇 가지 질문을 더 해봅니다. 돈은 어떻게 모았는지, 회사까지는 얼마나 걸리는지, 지어진 지는 얼마나 됐는지.

"엄청 깔끔하고 깨끗해서 보자마자 첫눈에 반했어요. 그래도 딱 하루만 더 고민해 보려고 했거든요? 근데 돌아오는 길에 집주인분이 직접 연락해 주시더라고요. 집 보여 달라는 사람들은 많은데, 제가 딸 같아 보여서 기왕이면 저랑 계약하고 싶으시대요. 빌라이기는 해도 지어진 지 얼마 안 됐고 제가 두 번째 입주래요."

빌라라고? 그것도 신축 빌라? 시세 확인은 했을까? 등기부등본은 직접 떼 봤을까? 쉴 새 없이 물음표가 떠오르는 건 이진국 과장님도 마찬가지였나 봅니다. 살다 살다 과장님과 텔레파시가 통할 줄은 몰랐습니다. 누가 먼저랄 것도 없이 마리 씨를 말립니다.

"마리 씨, 아직 계약한 건 아니죠?"
"네, 어제 가계약금만 드렸어요. 집주인분이 사업을 하셔서 근저당이 있다고는 하는데, 곧 해결될 거라고 걱정 말라고 하시더라고요."
"그거 하지 마, 절대로 하지 마."
"왜요? 가계약금 50만 원이나 드렸는데."
"그냥 없는 셈 치고 새로 구해요."
"가깝고 깨끗하고. 신축이라 좋던데요?"
"하지 말라면 하지 마, 제발!"

기본 중의 기본, 등기부등본

흔히 **부동산 등기부등본**이라고 부르는 문서의 정확한 명칭은 **부동산 등기사항증명서**입니다. 어디에 있는 어떤 부동산인지, 그 부동산을 둘러싼 권리관계는 어떻게 변해왔는지를 기록한 공적 장부인 부동산 등기부, 이 등기부에 적힌 사항을 증명하는 서류라는 뜻이죠.

예전에는 등기부등본이라고 불렀는데 2011년에 등기사항증명서로 이름이 바뀌었습니다. 하지만 공인중개사 사무소에서는 여전히 등기부등본이라는 말을 훨씬 더 흔하게 쓰니까 뭐라고 불러도 괜찮습니다. 뜻은 다 통하니까요. 그보다 중요한 건 부동산 등기부등본·등기사항증명서를 왜 읽어야 하는지, 어떻게 읽어야 하는지를 아는 겁니다.

부동산 등기사항증명서에는 부동산의 역사가 오롯이 담겨 있습니다. 우리 「민법」이 물권, 즉 부동산에 대한 배타적 권리의 변경은 등기하여야 효력이 있다고 정해 두었기 때문입니다.

김마리 사원이 돈을 더 많이 모아서 강남 아파트 105동 703호를 구입하려는 상황을 가정해 볼게요. 가격 협상을 끝내고 계약서에 도장을 찍으려는 찰나, 자기야말로 진짜 집주인이라고 주장하는 사람이 나타났습니다. 집은 하나, 집주인은 둘. 둘 중 하나는 거짓말을 하는 거겠죠. 바로 이런 사태를 예방하기 위해 부동산 등기사항증명서가 필요한 겁니다.

105동 703호의 진짜 집주인만이 갖는 배타적이고 절대적인 소유권을 보호하기 위해서도, 마리 씨와 같은 제3자가 안심하고 거래하기 위해서도. 누구나 열람할 수 있는 부동산 등기부에 소유권과 같은 권리의 득실변경을 기록하게 한 거예요.

등기사항증명서는 크게 세 부분으로 나뉩니다. 첫 번째는 **표제부**인데요, 부동산의 소재와 지번, 건물의 명칭이나 면적과 같은 **부동산의 표시에 관한 사항**이 적힙니다. 부동산 임대차 계약을 할 때는 내가 계약하려는 집의 주소와 동, 호수가 표제부에 적혀 있는 것과 일치하는지 확인해야 합니다. 법원은 잘못된 동, 호수가 적힌 임대차 계약서에 확정일자를 받았던 사건에서 임차인이 유효한 주민등록을 갖추지 못했으므로 「주택임대차보호법」에 따라 보증금을 우선하여 돌려받을 수 있는 권리를 갖지 못한다고 판단하기도 했거든요[105].

(예시)

등기사항전부증명서(말소사항 포함)
- 집합건물 -

【 표 제 부 】(건물의 표시)

표시번호	접수	소재지번 및 건물번호	건물내역	등기원인 및 기타사항
1	2025년 9월 1일	서울특별시 강남구 강남동 강남아파트 제105동	철근콘크리트구조(철근)콘크리트지붕 13층 공동주택(아파트) 1층 407.167m2 2층 385.305m2 3층 385.305m2 … 13층 385.305m2	도시 및 주거환경정비사업시행으로 인한 등기

[갑구] (소유권에 관한 사항)				
순위번호	등기목적	접수	등기원인	권리자 및 기타사항
1	소유권보존	2025년 9월 1일 제7886호		소유자 이준선 870317-******* 서울특별시 송파구 송파동

[을구] (소유권 이외의 권리에 관한 사항)				
순위번호	등기목적	접수	등기원인	권리자 및 기타사항
1	근저당권설정	2025년 12월 1일 제9657호	2025년 12월 1일 설정계약	채권최고액 금 100,000,000 원 채무자 이준선 서울특별시 송파구 송파동 근저당권자 정태민 880119-******* 서울특별시 마포구 마포동

두 번째는 **갑구**甲區입니다. **소유권에 관한 사항**이 기록돼요. 갑구에 기록된 소유자의 이름과 주민등록번호, 주소가 임대차 계약서상의 집주인 인적사항과 일치하는지, 같은 사람이 맞는지 확인해야 합니다. 머리 아픈 일을 피하려면, 갑구에 압류, 가압류, 가처분, 가등기와 같은 말이 적혀 있는 부동산은 거르는 게 좋습니다. 부동산의 소유권을 둘러싼 분쟁이 발생할 가능성이 높아서 그래요.

마지막은 을구입니다. **을구**乙區에는 **소유권 이외의 권리에 관한 사항** 가령, 저당권·전세권 등이 설정·변경·말소된 이력이 적혀 있어요. 근저당권이 설정된 경우가 가장 많은데, 보통 집주인이 은행으로부터 돈을 빌리면서 부동산을 담보로 제공했다는 뜻입니다. 부동산 등기부에 **등기된 권리의 순위**는 법률에 다른 규정이 없으면 **등기한 순서**를 따르기 때문에 계약하려는 집에 은행 명의의 근저당권이 이미 설정되어 있다면 그 집은 피하는 게 안전합니다.

그럼에도 불구하고 그 집으로 계약해야겠다면 최소한 설정된 근저당권의 채권최고액과 전세 보증금을 합한 금액이 부동산 시세의 70%보다 낮은 물건을 고르기 바랍니다. 집주인이 대출을 갚지 못해 부동산이 경매로 넘어가는 극단적인 상황도 염두에 두어야 하니까요.

법률 한 토막

「민법」
제186조(부동산물권변동의 효력) 부동산에 관한 법률행위로 인한 물권의 득실변경은 등기하여야 그 효력이 생긴다.

「부동산등기법」
제4조(권리의 순위)
① 같은 부동산에 관하여 등기한 권리의 순위는 법률에 다른 규정이 없으면 등기한 순서에 따른다.

제15조(물적 편성주의)
② 등기기록에는 부동산의 표시에 관한 사항을 기록하는 표제부와 소유권에 관한 사항을 기록하는 갑구(甲區) 및 소유권 외의 권리에 관한 사항을 기록하는 을구(乙區)를 둔다.

전세사기, 그 교활한 수법

부동산 등기사항증명서의 열람과 발급은 어렵지 않아요. 임대인·임차인이 아니라도 누구든지 대한민국 법원 인터넷등기소 홈페이지에서 쉽게 확인할 수 있습니다. 안 할 이유가 없죠. 혹시 등기사항증명서를 내가 열람했다는 사실을 집주인이나 공인중개사가 알 수 있냐고요? 아니요, 전혀요. 그러니까 맨 처음 공인중개사가 떼 준 유통기한 지난 문서를 잔금일까지 들고 있지 말고 계약 체결 전에도, 후에도 내가 직접 등기사항증명서를 발급받아 중요 내용을 확인하는 게 좋습니다. 나도 모르는 사이 계약하려는 부동산에 숨겨진 이력이 생겼을지도 모르잖아요?

실제로 증명서를 위조해서 근저당권이 설정된 사실을 숨기고 임차인을 속이는 사례도 제법 있습니다. 부동산 등기사항증명서 확인은 내 인생의 몇 년을 갈아 넣은 전세보증금을 보호하기 위한 기본 중의 기본이지, 남에게 부탁할 일이 아닙니다.

그럼 부동산 등기사항증명서를 볼 줄 알면 전세사기를 피해 갈 수 있느냐? 안타깝지만 그렇지는 않습니다. 전세사기 수법은 날이 갈수록 치밀해지고 있거든요. 소름 돋을 정도로요.

전세사기 피해를 예방하려면 아무리 깨끗한 신축이라도 깡통주택은 거르는 게 좋습니다. 실제로 주택이 매매되는 가격보다 전세보증금이 더 높은 주택, 사람들은 이런 주택을 속이 텅 빈 깡통과 같다며 **깡통전세**라고 불러요. 깡통전세가 위험한 이유는 전세계약이 끝나는 시점에 내가 낸 보증금을 온전히 회수할 가능성이 낮기 때문입니다.

특히, 자기 돈을 들이지 않고 임차인이 지급한 전세 보증금으로 집을 구입한 대담한 집주인이 보증금을 돌려주려면 새로운 세입자를 구해 흔히 말하는 '보증금 돌려막기'를 해야 하는데, 전세가격이 떨어지거나 제때 세입자가 구해지지 않으면? 사고가 나는 거죠.

뿐만 아니라 신축 빌라의 경우, 시세 파악이 어려운 점을 악용해 집주인과 공인중개사가 작정하고 임차인을 속여 의도적으로 보증금을 가로채기도 합니다. 게다가 깡통주택은 경매를 통하더라도 전세보증금만도 못한 가격에 팔리는 일이 허다해요. 누적된 거래가 많은 단지의 물건 위주로 보고, 최근 실거래가도 꼭 확인해서 집을 담보로 한 융자금과 내 보증금을 합친 금액이 실거래가의 70%보다 낮은 집을 찾아야 합니다.

또 다른 전세사기 방식은 **이중계약**입니다. 물건을 중개하는 공인중개사가 집주인에게는 월세 계약서를 보여주고, 임차인에게는 전세 계약서를 보여주면서 사기를 칩니다. 집은 하나인데 계약은 두 개. 집주인과 임차인 모두를 속이는 이중계약이죠.

임차인으로부터 거액의 보증금을 받아 챙긴 공인중개사는 월세가 밀려 집주인이 의아하게 여길 때쯤 잠적해 버립니다.

"집주인이 모든 권한을 나에게 넘겼다. 일단 내 계좌로 보증금을 입금하면 집주인에게 전달하겠다."

공인중개사가 이런 말로 현혹하더라도 속아 넘어가면 안 됩니다. 부동산 등기사항증명서에 표기된 소유자와 임대차 계약서상 집주인이 같은 사람이라는 걸 확인하고 직접 집주인을 만나 계약하는 게 좋습니다. 보증금은 당연히 집주인 본인에게 지급해야 하고요.

> **법률 한 토막**
>
> 「부동산등기법」
> **제19조(등기사항의 열람과 증명)** ① 누구든지 수수료를 내고 대법원규칙으로 정하는 바에 따라 등기기록에 기록되어 있는 사항의 전부 또는 일부의 열람과 이를 증명하는 등기사항증명서의 발급을 청구할 수 있다.

사기꾼이 무서워서 피하냐, 더러워서 피하지

전세사기 수법이 점점 더 교묘해짐에 따라 법무부는 **주택임대차표준계약서**를 만들어 배포하고 있습니다. 표준계약서에서 특히 눈 여겨 봐야 할 것은 **특약사항**입니다.

> **법률 한 토막**
>
> **주택임대차표준계약서 (법무부)**
> **[특약사항 중 일부 발췌]**
> 1. 주택을 인도받은 임차인은 ＿＿＿년 ＿＿월 ＿＿일까지 주민등록(전입신고)과 주택임대차계약서상 확정일자를 받기로 하고, 임대인은 위 약정일자의 다음날까지 임차주택에 저당권 등 담보권을 설정할 수 없다.
> 2. 임대인이 위 특약에 위반하여 임차주택에 저당권 등 담보권을 설정한 경우에는 임차

> 인은 임대차계약을 해제 또는 해지할 수 있다. 이 경우 임대인은 임차인에게 위 특약 위반으로 인한 손해를 배상하여야 한다.

이러한 특약사항을 삽입하는 까닭은, 전세계약에 따라 **잔금을 치르는 시점**과 **임차인이 대항력과 우선변제권을 갖추는 시점** 사이에 **차이가 있기** 때문입니다. 임차인의 대항력과 우선변제권은 「주택임대차보호법」에 정해져 있어요.

대항력이란 임차인이 **주택을 인도**받고 **주민등록**을 마친 때에는 그 다음 **날부터** 제3자에게 임차권을 주장할 수 있다는 뜻이고, **계약서에 확정일자**까지 받으면 후순위권리자나 그 밖의 채권자보다 우선해서 보증금을 변제받을 수 있는데 이 권리를 **우선변제권**이라고 합니다.

만약, 임차인 김마리가 12월 1일에 잔금을 치르며 주택을 인도받아 이사를 마친 뒤, 전입신고를 하고 계약서에 확정일자를 받았다면 김마리는 12월 2일 0시를 기준으로 대항력과 우선변제권을 갖습니다. 문제는 12월 1일, 하루 동안 임차인의 권리가 불안정하다는 점입니다.

잔금을 지급하는 시점에 김마리가 확인한 부동산 등기사항증명서 을구에는 아무런 기재가 없었지만, 잔금을 받자마자 임대인이 은행으로부터 몰래 대출을 받으면서 부동산을 담보로 제공했다면? 그래서 근저당권이 설정되었다면? 김마리는 은행보다 후순위권리자가 됩니다.

계약을 체결한 것도, 잔금을 지급한 것도 김마리가 먼저지만, 대항력은 주택인도와 주민등록을 마친 다음 날 발생하기 때문에 12월 1일에 근저당권을 설정한 은행을 앞설 수 없는 거죠. 표준계약서는 이러한 대항력의 공백을 악용하는 사기를 막기 위해, 임차인이 대항력과 우선변제권을 갖는 시점까지 임대차 목적 부동산을 각종 채무에 대한 담보로 제공하지 않겠다는 특약을 정하는 거고요.

하지만 계약서에 특약을 넣었다고 100% 안심할 수는 없어요. 임대인이 특약을 위반하고 몰래 부동산을 담보로 대출을 받았다? 특약에 따라 집주인을 상대로 손해배상을 청구할 수는 있겠지만, 부동산에 은행이 근저당권을 설정하는 것까지 막을 수는 없습니다. 임대차계약과 근저당권설정계약. 둘은 당사자가 서로 다른 별개의 계약이니까요.

이 상황에서 경매를 통해 싼값에 부동산이 팔리면 은행이 김마리보다 먼저 대출금을 받아 갑니다. 그 다음 순위인 김마리요? 임대인한테 따로 받아내면 되는 거 아니냐고요? 맞아요, 그렇긴 합니다. 하지만 어떤 임대인은 나머지 재산을 모두 다른 사람 명의로 돌리고 "돈 없다, 알아서 해라"라며 뻔뻔하게 나오기 때문에 한 푼도 남김없이 보증금 전액을 받아내는 건 굉장히 어렵습니다. 특약은 반드시 포함시켜야 합니다. 하지만 특약이 포함된 표준계약서를 썼으니까 아무런 문제가 없을 거라고 방심해서는 안 돼요.

조심해서 나쁠 건 없다, 전세보증금반환보증

그렇기 때문에 전세보증금반환보증을 신청하는 것도 고려할 필요가 있습니다. **전세보증금반환보증**은 전세계약이 종료되었음에도 불구하고 임대인이 정당한 사유 없이 전세보증금을 반환하지 않을 때, 보증사가 임대인을 대신해 전세보증금을 지급하는 상품입니다. 주택도시보증공사(HUG)의 「전세보증금반환보증」, 한국주택금융공사(HF)의 「전세지킴보증」, 서울보증보험(SGI)의 「전세금보장신용보험」이 있죠. 3개 회사가 취급하는 상품의 이름과 보증료율, 전세보증금 가입한도와 심사기준이 조금씩 다르기는 하지만 **전세보증금을 안전하게 지킬 수 있는 방법**이라는 점은 같습니다.

보증 요건과 한도가 명확히 정해져 있어서 신청한다고 모두 가입할 수 있는 건 아니지만, 전세계약을 체결하기 전 계약하려는 부동산이 보증 대상이 되는지를 보증 요건을 기준으로 따져보는 과정에서 위험성 높은 물건을 일차적으로 거를 수 있다는 점 때문에라도 상품 가입을 고민해 보시기 바랍니다.

보증사	상품명
주택도시보증공사(HUG)	전세보증금반환보증
한국주택금융공사(HF)	전세지킴보증
서울보증보험(SGI)	전세금보장신용보험

사회 전체로 보나, 개인으로 보나 총자산에서 부동산이 차지하는 비중은 매우 높습니다. 사회 초년생이라면 더욱 그럴 거고요. 열정적으로 재테크를 하시는 분들 입장에서는 사회 초년생이 가까스로 만든 목돈을 전세 보증금으로 묶어 두는 것 자체가 안타깝겠지만, 큰돈을 건드리지 않고

안전하게 보관한다는 측면에선 김마리 사원의 자금 운용도 분명한 장점이 있습니다. 문제는 몇 년간의 소득이 집약된 보증금을 돌려받지 못할 위험성이 존재한다는 점이겠죠.

따라서 전세계약을 맺기로 마음먹었다면, 임대인의 첫인상이나 공인중개사의 호언장담에 휘둘리지 말고 전세사기를 피할 수 있는 방법이 무엇인지, 전세 보증금을 안전하게 돌려받는 방법은 무엇인지 임차인 스스로 익히고 챙겨야 합니다. 내 돈은 내가 지키는 겁니다.

법률 한 토막

「주택임대차보호법」

제3조(대항력 등) ① 임대차는 그 등기가 없는 경우에도 임차인이 주택의 인도와 주민등록을 마친 때에는 그 다음 날부터 제삼자에 대하여 효력이 생긴다. 이 경우 전입신고를 한 때에 주민등록이 된 것으로 본다.

제3조의2(보증금의 회수) ② 제3조제1항·제2항 또는 제3항의 대항요건과 임대차계약증서상의 확정일자를 갖춘 임차인은 「민사집행법」에 따른 경매 또는 「국세징수법」에 따른 공매를 할 때에 임차주택(대지를 포함한다)의 환가대금에서 후순위권리자나 그 밖의 채권자보다 우선하여 보증금을 변제받을 권리가 있다.

Episode 29

합의금 안 주면 고소한다고?
퇴사한 전(前) 직장 리뷰와 비방할 목적

3줄 요약

- 명예훼손죄는 피해자가 원하지 않으면 처벌할 수 없는 '반의사불벌죄'다.
- 사람들에게 정보를 주기 위해 사실대로 음식점 리뷰를 썼다면 '비방할 목적'이 부정될 가능성이 높다.
- 전 직장 리뷰를 쓸 때는 상사나 동료를 모욕하지 않도록 조심하자.

"민호야, 넌 순댓국을 언제쯤 제대로 먹을래?"

"뭔 소리예요. 지금 먹고 있잖아요."

"머릿고기랑 내장 다 빼고 순대만 넣어 먹으면 그게 순댓국이야?"

누가 그랬더라? 지나친 사랑은 독이라고. 국밥을 향한 이진국 과장님의 지독한 사랑은 어느새 집착이 되고 말았습니다. 기왕이면 맛있게 먹으라는 마음은 알겠는데 그런 것도 한두 번이지. 내가 먹고 싶은 대로 먹겠다는데도 깍두기 국물을 넣으라느니, 밥은 절대로 따로 먹지 말고 국에 꼭 말아 먹으라느니.

목에 핏대를 세우고 정색하며 말할 때면 솔직히 한 대 콕 쥐어박고 싶어요. 과장님의 국밥 사랑이 집착으로 변해버린 건 블로그를 시작하면서부터였습니다.

낮잠 자기에도 부족하다면서 점심시간에 산책 한 번 안 하는 사람이 꾸준함과 성실함이 생명인 블로그라뇨. 그것도 자기 이름까지 걸고? 무엇보다 블로그 이름부터 아재 감성이 폭발합니다.

괜히 헛바람만 들었다가 결국 실망할까 봐 현우랑 몇 번을 말렸죠. 솔직히 말해서 그런 이상한 이름의 블로그에 누가 들어와 보기나 하겠어요?

이진국밥

예상을 깨부수고 이진국밥은 승승장구했습니다. '소탈한 아재 감성! 솔직해서 좋아요 :)' 근무 시간, 점심 시간 가릴 것 없이 과장님의 핸드폰엔 댓글이 달렸다는 알림이 쉬지 않고 울렸습니다.

"민호 네 말 듣고 블로그 안 했으면 어쩔 뻔했냐? 앞으로는 내가 하라는 대로만 해."

과장님의 핀잔에 차마 대답하지 못했던 그날부터 과장님의 국밥 간섭이 시작됐어요.

과장님의 콧대가 높아질수록 과장님의 어깨에도 힘이 잔뜩 들어갔습니다. 블로그가 유명해질수록 과장님의 리뷰는 점점 자극적으로 변했어요. 제일 먼저 달라진 건 말투였죠. 다정했던 존댓말이 무뚝뚝한 반말로, 따뜻했던 칭찬은 차가운 비난으로 바뀌었습니다.

종종 차가운 표현에 상처받은 국밥집 사장님이 과장님께 직접 연락하는 일도 생기기 시작했습니다. 그리고 오늘, 과장님께 내용증명이 한 통 날아왔습니다. 서류를 받아 든 과장님의 어깨가 벌벌 떨립니다.

내용증명
명예훼손에 따른 손해배상 청구

발신인   예민섭
              서울특별시 동대문구 동대문동 동대문아파트 108동 1006호

수신인   이진국
              서울특별시 마포구 마포동 마포아파트 203동 502호

1. 귀하는 지난 2020. 10. 17. 이진국밥 블로그에 우리 식당을 두고 '주문한 뒤 20분 위에야 국밥이 나옴. 이럴 거면 찬도 국밥 나올 때 같이 줘야지… 다 식어버린 찬과 20분 기다린 국밥. 재방문의사 없음.'이라는 허위사실이 담긴 리뷰를 게시했습니다. 이로 인해 우리 식당은 물론 요리사이자 사장인 제 명예가 크게 실추되었습니다.

2. 귀하가 운영하는 이진국밥 블로그는 회원 가입 없이 누구나 볼 수 있어 지금 이 순간에도 저와 우리 식당에 대한 허위사실이 널리 퍼지고 있습니다.

3. 즉시 우리 식당에 관한 게시물을 삭제하고 사실을 바로잡는 게시물을 작성하기 바라며, 경솔한 게시물을 통해 저와 우리 식당이 입은 피해에 대한 손해배상금 500만 원을 지급하기 바랍니다. 귀하가 2020. 10. 31.까지 사과문을 게시하지 않고 손해배상금을 지급하지 않는다면 귀하를 형사 고소하겠습니다.

2020. 10. 23.
발신인 예민섭

사색이 된 과장님이 저를 바라보며 떨리는 목소리로 말합니다.

"민호야, 나 진짜 솔직하게 쓴 거거든? 합의금 꼭 줘야 되는 건 아니지?"

피해자가 원하지 않으면 처벌하지 못한다?

반의사불벌죄. 어려운 말 같지만 하나씩 뜯어보면 그렇지도 않아요.

반의사 反意思 : 피해자의 의사에 반하여
불벌죄 不罰罪 : 처벌할 수 없는 죄

피해자가 원하지 않으면 검사가 공소를 제기할 수 없고, 따라서 가해자의 잘못을 재판에 부칠 수도 없어 처벌하지 못하는 죄라는 뜻입니다. 그런데 좀 이상하지 않나요? 범죄자를 벌하는 게 꼭 피해자의 한을 풀어주기 위한 건 아니잖아요. 예방적 효과라고 하죠? 나쁜 마음을 먹고 죄를 지으려다가도 범죄자들이 빠짐없이 처벌받는 모습을 보면서 생각을 고쳐 먹는 사람도 있을 텐데. 게다가 애당초 범죄자를 처벌할 수 있는 권한은 국가만 가지고 있잖아요. 그런데 개인이 범죄자를 처벌하니 마니 간섭한다고요?

대법원은 반의사불벌죄의 취지를 설명하기에 앞서 「형사소송법」 제246조에서 정한 국가소추주의가 원칙임을 강조합니다. 범죄행위를 저질러 처벌을 받아야 할 사람에게 그에 맞는 처벌이 일관되게 이루어지려면 국가가 형벌권을 독점해야 한다는 겁니다. 그런데 반의사불벌죄는 피해자의 명시적인 처벌 의사를 공소 제기의 요건으로 삼습니다.

폭행, 협박, 명예훼손과 같은 죄라면 이미 수사가 충분히 진행됐더라도 피해자가 범죄자의 처벌을 원하지 않을 경우 검사가 공소를 제기할 수 없어요. 이렇게 개인이 국가의 형사사법절차에 예외적으로 개입할 수 있도록 한 까닭은 특정 유형의 범죄에 대한 **피해자의 의사**를 **최대한 존중**하기 위해서입니다[106].

> **법률 한 토막**
>
> 「형사소송법」
> 제246조(국가소추주의) 공소는 검사가 제기하여 수행한다.

실제로 명예훼손을 당한 어떤 피해자는, 더 이상 가해자와 엮여 경찰서를 들락날락 하고 싶지 않고 사건을 생각하는 것만으로도 넌덜머리가 나서 빠르게 처벌불원의사를 표시하기도 합니다. 만족할 만한 사과를 받고, 재발 방지도 약속받았다면 더 이상 속 시끄럽게 사건에 매달려 있느니 얼른 합의하고 치워버리는 게 나은 면도 있으니까요. 대신 법원은 피해자의 일방적인 의사표시만으로 형사사법절차가 일방적으로 중단·소멸되는 점을 지적하며, 처벌불원의사는 피해자의 진실한 의사에서 비롯되어야 한다고 강조합니다.

실제로 반의사불벌죄를 저지른 가해자가 피해자로부터 **억지로 처벌불원서**를 받아 내는 과정에서 발생하는 **2차 범죄**가 끊이지 않고 있어요.

경기도 안산. 새벽부터 피해자가 출근하기만을 기다렸던 가해자는 휘발유통을 들고 출근하는 피해자를 뒤따라갔습니다. "교도소 가는 것이 죽기보다 싫으니 처벌불원서를 써주지 않으면 분신자살하겠다"며 피해자를 협박한 끝에, 기어이 미리 작성해 간 처벌불원서에 피해자의 서명을 받아낸 가해자. 법원이 유죄로 인정한 2차 가해행위의 죄목은 강요죄였습니다[107].

솔직한 게 잘못이야?

오늘 저녁은 뭘 먹을까? 메뉴가 고민될 땐 배달 앱부터 켜는 게 당연해진 요즘입니다. 이진국 과장처럼 이달의 블로그를 운영하지 않더라도 별점과 한 줄 평을 통해 우리는 손쉽게 음식점 리뷰를 쓰고 있습니다.

리뷰만 써도 서비스를 준다기에 리뷰 이벤트를 신청하며 짧게 쓴 한 줄, 그 한 줄이 문제가 되어 처벌받은 사례가 있습니다.

A는 배달 앱을 통해 B가 운영하는 C 식당에 음식을 주문합니다. C 식당은 리뷰를 작성하는 고객을 대상으로 쫄면을 서비스로 제공하는데, A는 리뷰 작성을 약속하고 쫄면을 받았으면서도 리뷰를 쓰지 않았죠. 이후 A가 C 식당에 다시 주문하며 리뷰 이벤트를 신청했지만 B는 서비스 쫄면을 주지 않았습니다.

같은 날, A는 C 식당의 리뷰 게시판에 "**이 사람들 리뷰 안 적었다고 쫄면에 침 뱉어서 나가고**"라는 글을 올렸습니다. 리뷰를 쓰지 않은 A의 음식에 B가 침을 뱉었다며 A가 올린 한 줄, 이 한 줄이 사실인지가 재판의 가장 큰 쟁점이었죠. 똑같은 명예훼손이라도 '사실'을 드러냈느냐, '거짓된 사실'을 드러냈느냐에 따라 처벌의 수위가 크게 갈리기 때문입니다. A는 배달된 쫄면에 침으로 보이는 물질이 묻어 있었다고 주장하며 재판 과정에서 침처럼 생긴 물질이 묻은 쫄면 사진을 제출했습니다.

하지만 법원은 A의 주장의 신빙성이 떨어진다고 봤습니다. A가 배달앱에 리뷰를 작성했을 때는 이 사진을 첨부하지도 않았던데다가, A가 제출한 사진이 촬영된 날짜와 시각도 확인할 수 없었거든요. 또 C 식당의 주방과 홀에 설치된 CCTV에 A에게 배달된 쫄면을 조리하고 포장하는 장면이 촬영되어 있었는데, B와 종업원을 포함한 영상 속의 어떤 인물도 쫄면에 침을 뱉지 않았습니다.

결국 **B를 비방할 목적**으로 정보통신망을 통해 **거짓된 사실을 드러내 B의 명예를 훼손한 죄**로 A는 600만 원의 벌금을 물어야 했습니다[108].

비방할 목적 vs. 공공의 이익

누군가를 비방할 목적으로 정보통신망을 이용해 공공연하게 사실을 적시해 그 사람의 명예를 훼손했다면 「정보통신망법」 위반으로 처벌받습니다. 침 뱉은 쫄면 사건에서처럼 허위 사실, 그러니까 거짓말로 리뷰를 꾸며 썼다면 더 심한 처벌을 받고요. 이때 유·무죄를 가리는 핵심은 상대방을 **비방할 목적이 있었는가**입니다.

E가 운영하는 F성형외과에서 눈과 턱에 성형시술을 받은 D는 너무 속상했습니다. 잔뜩 기대했던 것과 달리 안타깝게도 시술 결과에 만족하지 못했기 때문이죠. 아쉬운 마음에 인터넷 포털사이트의 지식검색 질문·답변 게시판을 들여다보고 있던 D는 마침 E의 성형시술 능력에 대한 질문을 발견합니다. 다른 피해사례를 막아야겠다는 생각에 D는 곧바로 성형시술 결과가 불만족스럽다는 댓글을 답니다.

'아.. E가 가슴 전문이라.. 눈이랑 턱은 그렇게 망쳐놨구나… 몰랐네…'

'내 눈은 지방제거를 잘못 했다고… 모양도 이상하다고 다른 병원에서 그러던데… 인생 망쳤음… ㅠ.ㅠ'

법원은 사람을 비방할 목적을 인정하려면 가해 의사가 필요하다면서, 적시한 사실이 누군가를 가해하려는 의사와 상반되는 공공의 이익에 관한 경우라면 특별한 사정이 없는 한 비방할 목적이 부인된다고 설명합니다. 이때 공공의 이익이 꼭 온 세상이나 전 국민과 같이 어마어마한 걸 위할 필요는 없어요. 국가·사회 기타 일반 다수인의 이익에 관한 것뿐만 아니라 특정한 사회집단이나 그 구성원 전체의 관심과 이익에 관한 것도 법원은 공공의 이익이 될 수 있다고 보거든요.

또 행위자의 주요한 동기나 목적이 공공의 이익을 위한 것이라면, 부수적으로 개인의 만족을 위한 동기나 목적이 일부 포함되어 있더라도 비방할 목적이 있다고 단정하지도 않고요. 이렇게 정리하고 보니 법원이 비방할 목적을 부인하기 위한 공공의 이익을 인정하는 데 인색한 것 같지는 않죠?

그럼 D의 댓글은 어떨까요? 대법원은 D의 댓글은 공공의 이익을 위한 것으로 비방할 목적이 없었다며 D의 손을 들어줍니다. D에게 죄가 없다고 판단한 법원이 이 사건에서 주목한 사실은 다음과 같습니다.

① 다른 피해사례를 막아야겠다는 생각에 자신의 경험과 의견을 다

른 사람들과 공유하려는 의도로 D가 댓글을 쓴 점, ② 댓글의 주된 내용 또한 E의 시술 결과가 불만족스럽다는 D의 개인적인 평가인 점, ③ 성형 시술을 받은 모든 사람이 결과에 만족할 수는 없으므로 E의 입장에서도 어느 정도 그러한 불만을 가진 사람들의 자유로운 의사 표명을 받아들여야 하는 점, ④ 불만을 가진 자들이 존재한다는 사실에 의한 E의 명예훼손의 정도는 자유로운 정보 및 의견 교환으로 인한 이익에 비해 더 크다고 보기 어려운 점.

이러한 사실을 바탕으로 법원은, **D가 쓴 댓글**은 E로부터 시술을 받을 것을 고민하고 있는 사람들의 의사결정에 도움이 되는 정보를 제공하기 위한 **공공의 이익에 관한 것**이므로 D의 주요한 동기와 목적이 결국 공공의 이익을 위한 것이라면 **부수적으로 다른 목적이나 동기가 내포되어 있더라도** 그러한 사정만으로 D에게 비방할 목적이 있었다고 보기는 어렵다고 판단했습니다.[109]

법률 한 토막

「정보통신망법」

제70조(벌칙) ① 사람을 비방할 목적으로 정보통신망을 통하여 공공연하게 사실을 드러내어 다른 사람의 명예를 훼손한 자는 3년 이하의 징역 또는 3천만 원 이하의 벌금에 처한다.

② 사람을 비방할 목적으로 정보통신망을 통하여 공공연하게 거짓의 사실을 드러내어 다른 사람의 명예를 훼손한 자는 7년 이하의 징역, 10년 이하의 자격정지 또는 5천만 원 이하의 벌금에 처한다.

③ 제1항과 제2항의 죄는 피해자가 구체적으로 밝힌 의사에 반하여 공소를 제기할 수 없다.

욕을 쓰지 말고 리뷰를 쓰자

그럼 이진국 과장은 어떻게 되냐고요? 합의금을 잔뜩 줘서 예민섭 주방장의 마음을 돌려놓지 못하면 「정보통신망법」 위반으로 처벌받게 될까요? 그럴 가능성은 낮습니다. 있는 그대로를 썼다며 억울해하는 이진국 과장의 말처럼 ① 국밥이 나오기까지 20분이 걸렸던, 자신이 직접 경험한 사실을 ② 국밥집 정보를 알기 위해 블로그에 찾아오는 사람들을 위해 솔직하게 적었을 뿐이라면 비방할 목적이 인정되지 않을 테니까요.

사업자와 소비자의 정보 격차를 줄이기 위해 인터넷을 통한 **정보 교환의 필요성**이 증대되는 상황에서, 소비자가 인터넷에 자신이 겪은 객관적 사실을 바탕으로 사업자에게 불리한 내용의 글을 게시하는 행위에 **비방의 목적이 있는지**는 제반 사정을 두루 심사하여 **더욱 신중하게 판단하여야** 한다는 것이 대법원의 입장이기도 하고요[110].

직장인이 특히 조심해야 하는 건 퇴사한 전 직장에 대한 리뷰를 쓸 때입니다. 아무래도 음식점을 평가할 때보다 평정심을 유지하기 어렵죠. '배달이 너무 오래 걸려서 국이 다 식었습니다', '어떻게 배달을 한 건지… 피자가 다 뒤집어졌어요'와 같이 객관적인 사실만 적어도 충분한 식당 리뷰와 달리, 전 직장 평가에는 아무래도 사람에 대한 분노가 함께 적힐 때가 많으니까요.

'총무팀 김OO 부장, 완전 XXX! 인간으로서의 기본도 안 된 XXX!'

전 직장 리뷰를 쓴답시고 김OO 부장에 대한 욕설을 늘어놓았다간 모욕죄로 처벌받을 수 있습니다. 예를 들어볼까요?

리뷰 예시	결과
쫄면집 사장이 리뷰 안 썼다고 침 뱉은 쫄면을 배달했다.	명예훼손죄
쫄면집 사장은 요리사로서 기본도 안 된 똥손이다.	모욕죄

모욕죄는 다른 사람의 외부적 명예를 보호법익으로 한다는 점에서 명예훼손죄와 닮았지만, 사실의 적시가 없다는 점이 명예훼손죄와 다릅니다. 이때의 사실의 적시의 의미에 대해 법원은, 사람의 사회적 평가를 저하시키는 데 충분한 **구체적 사실**을 적시하는 것이라고 설명합니다[111]. 쫄면에 침을 뱉었다는 구체적 사실을 언급한 것은 명예훼손죄로, 특정한 사실에 대한 언급 없이 쫄면집 사장의 요리사로서의 사회적 평가를 저하시킬 만한 '똥손'이라는 경멸적 표현을 한 것은 모욕죄에 해당한다고 생각하면 쉽습니다.

뒤집어 생각하면, 구체적 사실에 대한 언급 없이도 단순히 경멸적인 감정을 표현하는 것만으로도 모욕죄를 저지를 수 있다는 뜻이니까 저지르기 쉬운 만큼 더 조심할 필요도 있습니다. 또 「정보통신망법」의 명예훼손죄와 다르게 「형법」 제311조 모욕죄를 저질렀는지를 판단할 때는 비방할 목적이 있었는지도 따지지 않거든요? 잘 생각해 보면 당연합니다. 누군가에 대해 잔뜩 상스러운 욕을 써놓고선 공공의 이익을 위한 행위였고 비방의 목적이 없었다고 변명할 수는 없을 테니까요.

두고두고 누구나 볼 수 있는 인터넷에 흔적을 남길 땐 마음을 차분하게 가라앉히고 신중하게 생각해야 합니다. 안 좋은 이야기를 쓸 생각이라면 두 번, 세 번 고민하는 걸로도 모자라요. G는 어느 날 지도 애플리케이션 리뷰란에서 자신이 다니고 있는 회사에 대해 퇴사자 H가 쓴 글을 발견합니다.

"최악이라는 말로도 부족한 곳"

H의 평가는 간명했지만, G를 불쾌하게 만들기에 충분했어요. 화가 난 G는 H를 비방할 목적으로 장문의 댓글을 달았습니다. 'H님 언제 우리 고객이셨나요? 퇴사 후 비도덕적인 행동으로 경찰조사까지 받으시고 공개적으로 이런 글을 작성하여 사실이 아닌 내용으로 회사의 이미지를 실추시키고 있네요? 적어도 다음 회사에서는 사회통념상 비도덕적인 행동은 하지 마시길 바랍니다. 저는 당신 직장상사였던 G입니다. 최악이라는 말로도 부족할 정도로 무능했던 H님 좀 더 생산적인 일을 하시길 바랍니다.' 순간의 화를 참지 못했던 G는 벌금 100만 원의 유죄 판결을 받았습니다[112].

직장생활은 참 어렵습니다. 대나무숲에라도 말하지 않고서는 견딜 수 없을 만큼 억울한 일도 많죠. 하지만 남이 함부로 버리고 간 쓰레기를 굳이 주워 내 주머니에 넣어 둘 필요는 없습니다. 악취가 배기 전에 얼른 버리고 손부터 씻으세요.

평정심이 돌아오면 금방 깨닫게 될 겁니다. 모르는 사람이 되는대로 내뱉고 간, 말로 된 쓰레기를 소중한 내 마음속에 굳이 품어 둘 이유는 없다는 걸요.

> **법률 한 토막**
>
> 「형법」
>
> **제311조(모욕)** 공연히 사람을 모욕한 자는 1년 이하의 징역이나 금고 또는 200만 원 이하의 벌금에 처한다.

Episode 30

이겨라, 시작한 전쟁이라면
경찰의 전화와 고소장 열람

3줄 요약

- 고소를 당했다면 접수된 고소장부터 확인하자. 나를 지키는 기본이다.
- 경찰의 출석 요구를 받았다면 조사를 준비할 충분한 여유를 두고 일정을 잡자.
- 피의자신문조서는 녹취록이 아니다. 내가 말한 의도대로 적혔는지 꼼꼼히 살피자.

출근길 지하철은 훌륭한 선생님입니다. 세상엔 참 별별 사람이 있다는 걸 오늘도 예를 들어가며 자세히 알려 주거든요. 커다란 백팩을 무기처럼 휘두르는 사람, 아직 사람이 내리지도 않았는데 얼른 타라고 뒤에서 밀어버리는 사람, 고약한 냄새를 풍기며 도통 알 수 없는 주문 같은 말을 중얼중얼 외는 사람. 가까스로 회사에 들어와 자리에 앉고 난 뒤에야 비로소 안도감이 듭니다. 안전한 공간에 있다는 사실은 얼마나 큰 행복인가요.

"딱…. 딱!"

자리에서 손톱을 깎는 이진국 과장님도 오늘은 마냥 밉지만은 않습니다. 세상엔 별의별 사람들이 다 있는 법이니까요. 적어도 저를 밀치지는 않으니 그러려니 넘어갈 수 있어요.

"국밥 파워블로거 이진국 씨 맞으시죠?"

업무 전화도 아닌 개인 전화를 굳이 자리에서 받으시는 과장님. 통화 음량은 또 어찌나 큰지 상대방의 목소리가 다 들립니다.

"저 맞는데. 누구시죠?"
"안녕하세요. 저는 마포경찰서 사이버범죄수사팀 이재한 수사관입니다."
"경찰이요?"
"고소장이 접수돼서요. 조사를 좀 해야 하는데 목요일 오후 2시에 서로 좀 와주시겠습니까?"
"조사요? 저를요?"
"명예훼손 건이네요. 간단한 조사만 받으시면 됩니다. 오래 안 걸릴 거예요."

"아… 알겠습니다. 목요일 오후 2시요?"

"맞습니다. 목요일에 뵙겠습니다."

찬밥처럼 굳어버린 국밥의 왕. 이달의 블로거도 경찰의 전화 앞에서는 벌벌 떨 수밖에 없나 봅니다.

"민호야… 경찰서에서 나 조사받으러 오래. 민희한테 전화 좀 해주라."

아무리 경찰이 어려워도 그렇지 목요일이면 고작 3일 뒤인데 일정부터 다시 잡아야 하는 거 아닐까요? 이 이야기를 들으면 민희는 뭐라고 할까요?

이겨라, 시작한 전쟁이라면

사법고시와 행정고시, 외무고시가 이른바 3대 고시로 불리던 시절. 고시 합격이라는 높은 꿈을 품은 사람들로 가득했던 신림동 고시촌에 전해 내려오던 오랜 격언이 있습니다.

"고시는 피하는 게 제일이다. 하지만 이왕 시작했다면 붙어라. 최대한 빨리."

시간을 끌수록 처음의 간절했던 마음은 간데없고 시간과 돈은 눈 녹듯 사라지기 때문에 최대한 빨리 합격해야 한다는 무서운 경고였죠.

형사 사건도 똑같습니다. 피하는 게 상책이지만, 피할 수 없다면 반드시 이겨야 합니다. 나의 운명이 결정된다는 점에서 형사 사건은 전쟁과도

닮았어요. 그리고 그 치열한 전쟁을 승리로 이끌기 위한 제1단계는 적의 전략을 파악하는 겁니다. 적이 어디를 어떻게 공격할지 정확히 안다면 내 약점도 빈틈없이 방어할 수 있으니까요. 그렇기 때문에 고소를 당했을 때 해야 하는 첫 번째 행동은 **고소장부터 확인**하는 겁니다. 고소장 열람을 위한 정보공개청구가 전쟁의 시작이죠.

고소장을 확인하기 위한 정보공개청구 절차는 무척 간단합니다. 굳이 휴가를 내고 경찰서를 찾아가지 않아도 컴퓨터나 휴대전화로 간편하게 처리할 수 있어요. **정보공개포털** www.open.go.kr에 접속하면 화면 한 가운데 큼지막한 정보공개청구 버튼이 있습니다. 이걸 눌러 정보공개청구 페이지로 이동한 뒤, 고소장을 골라 적으라는 사항만 간략하게 적어주면 끝입니다.

만약, 이진국 과장이 고소장을 확인하기 위해 정보공개를 청구한다면 어떨까요? 필수 작성 항목이 조금 낯설게 느껴질 수는 있지만, 아래와 같이 적으면 충분할 거예요.

정보공개청구	
생활문제 해결정보	고소장
제목	고소장 정보공개청구
청구 내용	[필수 작성 항목] 1. 청구인 인적사항: 이진국, 850707, 남성 2. 사건·사고 정보: 서울마포경찰서 담당수사관 이재한 3. 사건과의 관계: 피고소인 본인, 명예훼손 혐의 4. 청구내용: 고소장(피고소인에 대한 혐의사실 부분) 5. 관계 증명 제출자료: 본인 신분증 첨부

고소장에 대한 정보공개청구에 대해서는 10일 이내에 공개 여부를 결정하는 것이 원칙이므로 공개가 결정되면 정보공개포털에서 금방 고소장을 확인할 수 있습니다.

받아 든 고소장에는 고소인의 개인정보를 비롯한 많은 부분이 가려져 있을 텐데요, 피의자에게 공개되는 고소장의 범위가 **피의자의 혐의사실 부분**으로 한정되기 때문에 그런 거니까 혹시나 뭘 잘못한 건 아닌지 불안해하지 않아도 됩니다.

공개된 고소장에 적힌 혐의사실이 고소인에게만 유리하게 작성되진 않았는지, 사실과 다른 부분이 있지는 않은지 꼼꼼히 살펴 탄탄한 반박 논리를 세우는 게 우선입니다.

> **법률 한 토막**
>
> 「경찰 수사서류 열람·복사에 관한 규칙」
>
> **제3조(열람·복사 신청의 처리)** ① 수사서류 열람·복사 신청은 해당 사건을 담당한 수사관이 소속되어 있거나 소속되었던 수사부서의 수사지원부서에서 처리한다.
>
> ② 제1항의 처리는 수사규칙 제87조제2항에 따라 <u>10일 이내 결정</u>하는 것을 원칙으로 한다. 다만, 부득이한 사유로 10일 이내 결정을 할 수 없는 경우에는 그 기간이 끝나는 날의 다음 날부터 기산하여 10일의 범위 내에서 한차례 그 기간을 연장할 수 있다. 이 경우 신청인에게 기간을 연장한 사실과 사유를 지체없이 통지해야 한다.
>
> 「검사와 사법경찰관의 상호협력과 일반적 수사준칙에 관한 규정」
>
> **제69조(수사서류 등의 열람·복사)** ③ 피의자 또는 그 변호인은 필요한 사유를 소명하고 고소장, 고발장, 이의신청서, 항고장, 재항고장의 열람·복사를 신청할 수 있다. 이 경우 <u>열람·복사의 범위</u>는 피의자에 대한 혐의사실 부분으로 한정하고, 그 밖에 사건관계인에 관한 사실이나 개인정보, 증거방법 또는 고소장등에 첨부된 서류 등은 제외한다.
>
> ⑥ 검사 또는 사법경찰관은 제1항부터 제5항까지의 규정에 따른 신청을 받은 경우에는 해당 서류의 공개로 사건관계인의 개인정보나 영업비밀이 침해될 우려가 있거나 범인의 증거인멸·도주를 용이하게 할 우려가 있는 경우 등 <u>정당한 사유가 있는 경우를 제외하고는 열람·복사를 허용해야</u> 한다.

당장 경찰서로 오라고요?

느닷없이 경찰서에 출석하라는 전화를 받았다? 입술이 바싹 마르고 손발은 벌벌 떨릴 겁니다. 심장이 쿵쾅거리는 소리도 또렷하게 들릴 거예요. 하지만 처음 겪는 일인수록, 또 위기에 몰릴수록 정신을 바짝 차려야 합니다. 지금부터는 나도 모르게 내뱉은 한마디, 한마디가 내게 불리하게 작용할 수 있다는 사실을 잊으면 안 돼요. 하지만 그렇다고 필요 이상으로 위축될 필요도 없습니다.

경찰도 사람이고 그냥 자기 일하는 것뿐이니까 우리는 우리대로 우리가 할 일을 하면 돼요. 물을 건 묻고, 확인할 건 확인하면 됩니다. 경찰의 출석 요구를 받았다면 묻는 말에 대답만 하고 전화를 끊지 말고 나를 **어떤 신분**으로 부르는지, 또 **어떤 사건**으로 찾는 건지 질문하는 게 좋습니다. 범죄를 저지른 것으로 의심받는 피의자가 아니라, 단순히 사건과 관련된 참고인 신분으로 출석을 요구하는 거라면 경찰이 요청한다고 하더라도 이를 반드시 따라야 할 의무는 없습니다.

하지만 사건의 내용에 따라 참고인 신분이었던 사람이 피의자가 되는 경우도 더러 있기 때문에 어떤 사건으로 나를 찾는 건지 적극적으로 묻는 게 현명하죠. 가끔 노련한 수사관은 출석 요구를 하면서 범죄 혐의와 관련된 사실을 능청스럽게 묻기도 하는데요, 섣불리 대답해서 경찰에게 편견을 심어주지 않는 것이 중요합니다.

이 전화 한 통으로 경찰관을 설득해서 혐의를 벗겠다? 욕심입니다. 득점하려고 무리하게 욕심부리기보다는 실점하지 않는 게 낫습니다. "이런 일이 처음이라 당황스럽다. 고소장을 확인한 뒤 충실히 조사받겠다" 정도로만 대답해도 됩니다.

경찰의 전화를 처음 받는 분들이 가장 많이 하는 실수는 경찰이 제시한 촉박한 조사 일정을 그대로 받아들이는 겁니다.

'경찰이 그러자는데… 괜히 일정을 미뤘다가 의심만 사는 거 아니야?'

그렇지 않습니다. 정말로 그렇지 않아요. 업무상 출장을 간다거나 회사 일이 바빠 휴가를 내기 어렵다는 합리적인 이유를 들어 조사를 미루는 건 당연히 가능합니다.

고소장 열람을 근거로 드는 것도 괜찮아요. 아까 본 것처럼 정보공개를 청구하고 고소장을 받아보는 데는 열흘 정도까지 걸릴 수 있으니까 조사 일정은 최소한 2주 뒤로 정하는 게 좋습니다. 내가 한 어떤 행동이 고소의 대상이고, 구체적으로 어떤 범죄 혐의를 받고 있는지 파악한 뒤 이를 반박할 자료까지 챙기려면 2주도 빠듯할 수 있어요.

법률 한 토막

「형사소송법」

제200조(피의자의 출석요구) 검사 또는 사법경찰관은 수사에 필요한 때에는 피의자의 출석을 요구하여 진술을 들을 수 있다.

제221조(제3자의 출석요구 등) ① 검사 또는 사법경찰관은 수사에 필요한 때에는 피의자가 아닌 자의 출석을 요구하여 진술을 들을 수 있다. 이 경우 그의 동의를 받아 영상녹화할 수 있다.

득점하지 않아도 된다, 실점만 하지 말자

조사를 통해 피의자에게 범죄 혐의가 인정되면 경찰은 검찰로 사건을 송치합니다. 법원에 피고인에 대한 유죄 판결을 구하는 공소 제기는 검사만 할 수 있으니까요. 반대로 피의자에게 범죄 혐의가 인정되지 않는다고 판단하면 경찰은 검찰로 사건을 넘기지 않습니다. 불송치 결정이죠. 송치든 불송치든, 피의자 조사를 마친 경찰은 어떻게든 사건에 대한 결론을 내려야 합니다.

결국 결백한 피의자 입장에서 경찰 조사를 잘 받았다는 것은, 경찰이 피의자에게 유리한 불송치 결정을 내리도록 경찰을 도왔다는 것을 말합니다. 경찰을 도우라는 말이 공개 방송의 방청객처럼 경찰의 한마디, 한마디에 과장된 리액션을 보이라는 뜻은 아니에요.

그보다는 나에게 범죄 혐의가 없다는 확신을 가질 수 있도록 **일관된 진술**을 하는 게 가장 중요합니다. 만약 이진국 과장이 처음 경찰과의 통화에서 예민섭 주방장을 비방할 목적으로 블로그에 글을 썼다고 섣불리 대답했다면 어떨까요? 뒤늦게 말을 바꿔 경찰서에 가서는 비방할 목적이 없었다고 힘주어 말해도 경찰이 쉽게 믿어주지 않을지도 모릅니다.

조서는 꼼꼼히 확인하고 서명하자

조사를 받을 때 수사관이 쉬지 않고 작성한 서류, 조사를 마치고 나면 피의자에게 꼭 보여주는 이 문서가 바로 **피의자신문조서**입니다. 조서는 조사한 사실을 적은 문서라는 뜻이고, 물을 신訊 자에 물을 문問 자를 합한

신문은 물어가며 조사한다는 뜻입니다. 어렵지 않죠? 말을 더해 보면 사건에 대해 피의자에게 묻고 조사해 그 진술을 적은 문서라는 뜻이 돼요.

문제는 피의자신문조서에 경찰과의 모든 대화가 토씨 하나 빼놓지 않고 기록되는 건 아니라는 점입니다. 경찰은 속기사가 아니고 피의자신문조서는 녹취록이 아니니까요.

기본적으로 경찰 조사는 범죄 혐의가 인정되는지 아닌지를 따져보는 절차이기 때문에 범죄를 구성하는 요건에 맞추어 피의자의 진술을 적용하는 과정에서 말한 **의도와 다르게, 뉘앙스가 바뀌어 적히는 경우**도 종종 있습니다.

조사를 마치고 나면 수사관이 피의자신문조서를 보여줄 텐데요, 대답을 다 했다고 대충 보고 서명해서는 안 됩니다. 말한 의도대로 온전히 적혔는지, 사실과 다르게 적힌 부분은 없는지 한 글자도 놓치지 말고 빠짐없이 확인해야 합니다. 이상한 부분이 있다면? 바로 이의를 제기하고 수정을 요청하세요.

"저는 이런 의도로 말씀드렸는데, 이렇게 적힌 건 잘못된 것 같습니다."

처음 보는 경찰에게 어려운 부탁을 하기가 민망해서. 빨리 경찰서를 벗어나고 싶어서. 낯설고 긴 조사로 지칠 대로 지친 탓에 망설일 수도 있지만 만에 하나 이 사건이 재판까지 가게 됐을 때 군말 없이 서명한 피의자신문조서가 중요한 증거로 쓰일 수 있다는 걸 잊어서는 안 됩니다.

법원행정처는 매년 「사법연감」을 발간합니다. 민사·가사·행정·형사 등 분야별 판결 통계가 상세하게 실려 있죠. 2023년 1년간 1심 형사공판 사건을 통해 판결을 받은 사람은 모두 216,434명인데요, 그 가운데 무죄 판결을 받은 사람은 7,097명으로 **무죄율**은 3.3%에 그쳤습니다. 다른 해도 크게 다르지 않아요. 2022년 3.4%, 2021년 3.2%. 재판을 거쳐 무죄 판결을 받는 사람은 10명 중 1명도 아니고 100명 중 3명밖에 안 되는 수준입니다. 그만큼 철저한 수사가 이뤄졌다고 볼 수도 있겠죠?

신림동을 가득 메웠던 고시 열풍은 어느새 사그라들었지만, 합격자들이 전해준 격언만큼은 여전히 유효합니다. 경찰의 송치 → 검찰의 기소 → 법원의 재판으로 이어지는 형사 사건에선 특히 그렇습니다.

"피하는 게 제일이지만 이왕 시작했다면 빠르게 끝내라."

혹시라도 형사 사건에 휘말렸다면 빠르고 적극적으로 대처하세요. 경찰 수사 단계에서부터 최선을 다해야 하루라도 빨리 자유로워질 수 있습니다.

법률 한 토막

「형사소송법」

제244조(피의자신문조서의 작성) ① 피의자의 진술은 조서에 기재하여야 한다.
② 제1항의 조서는 피의자에게 열람하게 하거나 읽어 들려주어야 하며, <u>진술한 대로 기재되지 아니하였거나 사실과 다른 부분의 유무를 물어 피의자가 증감 또는 변경의 청구</u> 등 이의를 제기하거나 의견을 진술한 때에는 이를 조서에 추가로 기재하여야 한다. 이 경우 피의자가 이의를 제기하였던 부분은 읽을 수 있도록 남겨두어야 한다.

③ 피의자가 조서에 대하여 이의나 의견이 없음을 진술한 때에는 피의자로 하여금 그 취지를 자필로 기재하게 하고 조서에 간인한 후 기명날인 또는 서명하게 한다.

Episdoe 31

시키는 대로 돈만 받은 넌 정말 몰랐다고?

보이스피싱과 미필적 고의

📝 **3줄 요약**

- 보이스피싱은 신용카드·계좌 정보 등 개인정보를 훔쳐 악용하는 범죄다.
- 보이스피싱인 줄 몰랐다고 주장하는 현금 수거책도 사기죄의 미필적 고의가 인정될 수 있다.
- 보이스피싱에서 빠질 수 없는 현금 수거책의 죄와 책임은 결코 가볍지 않다.

대리가 되고 행복했던 것도 잠깐. 매달 25일, 월급이 잠깐 통장을 스쳐

지나가면 남아 있는 돈은 사원일 때나 대리가 된 지금이나 별 차이가 없습니다. 승진하면 저축액도 좀 늘리고 미국 주식 투자도 적극적으로 해보려고 했는데… 기껏 수익을 내면 뭐해요. 종잣돈이 워낙 적으니까 두 자릿수 수익률을 올려도 도무지 티가 안 나요. 이래서는 답이 없습니다.

더군다나 다음 달은 가정의 달 5월. 동생이 변호사가 되고 처음으로 맞는 어버이날이라 부모님 해외여행 보내 드리자고 민희랑 얘기했었는데 당장 통장에 돈이 없으니 동생한테 연락할 엄두가 안 납니다.

두 캔째 캔맥주를 들이켜도 도무지 가시지 않는 갈증. 답답한 마음에 휴대폰으로 채용공고 사이트를 둘러봅니다. 잘 나가는 축구선수처럼 보너스 받으면서 이직하면 얼마나 좋을까요?

이리저리 온갖 게시판을 뒤져봐도 사이닝 보너스 Signing Bonus는커녕 눈이 가는 공고 자체가 없습니다. 근무지가 지방이거나, 자격증을 요구하거나. 그런데도 연봉은 낮네요. 불황은 불황인가 봅니다. 실망한 채 페이지를 닫으려는데 쪽지가 도착했다는 알림이 뜹니다.

✉

법무사 사무실 아르바이트 (주말 가능)

눈이 번쩍 뜨입니다. 주말에만 할 수 있다고? 홀린 듯이 쪽지를 눌러봅니다.

도민호 님을 위한 아르바이트 제안 드립니다.
직장인을 위한 최고의 알바! 주말에만 일해도 됩니다.

주요업무 :　　서류 전달 및 현금 수령
근무장소 :　　행복 법무사 사무실
근무조건 :　　일당 5만 원 + 1건당 추가 10만 원
근무처우 :　　식비 및 교통비 지급
지원방법 :　　온라인 면접
지원하실 곳 : happy9988@happy.co.kr

근무지도 서울이겠다, 주말에만 유동적으로 일할 수 있겠다. 게다가 1건당 추가 10만 원? 하지 않을 이유가 없습니다. 부모님 여행지를 일본이 아니라 호주로 바꿔도 될만한 꿀알바가 틀림없습니다. 마침 동생 민희한테 전화가 옵니다.

"민희야, 마침 연락 잘했다. 안 그래도 막 전화하려고 했는데."
"하여간 말은 잘해요."
"미안 미안. 어버이날에 엄마 아빠 호주 보내 드리면 좋을 거 같아서."
"호주? 거기 물가 비싸잖아?"
"다 방법이 있지, 혹시 행복 법무사라고 들어봤어?"
"행복 법무사? 못 들어봤는데, 왜?"
"거기 알바 자리가 났는데. 돈만 받아오면 된대. 주말에만 하면 되고."

"이제 막 뽑은 알바한테 돈을 맡긴다고?"
"그렇다는데? 받은 돈에서 알바비 빼고 입금하면 된대. 건당 10만 원!"
"오빠, 그거 하면 안 돼."
"왜? 법무사 사무실이면 불법적인 일은 아니지 않아?"
"그거 보이스피싱 현금 수거책 같아."
"보이스피싱 현금 수거책?"

보이스피싱 현금 수거책이라니. 민희는 대체 무슨 말을 하는 걸까요?

바보같이 속은 사람 잘못이라고?

"어디요, 금감원이요? 지금 바로 입금하라고요? 잘 알겠습니다. 장사 열심히 하세요!"

보이스피싱인 걸 알면서도 속아 넘어간 척 연기하며 어수룩한 사기꾼을 놀리는 영상이 한창 인기를 끌던 때가 있었습니다. '요즘은 바보도 안 속는다', '속은 사람도 잘못이다'와 같은 댓글이 연이어 달렸죠. 실제로 발음이 너무 어눌해서 외국인인 게 바로 티가 나거나, 링크로 연결된 인터넷 사이트는 로고부터 허름하고 어색해서 허점이 쉽게 눈에 띄는 경우도 많습니다.

하지만 나는 절대로 안 당한다던 사람도 기어이 속이고 마는 게 요즘 보이스피싱입니다. 보이스피싱Voice Phishing의 '피싱'이란, 개인정보Private data와 낚시Fishing를 뜻하는 영어 단어를 결합한 말입니다. 말 그대로 전화 통화를 하면서 말로 사람을 교묘하게 낚아 신용카드나 계좌 정보와 같은 **개인정보**를 알아내는 범죄죠.

보이스피싱이 처음 세상에 등장한 건 2004년 일본이라는 설이 유력합니다. 처음 일본에서는 보이스피싱이라는 표현 대신 '오레오레オレオレ사기'라고 불렀대요. 다짜고짜 전화를 걸어 "오레다, 오레(나야, 나)"라고 말하면서 가족인 것처럼 속이고 사고 합의금을 바로 보내 달라는 방식으로 사기를 쳤기 때문입니다.

자식을 위해서라면 못할 게 없는 부모의 마음을 공략한 이 고약한 범죄는 곧 우리나라에서도 성행합니다. 자녀와 부모의 전화번호를 미리 알아낸 뒤, 발신번호를 자녀의 전화번호로 바꾸어 부모에게 전화를 걸어요. 다급한 목소리로 사고를 당한 것처럼 연기하면 순식간에 입금 완료!

사기꾼 입장에서는 얼마나 쉽고 편했을까요? 지금처럼 개인정보 보호의 중요성이 강조되지는 않던 시절이라 여기저기 널려 있는 전화번호를 줍는 건 일도 아니었죠.

피해 사례가 널리 알려지면서 보안의 중요성에 대한 사람들의 경각심도 커졌지만, 이를 비웃기라도 하듯 보이스피싱 수법은 점점 더 교묘해지고 있습니다. 은행 직원이나 경찰, 검찰 수사관을 사칭한 상황극 사기, 물품대금 송금 오류를 핑계로 한 사기, 메신저상에서 지인을 사칭한 송금 요구… 방법이 어찌나 다양한지 금융감독원 홈페이지에서 설명하는 보이스피싱의 주요 유형만 해도 무려 10가지나 됩니다.

2007년에는 한 지방법원의 법원장이 보이스피싱 사기에 넘어가 6천만 원을 송금했고, 2022년에는 유명 아이돌 그룹 출신 연예인이 보이스피싱 범행에 가담했다면서 자수하기도 했죠.

연간 보이스피싱 피해액이 자그마치 1조 원을 내다보고 있다는데, 이런 숫자들만 봐도 우리 사회에 보이스피싱이 얼마나 널리 퍼져 있는지 쉽게 짐작할 수 있습니다. 지금까지 보이스피싱을 피해 올 수 있었던 건, 내가 유난히 똑똑해서가 아니라 그저 운이 좋았던 덕분일지도 모릅니다.

법률 한 토막

「통신사기피해환급법」

제2조(정의) 이 법에서 사용하는 용어의 뜻은 다음과 같다.

2. "전기통신금융사기"란 「전기통신기본법」 제2조제1호에 따른 전기통신을 이용하여 타인을 기망·공갈함으로써 자금 또는 재산상의 이익을 취하거나 제3자에게 자금 또는 재산상의 이익을 취하게 하는 다음 각 목의 행위를 말한다. 다만, 재화의 공급 또는 용역의 제공 등을 가장한 행위는 제외하되, 대출의 제공·알선·중개를 가장한 행위는 포함한다.

가. 자금을 송금·이체하도록 하는 행위
나. 개인정보를 알아내어 자금을 송금·이체하는 행위
다. 자금을 교부받거나 교부하도록 하는 행위
라. 자금을 출금하거나 출금하도록 하는 행위

"보이스피싱인 줄 정말로 몰랐어요…"

어머니께서는 늘 말씀하셨습니다. "물건을 모르면 돈을 더 줘라." 물건값이 비싼 데는 다 이유가 있고, 값이 싼 데에도 나름의 사정이 있을 테니 물건을 볼 줄 모른다면 가능한 비싼 물건을 고르라는 뜻이었죠. 같은 아파트인데 유독 싼 물건이 있다? 그 집에서 사고가 났든, 햇볕이 들지 않든 분명히 숨어 있는 까닭이 있을 겁니다. 세상 모든 일에는 다 이유가 있는 법이니까요.

민호가 받은 쪽지는 어떤가요? 대단한 기술이나 자격도 필요 없다. 누구나 할 수 있고 근무 시간도 자유롭다. 심지어 주말에만 일해도 된다. 그렇지만 돈은 많이 준다? 높은 확률로 불법적인 일을 시킬 겁니다. 최소한 우리가 기대하는 일반적인 업무가 아닐 거라는 건 쉽게 예상할 수 있죠. 그렇기 때문에 법원은 단순히 '몰랐다'는 현금 수거책의 변명을 곧이곧대로 믿어주지는 않습니다.

"보이스피싱인 줄 정말로 몰랐다."

피해자의 입에서 나와야 마땅한 이 말은, 현금 수거책의 죄를 묻는 재판에서 흔히 등장하는 주장이기도 합니다.

피고인 A도 그랬습니다. A는 구직 사이트에 올려 둔 이력서를 보고 연락한 직원을 통해 부동산 중개회사로 알고 취업했을 뿐, 보이스피싱 범죄에 가담하는 거라고는 상상도 못 했다고 진술했습니다.

고객들로부터 투자금을 현금으로 받아 회사에 입금하는 업무를 맡았다고 믿었다는 A의 주장. 1심 법원은 이 주장을 받아들였습니다. A에게 사기 범죄를 범할 고의가 있었다는 사실을 검사가 충분히 입증하지 못했다는 것이 무죄의 이유였어요.

하지만 2심 법원의 판단은 달랐습니다. ① 대학교 교직원, 보험회사 영업사원, 법률사무소 직원으로 근무했던 A의 다양한 경험에 비추어 볼 때 A는 **업무가 정상적이지 않다는 점을 충분히 알 수 있었던데다**, ② **회사에 채용된 지 일주일도 안 된 사람에게 현금 수거 업무를 맡긴다는 것도 매우 이례적이니까요.** ③ 또 A는 피해자들로부터 **수거한 돈에서 자신의 급여와 교통비를 뺀 금액을 회사에 송금하는 방식**으로 보수를 지급받았는데, 이런 방식은 A가 이전에 근무했던 직장은 물론 일반적인 보수 지급 방식과도 전혀 달랐죠. 이와 같은 사실을 종합하여, 법원은 범행 당시 A에게 미필적으로나마 사기죄를 저지를 고의가 있었다는 결론을 내렸습니다[113].

충분한 주의를 기울이지 못하고 죄가 된다는 사실을 인식하지 못한 채 과실로 죄를 범한 과실범. 범죄를 인식하고 의도한 고의범과 달리 부주의로 죄를 저지른 과실범은 법률에 특별한 규정이 있는 경우에만 처벌합니다. 과실로 다른 사람의 물건 등을 불태운 실화죄, 과실로 다른 사람에게 상해를 입히거나 사망에 이르게 한 과실치사상죄처럼요.

그럼 사기죄는? 사기죄는 따로 과실범 처벌 규정이 없습니다. 결국 보이스피싱을 통한 사기 범행에 가담한 죄로 A를 처벌하려면 A에게 사기죄를 저지르려는 인식과 의사, 즉 고의가 인정되어야 합니다. 보이스피싱인 줄 몰랐다는 A에게 사기 행각을 벌이려는 고의가 있었을까요?

A의 죄가 인정되느냐 마느냐가 결정되는 절체절명의 순간, 이때 등장하는 개념이 앞선 판결에서 말한 **미필적 고의**입니다.

'미필적 고의란 결과 발생이 불확실한 경우, 즉 행위자에게 있어 그 결과 발생에 대한 확실한 예견은 없으나 그 가능성은 인정하는 것이다. 미필적 고의가 있었다고 하려면 결과 발생에 대한 인식이 있음은 물론 나아가 이러한 결과 발생을 용인하는 내심의 의사가 있음을 요한다.[114]'

① 범죄사실의 발생 가능성에 대한 인식과 ② 범죄사실이 발생할 위험을 용인하는 내심의 의사. 1985년 선고된 이 판결 이후 법원은 미필적 고의를 대체로 위와 같이 정의하고 사안에 적용합니다.

반드시 사기를 치고 말겠다는 뚜렷하고 확정적인 고의가 아니라도 충분히 죄를 물을 수 있다는 거죠. 금융감독원 직원인 척 행세하며 피해자들로부터 현금을 수령하기까지 한 A. A는 보이스피싱 범죄의 가능성을 인식한 것은 물론, 범죄를 저지를 위험까지 용인하고 행동했다는 것이 법원의 판단입니다.

법률 한 토막

「형법」

제13조(고의) 죄의 성립요소인 사실을 인식하지 못한 행위는 벌하지 아니한다. 다만, 법률에 특별한 규정이 있는 경우에는 예외로 한다.

제14조(과실) 정상적으로 기울여야 할 주의를 게을리하여 죄의 성립요소인 사실을 인식하지 못한 행위는 법률에 특별한 규정이 있는 경우에만 처벌한다.

〈오리엔트 특급 살인〉

애거사 크리스티의 추리소설 〈오리엔트 특급 살인〉은 유럽을 동서로 가로지르는 급행열차에서 발생한 살인 사건을 다룹니다. 명탐정 푸아로에겐 기차에 올라탄 모두가 용의자입니다. 살해당한 1명을 제외한 나머지 11명의 승객과 1명의 승무원까지 모두가요.

용의자들을 심문하고 단서를 찾아갈수록 푸아로는 위화감을 느낍니다. 의심스러운 누군가의 알리바이를, 전혀 생각지도 못했던 사람이 뒷받침해 주는 우연. 반복되는 우연 속에서 푸아로는 문득 이런 의문을 품습니다. '이상하다. 승객 전원이 이 사건에 관련됐을 리는 없을 텐데…'라고요.

불가능한 것을 제외하면 남은 것이 아무리 믿기지 않더라도 그게 바로 진실이라고 했던가요. 푸아로의 의심처럼 정말로 12명 모두가 범인이었습니다. 혼자서는 해낼 수 없는 범죄였던 이 사건은, 각자 자신에게 맡겨진 역할을 연기해 냈을 때 비로소 완성되는 모자이크 그림과도 같았어요. 그리고 그 점은 보이스피싱 범죄도 다르지 않습니다. 현금 수거책을 맡은 어떤 사람은 진작에 보이스피싱인 줄 알았으면서도 애써 모른 척했을지 모릅니다.

'사기는 전화한 사람이 친 거지. 나는 그냥 돈만 받았잖아. 내가 무슨 잘못이 있어?'

모자이크 그림의 한쪽 귀퉁이만 채웠을 뿐인 내게는 죄가 없다고 합리화하는 거죠.

만에 하나라도 그렇게 생각하지는 않기를 바랍니다. 용의 눈동자를 그려 넣어야 마침내 그림이 완성되는 것처럼, 현금 수거책이 피해자를 속이고 돈을 건네받음으로써 사기 범행이 최종적으로 실현된다고 볼 수도 있기 때문입니다. 사기를 도운 죄, 즉 사기 방조죄만 유죄로 보고 1년 10월의 징역형을 선고했던 1심 판결과 달리 오히려 2심 법원에서 형량을 높였던 사건이 있습니다.

피해자로부터 현금을 받을 때 가명을 사용하며 금융기관 직원 행세를 한 현금 수거책은 단순히 사기를 도운 것이 아니라 사기 범죄를 저지른 셈이라고 평가했기 때문입니다. 판결문에 적힌 양형의 이유는 다음과 같습니다.

판결 한 토막

양형의 이유

3. 선고형의 결정: 징역 2년 4월

보이스피싱 사기 범죄는 다수의 공범이 점조직 형태로 연결되어 치밀한 사전 계획에 따라 불특정 다수의 대한민국 국민들을 대상으로 감행하는 조직적, 지능적 범죄로서, 지속적인 형사 처벌 및 대국민 홍보에도 불구하고 계속하여 등장하는 신종 수법으로 그 피해액은 나날이 늘어나고 있어 사회적 폐해가 매우 크다. 그럼에도 주범격인 콜센터는 주로 외국에 기반을 두고 있어 배후에 있는 주범을 검거하기에 매우 어렵고 피해 회복도 용이하지 않은 구조적 특성이 있다. 피해자들은 주로 제도권 은행에서 대출을 받기 어려운 서민들로서, 범인들은 <u>신용불량의 궁박한 경제적 처지에 있거나 법에 무지한 피해자들을 기망하여</u> 범죄를 저지르고, 피해자들에게 재산상 피해뿐만 아니라 상당한 정신적 피해를 가한다는 점에서, 그 <u>죄질이 매우 불량</u>하다. 이러한 사안의 중대성, 범죄의 특성,

사회정책적 고려 등을 모두 감안하면, 보이스피싱 범행에 대하여는 단순가담자라 하더라도 엄중한 처벌이 필요하다. 피고인이 분담한 현금수거책의 역할은 범죄구성요건을 최종적으로 실현하여 사기 범행을 완성하는 전체 범행계획의 필수불가결한 부분으로, 그 죄책이 결코 가볍지 않다[115].

Episode 32

지난번엔 내가 냈잖아, 이번엔 네가 내야지
수리비 분쟁 막는 임대차표준계약서

3줄 요약

- 임대인은 빌려준 목적물을 임차인이 정상적으로 사용할 수 있는 상태로 유지해야 할 의무를 진다.
- 변호사도 아닌 내가 직접 소송을 해도 되냐고? 당연하다. 할 수 있다.
- 법률 정보가 넘쳐날수록 틀리지 않은, 정확한 법률 상식을 찾아야 한다.

"도 대리님, 민희 누나한테 하나만 물어봐 주실 수 있어요?"

웬일로 현우가 스타벅스 커피를 사 들고 왔나 했더니. 꿍꿍이는 따로 있었습니다.

"무슨 일인데?"
"아, 지금 말씀드려도 돼요?"
"커피값은 해야지, 말해봐. 뭔데?"

현우의 이야기는 깐깐한 집주인을 묘사하는 걸로 시작됐습니다. 유난히 알이 크고 두꺼운 안경, '나 엄청 비싸'라고 고함을 치듯 커다란 로고가 박혀 있는 명품 가방, 주인을 잘못 만난 게 틀림없는 때 탄 크록스 샌들까지. 괴짜 분위기를 잔뜩 풍기며 공인중개사 사무실로 들어온 집주인이 처음으로 현우에게 던진 질문은 직업이 뭐냐는 거였습니다.

본능적으로 만만치 않은 사람이다 싶었지만, 회사랑 거리도 가깝고 월세도 부담스럽지 않은 편이라 찜찜한 마음을 누르고 현우는 그 자리에서 도장을 찍었다고 해요.

현우가 이 결정을 후회한 건 찬 바람이 불기 시작한 11월 초였습니다. 분명히 보일러 전원에 불은 들어오는데 아무리 기다려도 방이 따뜻해지지 않아서 수리를 부탁하려고 집주인에게 전화를 걸었던 그날, 집주인의 대답은 늦가을 찬바람보다도 쌀쌀맞았대요.

"전에 살던 신혼부부는 잘만 썼디던데 뭐기 문젤끼?"

"저도 잘 모르겠어요. 수리받아 보고 알려 드릴게요."
"수리기사 오면 전화 바꿔줘. 현우 씨가 잘못한 걸 수도 있잖아."

다행히 현우는 보일러가 오래돼서 그렇다는 기사님의 답변 덕에 가까스로 집주인으로부터 수리비를 받아냈습니다. 문제는 보일러를 고친 지 고작 2달 만에 또다시 보일러가 고장 났다는 겁니다. 이번에도 기사님의 진단은 같았지만, 집주인의 반응은 완전히 달랐습니다.

"아니, 현우 씨! 사람이 경우가 있어야지. 지난번에 내가 냈으면 이번에는 현우 씨가 내야 되는 거 아니야?"
"선생님, 제가 잘못한 게 아니라 보일러가 오래돼서 그런 거라니까요?"
"전 세입자들 살 때는 이런 일이 한 번도 없었다니까 그러네!"
"보일러가 낡은 게 제 잘못은 아니잖아요."
"됐고, 나는 이번에는 돈 못 내니까 알아서 해!"

막무가내로 나오는 집주인의 코를 당장에라도 납작하게 눌러주고 싶네요. 마침 팀장님, 과장님 두 분 다 외근을 나가셔서 사무실도 조용합니다. 따로 민희를 찾을 것도 없이 저희가 직접 해결해 보기로 마음먹습니다.
인터넷에 법률 정보가 얼마나 많은데, 이런 거 가지고 일일이 민희한테 연락하려니 민망하기도 하고요. 검색 사이트에 임대인/보일러/수리를 키워드로 넣었더니 어마어마한 정보가 쏟아집니다.

어떤 홈페이지에서는 계약에서 정하기 나름이라고 하고, 또 어떤 블로그에서는 간단한 수리는 임차인이 해야 한다고 하네요? 내용을 종합해 보니 월세를 살고 있는 현우의 경우에는 집주인이 수리비를 부담하는 게 맞는 것 같긴 한데… 안심하고 믿어도 될까요? 대체 어떤 정보를 믿어야 할까요?

보일러, 당당하게 고쳐달라고 하자

민호와 현우가 내린 결론은 틀리지 않아요. 우리 「민법」은 임대차 계약이 계속되는 동안 임대인은 빌려준 목적물을 임차인이 정상적으로 사용할 수 있는 상태로 유지해야 할 의무를 진다고 정해 두었기 때문입니다. 조항의 제목도 명확해요. 임대인의 의무. 생각해 보면 당연하죠?

임차인에게 목적물을 인도받아 사용할 **권리**가 있는 이상, 임대인에게는 목적물을 사용할 수 있는 상태로 유지할 **의무**가 있을 테니까요. 그렇기 때문에 지난번엔 내가 냈으니까 이번엔 네가 낼 차례라는 집주인의 핑계는 의무를 다하지 않겠다는 변명이 될 수밖에 없는 겁니다.

물론, 예외가 없지는 않아요. 「민법」에서 정한 임대인의 의무는 **사용, 수익에 필요한 상태를 유지**하는 것이기 때문에 안방 문고리가 맘에 들지 않으니까 바꿔 달라거나, 샤워기 헤드가 너무 무거우니까 가벼운 걸로 바꿔 달라는 임차인의 유별난 요청까지 임대인이 들어줘야 할 의무는 없습니다. 안방 문고리가 갈색이라거나, 샤워기 헤드가 조금 무겁다고 해서 빌린 집을 사용하는 데 방해가 되는 건 아니니까요.

대법원도 같은 이야기를 해요. '목적물에 파손 또는 장해가 생긴 경우 그것이 임차인이 별 비용을 들이지 아니하고도 손쉽게 고칠 수 있을 정도의 사소한 것이어서 임차인의 사용·수익을 방해할 정도의 것이 아니라면 임대인은 수선의무를 부담하지 않지만, 그것을 **수선하지 아니하면** 임차인이 계약에 의하여 정해진 목적에 따라 **사용·수익할 수 없는 상태**로 될 정도의 것이라면, 임대인은 그 수선의무를 부담한다[116]'고 말이죠.

쉽게 말해 보일러 고장, 배관 파손, 심각한 누수와 같이 수리하지 않고서는 온전히 생활하기 힘들 정도의 문제라면 임대인이 수선의무를 진다는 겁니다. 물론, 임차인인 현우가 일부러 보일러를 부수고 고장 낸 경우라면 이야기가 다르겠죠.

하지만 그런 사실도 없고, 현우와 집주인이 체결한 임대차 계약에서 앞서 살핀 「민법」 조항과 달리 임대인의 의무를 특별히 줄여 둔 것도 아니라면 현우는 당당히 집주인에게 보일러 수리 비용을 청구할 수 있어요.

법률 한 토막

「민법」
제623조(임대인의 의무) 임대인은 목적물을 임차인에게 인도하고 계약존속중 그 사용, 수익에 필요한 상태를 유지하게 할 의무를 부담한다.

간단한 분쟁은 스스로 해결하자

법을 너무 어렵게 생각할 필요는 없어요. 이렇게 기회가 될 때마다 반 걸음씩만 나아가도 좋습니다. 변호사가 아니어도, 학교에서 법을 배운 적이 없어도 괜찮아요.

작은 관심을 쌓다 보면 애초에 다툼이 생기는 걸 방지할 수 있고, 설령 분쟁이 생기더라도 간단한 건 혼자서도 충분히 해결할 수 있게 됩니다. 실제로 소액사건을 다루는 법정 앞에 가보면 변호사가 아닌 데도 자기 사건을 스스로 해결하러 오신 분들이 아주 많습니다.

이 사건에서 민호와 현우가 대견한 건 집주인의 억지에 주눅 들지 않고, 또 민희에게 매달리지도 않고 스스로 문제를 해결하려고 노력했다는 점입니다. 만약, 현우가 조금만 더 적극적으로 행동했다면 어떨까요?

애초에 계약을 체결할 때 인색한 집주인이 내민 계약서 말고, 법무부가 만든 주택임대차표준계약서를 사용했다면 마음 고생할 일도 없었을 거예요.

이런 분쟁을 예방하기 위해 표준계약서는, 다음과 같이 임대인이 수리해야 하는 부분과 임차인이 수리해야 하는 부분을 명확히 나누어 뒀거든요. 이번 일로 주택임대차표준계약서를 알게 된 현우는 앞으로 엉뚱한 조건으로 부동산 계약을 맺을 일은 없을 겁니다.

법률 한 토막

주택임대차표준계약서 (법무부)

제4조(임차주택의 사용·관리·수선) ② 임대인은 계약 존속 중 임차주택을 사용·수익에 필요한 상태로 유지하여야 하고, 임차인은 임대인이 임차주택의 보존에 필요한 행위를 하는 때 이를 거절하지 못한다.

③ 임대인과 임차인은 계약 존속 중에 발생하는 임차주택의 수리 및 비용부담에 관하여 다음과 같이 합의한다. 다만, 합의되지 아니한 기타 수선비용에 관한 부담은 민법, 판례 기타 관습에 따른다

<u>임대인부담</u> : (예컨대, 난방, 상·하수도, 전기시설 등 임차주택의 주요설비에 대한 노후·불량으로 인한 수선은 민법 제623조, 판례상 임대인이 부담하는 것으로 해석됨)

<u>임차인부담</u> : (예컨대, 임차인의 고의·과실에 기한 파손, 전구 등 통상의 간단한 수선, 소모품 교체 비용은 민법 제623조, 판례상 임차인이 부담하는 것으로 해석됨)

맺음말

　미국 뉴욕의 한 법원. 기내에서 발생한 안전사고의 책임을 두고 항공사 측 변호사와 승객 측 변호사가 치열한 다툼을 벌입니다. 상대방이 제출한 서면을 받아 든 항공사 측 변호사가 고개를 갸우뚱합니다. 승객 측 변호사가 근거로 든 판례를 도저히 찾을 수 없었던 거죠. 심지어 판사도 판결문을 찾지 못했습니다. 이유는 간단했어요. 그 판례는 AI가 만들어 낸 가짜 판례였기 때문입니다. AI에 지나치게 의존했던 승객 측 변호사는 징계를 앞두고 "ChatGPT가 판결을 지어낼 거라고는 생각하지 못했다"며 고개를 숙였습니다[117].

　정보가 넘쳐나는 세상. 굳이 책을 읽어야 하는 까닭이 무엇이냐는 질문에 제가 무척 좋아하는 평론가님께서는 이렇게 답하셨습니다. "정보가 넘쳐나기 때문에 오히려 책을 읽어야 합니다. 불필요한 정보들 가운데 꼭 필요한 지식을 찾고, 검증된 지식에 이르는 빠르고 경제적인 방식이기 때문입니다."

법률 상식도 똑같습니다. 정보를 얻는 건 너무나 쉬워졌지만, 외려 오류 없이 체계적으로 정리된 정보는 훨씬 더 귀해졌습니다. 누구보다 똑똑해 보이는 AI가 정리해 준 정보에도 거짓이 섞여 들어가는 경우가 있으니까요. 그럴싸해 보이는 정보 사이로 태연하게 오류가 섞여 있다면 감쪽같이 속아 넘어가기 쉽습니다.

가시 없는 순살 고등어라고 해서 안심하고 왕~ 하고 한 입 크게 베어 물었는데 가시가 있다면 어떻겠어요. 잇몸도 상하고 캑캑 목도 막히겠죠? 오류가 섞인 자료를 믿고 소송을 했다가 지기라도 한다면 그 피해는 온전히 내가 지게 됩니다. 만약 그 사건이 내 운명을 바꿔 놓을 재판이었다면? 피해가 얼마나 클지 짐작하기 어렵습니다.

그런 일을 막기 위해 우리는 틀리지 않은, 정확한 법률 정보를 찾아야 합니다. 내가 겪고 있는 갈등이 정확히 어떤 내용이고 얼마나 심각한지, 또 얼마나 더 심각해질 수 있는지 제대로 파악할 수 있도록 말이죠. 다툼을 겪으면 사람은 흥분하고 당황하기 마련입니다.

입장 차이를 좁히지 못하고 결국 법률 분쟁으로까지 번진다면 평정심을 유지한다는 게 생각처럼 쉬운 일은 아니에요. 그럴 때 민호가 참고했던 사이트들이 여러분께 도움이 될 겁니다.

정확한 법률 상식을 알 수 있는 곳

(1) 대한민국 법원 대국민서비스
https://www.scourt.go.kr/portal/main.jsp
기사를 통해 흥미로운 판결을 접했다면 이곳에 들르셔도 좋습니다. **언론보도판결** 게시판에서 판결문을 다운로드하여 기사에서 다뤄지지 않은, 보다 구체적인 사실관계와 법원의 판단근거를 확인할 수 있거든요. 보이스피싱이나 정당방위와 같이 어떤 주제에 대한 특별한 관심이 생겼다면 **전국법원 주요판결** 게시판에서 키워드 검색을 통해 전국 법원의 다양한 판결문을 볼 수도 있어요.

(2) 대법원
https://www.scourt.go.kr/supreme/supreme.jsp
제1심법원의 판결을 도저히 받아들이지 못하겠다고요? 그렇다면 제2심법원에서 재판을 받을 수도 있습니다. 우리나라는 법원의 위계를 두어 경우에 따라 상급법원의 판단을 받을 수 있는 **심급제도**를 두고 있습니다. 심급제도의 **최고법원**이자, 최종 심판권을 가진 대법원의 판결은 그래서 더 의미가 큽니다. 우리 책에서 소개한 '이륙 전의 비행기를 돌린 사건', 'CCTV를 비닐봉지로 가린 사건' 모두 대법원의 판결이고, 주요판결 게시판에서 찾을 수 있습니다.

(3) 찾기 쉬운 생활법령정보
https://www.easylaw.go.kr
이곳의 가장 큰 장점은 이름 그대로 **생활법령**을 **찾기 쉽게**, 또 **알기 쉽게** 설명한다는 점입니다. 부동산/임대차, 금융/금전, 사업과 창업, 소비자, 교통/운전 등 일상생활에 자주 쓰이는 각종 법령을, 그중에서도 꼭 필요한 것만 쏙쏙 골라 설명합니다. 웹툰이나 카드뉴스도 많아서 전달력도 높고 이해하기도 쉬워요.

(4) 대한법률구조공단
https://www.klac.or.kr
대한법률구조공단은 법률취약계층에게 무료 법률상담과 소송대리, 기타 다양한 법률

서비스를 제공합니다. 빠뜨린 분야를 떠올리기 힘들 정도로 온갖 분야에서 누적된 수많은 **상담사례**를 간편하게 확인할 수 있어요. 계약서, 지급명령 신청서, 임차권등기명령 신청서 등 각종 **법률서식**도 주제별로 구비하고 있습니다.

(5) 전자소송포털
https://ecfs.scourt.go.kr
변호사를 통하지 않고 나홀로소송을 준비하는 분들이 꼭 알아 두셔야 하는 홈페이지입니다. 민사, 형사, 가사 등 사건을 유형별로 나누어 세부적인 절차를 상세하게 정리해 두었고요, 소장을 쓸 때는 물론, 법원에 제출하는 갖가지 기본 서식들을 작성하는 데 큰 도움을 받을 수 있습니다. 소송 단계별 절차 안내와 더불어 판결 후 해야 할 일까지 구체적으로 알려주니까 꼭 한번 들러보세요.

(6) 대법원 인터넷등기소
http://www.iros.go.kr
부동산 등기부를 포함한 각종 등기부를 열람하고 발급할 수 있습니다. 서비스 소개 메뉴에서 등기부 보는 법을 사례를 들어 가며 상세히 설명해 주고, 부동산거래 체크리스트 메뉴에서는 부동산과 거래 유형에 따라 확인해야 할 사항을 하나씩 챙겨 볼 수 있습니다.

(7) 한국소비자원
https://www.kca.go.kr
오랫동안 한국소비자보호원으로 불리다가 한국소비자원으로 이름을 바꾼 이곳은 「소비자기본법」을 근거로 설립됐습니다. 소비자가 맞닥뜨릴 수 있는 피해구제사례와 분쟁조정사례를 다루는데, 특히 PDF로 제공되는 **분쟁조정사례집**이 무척 잘 읽히고 요긴해요. 소비자의 나이 대에 따라 주로 겪는 분쟁을 집중해서 다룬 생애주기별 소비자분쟁조정사례집도 추천합니다.

(8) 층간소음 이웃사이센터
https://floor.noiseinfo.or.kr
아파트와 같은 공동주택에 살고 있는 입주자들 사이의 층간소음 갈등 완화를 목적으로 운영되는 중재상담 센터입니다. 자주 묻는 질문과 상담 사례 매뉴얼이 잘 정리되어 있어서 내가 겪고 있는 소음과 피해가 객관적으로 어떤 수준인지 짐작해 볼 수 있습니다. 또 **방문상담**은 물론, **소음측정**도 신청할 수 있고요.

참고문헌

1. 대구지방법원 2022. 1. 12. 선고 2021노2277 판결
2. 대법원 2007. 11. 15. 선고 2007도5816 판결
3. 대법원 1992. 4. 10. 선고 91도3044 판결
4. 대법원 2022. 1. 14. 선고 2017도16384 판결
5. 대구지방법원 2019. 3. 28. 선고 2018나311553 판결
6. 서울중앙지방법원 2016. 3. 24. 선고 2016고단423 판결
7. 서울행정법원 2022. 7. 21. 선고 2021구합58202 판결
8. 대법원 2010. 9. 30. 선고 2010도7012 판결
9. 대법원 2007. 3. 15. 선고 2006도9338 판결
10. 대법원 1999. 11. 26. 선고 99도3963 판결
11. 헌법재판소 2015. 2. 26. 선고 2009헌바17 등 전원재판부 결정
12. 대법원 2015. 5. 29. 선고 2013므2441 판결
13. 대구지방법원 2022. 4. 15. 선고 2021가단119534 판결
14. 서울중앙지방법원 2023. 6. 23. 선고 2021가단5077438 판결
15. 대법원 2021. 9. 16. 선고 2021다219529 판결
16. 대법원 2022. 8. 31. 선고 2020도1007 판결
17. 서울고등법원 2023. 7. 13. 선고 2023노1373 판결
18. 대법원 1995. 12. 31. 선고 95다184 판결
19. 대법원 2011. 3. 24. 선고 2010다21962 판결
20. 수원지방법원 2013. 8. 22. 선고 2013나8981 판결
21. 대법원 2019. 10. 31. 선고 2019다256037 판결
22. 대법원 1992. 10. 13. 선고 92도1428 전원합의체 판결
23. 대법원 2018. 12. 27. 선고 2017도15226 판결
24. 대법원 2006. 3. 24. 선고 2005도7309 판결
25. 서울서부지방법원 2015. 2. 12. 선고 2015고합6 판결
26. 서울고등법원 2015. 5. 22. 선고 2015노800 판결
27. 대법원 2017. 12. 21. 선고 2015도8335 전원합의체 판결
28. 대법원 2021. 5. 7. 선고 2019도13764 판결

29	서울행정법원 2011. 4. 22. 선고 2010구합36541 판결
30	대법원 1997. 7. 8. 선고 96누5087 판결
31	대법원 2022. 9. 7. 선고 2022다245419 판결
32	대법원 2021. 10. 14. 선고 2021다227100 판결
33	대법원 2022. 9. 7. 선고 2022다245419 판결
34	전주지방법원 2018. 1. 12. 선고 2017노881 판결
35	대법원 2023. 6. 29. 선고 2018도1917 판결
36	대법원 2022. 7. 14. 선고 2019다299393 판결
37	대법원 1993. 1. 26. 선고 92누8200 판결
38	대법원 1993. 1. 26. 선고 92다11695 판결
39	대법원 2000. 4. 11. 선고 99두2963 판결
40	대법원 1994. 2. 8. 선고 92다893 판결
41	서울고등법원 2002. 7. 4. 선고 2001누13098 판결
42	헌법재판소 1997. 4. 24. 선고 95헌마90 전원재판부 결정
43	서울중앙지방법원 2011. 10. 27. 선고 2008가합100089, 2011가합63425 판결
44	대구지방법원 포항지원 2020. 7. 23. 선고 2019가단105670 판결
45	대법원 2009. 9. 10. 선고 2008도3436 판결
46	의정부지방법원 2016. 9. 27. 선고 2016노1670 판결
47	서울고등법원 2022. 11. 24. 선고 2021나2043478 판결
48	서울중앙지방법원 2021. 9. 29. 선고 2018가합580837 판결
49	대법원 2014. 3. 13. 선고 2011다17557 판결
50	서울행정법원 2023. 2. 10. 선고 2022구합51161 판결
51	대법원 2023. 12. 28. 선고 2021두33470 판결
52	대법원 2021. 2. 25. 선고 2018다253680 판결
53	서울동부지방법원 2021. 8. 12. 선고 2018가합111081 판결
54	서울중앙지방법원 2023. 1. 12. 선고 2021가합3309 판결
55	고용노동부 2024. 11. 6.자 질의회신, 육아휴직급여 상한 인상에 따른 지급제한 요건 변경 관련
56	대법원 2022. 9. 16. 선고 2019두38571 판결
57	서울고등법원 2019. 4. 12. 선고 2018누65424 판결
58	대법원 2013. 12. 18. 선고 2012다89399 전원합의체 판결
59	대법원 2024. 12. 19. 선고 2020다247190 전원합의체 판결
60	헌법재판소 2009. 2. 26. 선고 2007헌바27 전원재판부 결정
61	수원고등법원 2022. 5. 12. 선고 2021나21575 판결

62	대법원 2011. 9. 8. 선고 2008두13873 판결
63	대법원 2011. 3. 17. 선고 2007도482 전원합의체 판결
64	대법원 2023. 6. 15. 선고 2017다46274 판결
65	서울중앙지방법원 2023. 10. 19. 선고 2023고단2205 판결
66	대법원 2015. 9. 10. 선고 2015도2229 판결
67	대법원 2022. 12. 15. 선고 2017도19229 판결
68	대법원 2015. 12. 24. 선고 2015도6422 판결
69	부산지방법원 2022. 6. 9. 선고 2021노2144 판결
70	대법원 2004. 6. 25. 선고 2003도4934 판결
71	서울고등법원 2016. 1. 29. 선고 2015노11 판결
72	대법원 2000. 3. 28. 선고 2000도228 판결
73	대법원 2010. 2. 11. 선고 2009도12958 판결
74	대법원 2001. 5. 15. 선고 2001도1089 판결
75	대법원 2017. 3. 15. 선고 2013도2168 판결
76	대법원 2006. 10. 13. 선고 2004다16280 판결
77	대법원 2023. 4. 13. 선고 2020다253423 판결 등
78	대법원 2013. 6. 27. 선고 2012다31628 판결
79	수원지방법원 2016. 4. 21. 선고 2015나18296 판결
80	대법원 1999. 5. 14. 선고 98두17906 판결
81	대전지방법원 2023. 9. 13. 선고 2022노1909 판결
82	대구지방법원 2021. 10. 19. 선고 2020가단14113 판결 등 다수
83	헌법재판소 2004. 8. 26. 선고 2003헌마457 전원재판부 결정
84	창원지방법원 진주지원 2020. 7. 21. 선고 2019고정152 판결
85	대전지방법원 2022. 12. 8. 선고 2022고단2045 판결 등 다수
86	서울서부지방법원 2019. 5. 15. 선고 2018고합330 판결
87	대법원 2023. 12. 14. 선고 2023도10313 판결
88	헌법재판소 2019. 12. 27. 선고 2018헌마730 전원재판부 결정
89	수원고등법원 2022. 1. 13. 선고 2020나10592 판결
90	대법원 2023. 4. 13. 선고 2022다210000 판결
91	대법원 2021. 3. 11. 선고 2013다59142 판결
92	대법원 1997. 7. 22. 선고 96다56153 판결
93	대법원 2005. 1. 27. 선고 2003다49566 판결
94	서울고등법원 2011. 2. 24. 선고 2010나111928 판결

95	대법원 2009. 10. 29. 선고 2009도5704 판결
96	대법원 2020. 6. 25. 선고 2015도7102 판결
97	대법원 2018. 4. 12. 선고 2017두74702 판결
98	대법원 2018. 10. 25. 선고 2018도7709 판결
99	대법원 2024. 1. 4. 선고 2023도13081 판결
100	공정거래위원회 2016. 2. 22.자 제2016-058호 의결
101	서울중앙지방법원 2015. 12. 16. 선고 2015나25784 판결
102	수원지방법원 2021. 11. 12. 선고 2021나70332 판결
103	수원지방법원 2014. 1. 16. 선고 2013나16067 판결
104	인천지방법원 2016. 12. 14. 선고 2016노3612 판결
105	대법원 1996. 4. 12. 선고 95다55474 판결
106	대법원 2023. 7. 17. 선고 2021도11126 전원합의체 판결
107	수원지방법원 2018. 9. 17. 선고 2018노4645 판결
108	울산지방법원 2022. 9. 8. 선고 2021고정608 판결
109	대법원 2009. 5. 28. 선고 2008도8812 판결
110	대법원 2012. 11. 29. 선고 2012도10392 판결
111	대법원 1981. 11. 24. 선고 81도2280 판결
112	의정부지방법원 2019. 11. 21. 선고 2019고정1238 판결
113	서울북부지방법원 2023. 7. 13. 선고 2023노357 판결
114	대법원 1985. 6. 25. 선고 85도660 판결
115	대전지방법원 2023. 4. 6. 선고 2022노3417 판결
116	대법원 2000. 3. 23. 선고 98두18053 판결
117	The New York Times, 「The ChatGPT Lawyer Explains Himself」, 2023. 6. 8.

찾아보기

ㄱ

간접흡연 254, 255, 256, 259
간통죄 37, 40, 43
간통행위 42
강제추행죄 286
개인의 초상권 227, 231, 232
개인정보보호법 121, 125, 130, 151
겸직의 자유 149
경범죄처벌법 255, 260, 272
경찰의 출석 요구 357, 363
계약직 근로자 195
고소장 열람 357, 360, 364
고용보험법 183
공공의 이익 258, 350, 354
공동불법행위 37, 44
공동불법행위자의 책임 44
공동주택관리법 247, 253, 256
공론의 필요성 232
공연성 212
공적 관심사 232
공중밀집장소추행죄 283, 286, 289
공표거절권 230
국가공무원법 144, 147
국가형벌권 78, 83
국민건강증진법 252, 255, 257
국민의 알 권리 227, 232
근로기준법 19, 21, 109, 114, 120, 138, 140, 145,
  150, 152, 171, 175, 178, 180, 186, 190
근로조건의 준수 152
근저당권 334, 339
급속충전시설 89

기본권 258, 277
깡통전세 329, 336

ㄴ

난폭운전 203, 205, 209
남녀고용평등법 49, 53, 171, 185, 187
내용증명 309, 315, 345, 346
노동유연성 170
노동조합 140, 171, 191, 195, 196, 199

ㄷ

단체협약 114, 138, 152, 195
대항력 339, 340, 342
도로교통법 206, 209, 242, 244, 255, 260
도로점용허가 240, 241
등기부등본 329, 331, 339

ㅁ

매연 254, 256
명예 40, 147, 203, 211, 236, 343, 346, 354, 358
명예훼손죄 343, 354
모욕죄 203, 205, 211, 214, 354
무죄율 367
무죄추정 11, 283, 293
무죄추정의 원칙 11, 283
미필적 고의 11, 369, 377
민법 26, 43, 58, 60, 113, 136, 254, 332

ㅂ

반의사불벌죄 343, 347, 348
반출 31, 130

방문판매법 297, 300, 305, 307
보복운전 203, 205, 209, 212
보상금 321, 323, 328
보증금 70, 329, 333, 340, 341, 342
복무규정 114, 145
부당해고등의 구제신청 175
부동산 등기사항증명서 332, 336
부부간의 의무 43
부정경쟁방지법 151, 153, 157, 160, 166
부정행위 37, 41, 43
불기소 101
불륜 37, 38, 40, 44, 224
불법적치 237
불송치 101, 365
비밀 녹음의 필요성 71
비밀 등의 보호 81
비방할 목적 343, 350, 365

ㅅ

사기죄 369, 376
사생활 41, 67, 70, 123, 145, 150, 231, 258
사용자의 배상책임 58, 60
사전인정제 265
사직서 109, 113, 115
사후확인제 261, 265
상간 위자료 37
서울스마트불편신고 242
선고유예 101
성과상여금 177
성과향상프로그램 173
성생활 41
성인지 감수성 289, 292
성적 굴욕감 53, 55
성적 자기결정권 41, 289
성폭력처벌법 286
소액사건 44, 386
소액사건심판규칙 45

손해배상 25, 37, 43, 70, 151, 162, 198, 265, 279, 281, 340, 346
스토킹처벌법 261, 272
식품위생법 95, 99, 102
식품위생법 시행령 100
심문절차 104

ㅇ

안전신문고 242
약관법 302, 307
양성평등기본법 290
업무방해죄 23, 130, 237, 245
업무지휘권 136
업무 파일 삭제 15, 22
영업정지처분 95, 100, 103
오염원인자 282
완속충전시설 89, 92
외도 40, 46
유급휴가 109, 117, 120
유실물 36, 321, 327, 328
유실물 반환 321
육아휴직 181, 192, 394
음성권 61, 69, 236
이중계약 329, 337
이혼사유 42
인격권 236
인사규정 114, 115, 137, 145
인사이동 104, 133, 137, 186
임대인의 의무 384, 385
임대차계약증서 342
임대차표준계약서 338, 381, 387

ㅈ

재물손괴죄 71, 85, 93
저성과자 167, 170, 176
전근 133, 136, 138, 139

397

전세보증금반환보증 329, 340, 341
전용주차구역 설치 89
전자기록손괴죄 15, 23
전적 83, 135, 194, 210
전직 54, 139, 152, 165, 172, 186
전출 135, 136
절도죄 27, 30, 31, 36
점유이탈물횡령죄 27, 34, 326
정당방위 69, 215, 219, 226, 390
정당행위 67, 131, 199, 268
정보공개포털 360
정보통신망법 73, 79, 350
정보통신망 침해행위 등의 금지 81
죄형법정주의 73, 80, 83
주간 업무 일지 22
주택건설기준규정 264
주택법 261, 265
주택임대차보호법 333, 339, 342
증거재판주의 293
지급명령 309, 317, 391
직업선택의 자유 148, 150
직장 내 괴롭힘 15, 21, 63, 66, 127, 180
직장 내 괴롭힘 금지 조항 19
직장 내 성희롱 49, 53, 58, 60
집행부정지 원칙 103
집행정지 95, 104

ㅊ

참을 한도 273, 279, 281
채권최고액 334
청구금액 44, 164, 320
초상영리권 230
촬영거절권 229, 234
취업규칙 113, 138, 150, 174
친환경자동차법 시행령 88, 91

ㅋ

캐슬 독트린 215, 218

ㅌ

통상임금 181, 183, 185, 190
통신 및 대화비밀의 보호 65
통신비밀보호법 61, 71, 314
통신사기피해환급법 374
퇴사 통보 112, 113
특수상해 203, 208, 210
특수손괴 203, 208, 210
특약사항 338, 339

ㅍ

판결문 37, 59, 83, 158, 173, 194, 233, 269, 271, 379, 388, 390
판결서의 기재사항 47
표준 취업규칙 145, 146
피의자신문조서 357, 365, 366, 367

ㅎ

항공기운항안전법 82
항공기 항로 변경죄 84
항공보안법 82, 84
행복을 추구할 권리 42, 72, 231
행정사법 148
행정소송법 103, 104
협연권 247, 257
형법 23, 32, 34, 42, 68, 78, 94, 132, 207, 214, 223, 245, 268, 286, 326, 354, 377
환경정책기본법 277, 280, 282
환불 규정 297
회사의 자산 15, 22
횡령죄 27, 32, 35, 326
흡연권 247, 257

영문

CCTV 102, 121, 124, 126, 127, 129, 132, 287, 350, 390

Deadly force 218

Duty to retreat 218

PIP 167, 173, 177, 180

진솔한 서평을 올려 주세요!

이 책 또는 이미 읽은 제이펍의 책이 있다면, 장단점을 잘 보여주는 솔직한 서평을 올려 주세요.
매월 최대 5건의 우수 서평을 선별하여 원하는 제이펍 도서를 1권씩 드립니다!

- **서평 이벤트 참여 방법**
  1. 제이펍 책을 읽고 자신의 블로그나 SNS, 각 인터넷 서점 리뷰란에 서평을 올린다.
  2. 서평이 작성된 URL과 함께 review@jpub.kr로 메일을 보내 응모한다.

- **서평 당선자 발표**
  매월 첫째 주 제이펍 홈페이지(www.jpub.kr)에 공지하고, 해당 당선자에게는 메일로 연락을 드립니다.
  단, 서평단에 선정되어 작성한 서평은 응모 대상에서 제외합니다.

독자 여러분의 응원과 채찍질을 받아 더 나은 책을 만들 수 있도록 도와주시기 바랍니다.